EL CORAZÓN EN UN PUÑO

Koro Cantabrana Ruiz de Larrinaga

Título original: *El corazón en un puño*

Primera edición: Septiembre 2018
© 2018 Editorial Kolima, Madrid
www.editorialkolima.com

Autora: Koro Cantabrana Ruiz de Larrinaga
Dirección editorial: Marta Prieto Asirón
Maquetación de cubierta: Sergio Santos Palmero
Maquetación: Carolina Hernández Alarcón

ISBN: 978-84-17566-00-5

Este libro está dedicado a mi hijo Eric, que ha vivido todo el proceso desde la madurez que requería el entendimiento y el apoyo de todo lo que la familia necesitaba en estos extremos momentos.

A mi marido y gran padre, Fernando, por compartir conmigo durante veinticinco años todo un proyecto de vida.

A mi madre, Cheri Ruiz de Larrinaga Alustiza, por su incondicional y abundante amor. Y a toda la familia y amigos que han estado apoyando y pendientes cada minuto del proceso. En especial a la tía Ana Cantabrana Cámara y a Miguel Urabayen, que nos han dejado antes de ver publicado este libro.

A todos los donantes y los donados. Por su generosidad y por su apuesta por la vida.

A todas las personas que trabajan en hospitales, por su gran corazón, por sus valores de compasión, servicio, paciencia, valentía y amabilidad. En especial a todos los que han estado tratando y cuidando a Alan todos estos años: doctores y doctoras Lázaro, Aznal, Albert, Romero, Abella, Núñez, Gran, Solé, Segarra, Gil, Pujol, Izquierdo, Hualde, Betrián, Balsells, Montferrer, Costa, Girona, González Peris, Gonçalvez, Miró... y muchos facultativos más. Y, junto a ellos, a todas las enfermeras y enfermeros, y voluntarios, a quienes dedico en especial varios capítulos del libro.

A todas las madres y padres, quienes, pase lo que pase, están siempre al lado de sus hijos.

A quienes estaban ingresados durante esos días con nosotros en el hospital: Aina, Jessy, Sergio, Mari Trini, Mireia, Isidro, Pol, Mireia, Agustín, Rodrigo, Bea, Juanjo... Y en especial a aquellos que nos dejaron —Sidhak, Sergio, Ulises—, a sus padres —Savita, Marisol, Josechu, Marga y Manolo— y a sus familias.

Y, sobre todo, a ti, Alan. Por lo que nos has hecho vivir, experimentar y evolucionar. No solo en estos 137 días en los que tu familia y todos los que te conocemos hemos tenido «el corazón en un puño». También por todos los años que nos has dado y por los años que vienen y que seguirás compartiendo con nosotros. Este libro es para ti, precioso, por todo lo que eres, por tu optimismo, por tu alegría, por tus enseñanzas. Por todo.

Indice

Introducción

Sobre este libro

Alan nació con una cardiopatía congénita. Su corazón tenía una anomalía. La noticia fue como un mazazo. Podía fallecer en unas horas. Esa fue la primera vez que sus padres tuvimos el corazón en un puño. Sin embargo, después de cinco operaciones, todas a vida o muerte, sigue aquí, riendo, cantando, disfrutando de la vida y nosotros disfrutando de él y con él. Hoy tiene diecinueve años. Y en estos más de siete mil días de vida, ha pasado por muchas experiencias. Algunas muy duras, aunque la mayor parte de ellas positivas. Y todas compartidas con su familia: su hermano Eric, su padre Fernando, y yo, Koro, su madre.

Este libro narra la historia de su trasplante de corazón. Desde el instante en el que recibimos el aviso de que había un corazón para Alan hasta el momento en el que él dejó el hospital. Es un resumen de los 137 días, casi cinco meses de hospitalización en un proceso extraordinario de adaptación y recuperación. Sobre todo para Alan, aunque también para toda la familia. Su padre, su hermano, su abuela y yo estuvimos a su lado en todo el proceso.

Una historia tremenda de superación personal, incansable motivación y gran trabajo para superar los grandes obstáculos que surgían a cada paso del camino y que alejaban a Alan del sueño de salir del hospital para comenzar su nueva vida.

Porque en estos cinco intensos meses ha habido de todo. Una gran montaña rusa de emociones se ha ido construyendo a lo largo de los días. Y su recorrido se ha vivido con un nudo en la garganta, desconociendo cómo iba a terminar y si por el camino esa montaña rusa se iba a desmoronar.

El corazón en un puño es un libro escrito desde la honestidad, la bondad y la valentía. En él describo las bajadas emocionales, las tensiones, las incertidumbres, los instantes de flaqueza y los miedos. Y también narro las remontadas de ánimo, las ilusiones y todos los pensamientos que conseguían mantenernos a flote, con ilusión, alegría e incluso con momentos de risas, diversión e inspiración. Y sobre todo, con espacios llenos de amor.

Espero que al leerlo sientas qué significa vivir plenamente una circunstancia tan extrema, siendo consciente de cada instante, cada pensamiento y cada emoción, con el único objetivo de superarlo de forma positiva y exitosa, y de ver a un hijo salir feliz del hospital.

Durante su lectura te emocionarás y vibrarás con la misma ilusión y esperanza con la que hemos vivido nosotros este proceso. Su páginas te mantendrás atrapado con «el corazón en un puño». Disfrutarás al sentir el deseo de vivir a pesar de los inconvenientes. Y entenderás cómo los 137 días pasados en el hospital, por el simple y sencillo hecho de haberlos vivido, han sido, cada uno de ellos, «UN GRAN DÍA».

Los siete objetivos de este libro

La historia de Alan es una de los 140 casos de trasplante que cada año se realizan a niños y niñas en España. Esa cifra supone el 5% de los trasplantes en el mundo. Además de mostrar nuestro orgullo y agradecimiento por esta realidad, he decidido escribir este libro pensando en todas las familias que pasan por situaciones y momentos dramáticos como los que aquí narro. Y lo he hecho con siete objetivos principales:

El primer objetivo es ayudar a otras familias que pasan por una situación traumática con alguno de sus hijos. Mi optimismo natural y mi profesión como *coach* han facilitado que muchas madres y padres me consulten sobre cómo pueden llevar o sobrellevar mejor situaciones crónicas que viven sus hijos. Además, en estos más de dieciséis años como *coach* profesional, he desarrollado habilidades y herramientas que también ayudan en estas circunstancias. Por eso, aquí explico cómo he vivido en primera persona estos 137 días de hospitalización —75 en UCI y 62 en planta— con mi hijo Alan.

El segundo objetivo es recordar la importancia de apreciar la vida. Apreciar conscientemente. Apreciar las cosas pequeñas. El día a día, el aire en la cara, poder mover las manos o los pies y caminar, ver la luz del día cada mañana, poder disfrutar de una ducha o utilizar el baño cada día, beber un sorbo de agua, poder estar con quienes nos quieren, agradecer a quienes nos ayudan y nos apoyan, creer en uno mismo, celebrar cada pequeño avance hacia nuestros sueños... También valorar y apreciar el cuerpo que cada uno tiene y cuidarlo para que sea hermoso, vital y saludable, y desarrollar una actitud mental positiva, una actitud optimista, ilusionante, vital...

A todos se nos olvida apreciar lo que somos o tenemos en la vida cuando las cosas van bien y solo nos acordamos de hacerlo cuando van mal o nos falta alguien a quien queremos. Apreciar y agradecer todo lo que somos y tenemos es algo que yo quisiera recordar todos los días. Porque a mí también se me olvida.

Por ello, me gustaría que pudieran leer este libro los jóvenes y adolescentes. Desearía que entendieran qué es salir de la normalidad para afrontar una situación física que suponga un reto. En este caso, pueden sentir, a través de la lectura de este libro, cómo vive un joven de diecisiete años durante 137 días en un hospital la experiencia tremenda de un trasplante de corazón y sentir la motivación, el desaliento, las ilusiones, los miedos y los sueños que hay en torno a ello.

El tercer objetivo es homenajear a todos los que hacen posible que un trasplante se realice. Empezando por las personas y las familias donantes, hasta los organismos y profesionales que posibilitan los trasplantes, así como los profesionales sanitarios, que en todo momento nos han brindado una atención profesional y personal al más alto nivel. Mi deseo es que este libro sea un pequeño homenaje para ellos. Además, hago una mención muy especial a las enfermeras y enfermeros, así como a auxiliares, que ofrecen tanto apoyo, amor y amabilidad a los pacientes y sus familias.

El cuarto objetivo es fomentar las donaciones de órganos. Muchas personas consiguen una mejor calidad de vida e incluso la diferencia entre la vida y la muerte gracias a la generosa y desinteresada acción de los donantes y sus familias. En 2017, en España se superaron los 2.000 donantes, que sirvieron para más de 5.000 trasplantes. Y en el mundo se sobrepasan anualmente los 100.000 trasplantes (de más de 30.000 donantes fallecidos y 40.000 de donantes vivos).

El quinto objetivo es ayudar a otros niños. Fomentar las donaciones económicas para asociaciones que trabajan ayudando a niños con retos de salud y a sus familias. En este sentido colaboro con la Asociación de Cardiopatías Congénitas COR Barcelona ACCCB, que trabaja con niños afectados por cardiopatías congénitas. Muchos niños no pueden acceder a los cuidados, a las operaciones o a los apoyos sanitarios necesarios para tener una vida «normal». Muchos de estos niños y jóvenes viven con bajos recursos económicos o en países donde se hace casi imposible el tratamiento que requieren. Ayudar a estos niños y a sus familias es uno de los objetivos de esta asociación. Y recaudar el máximo posible es un deseo importante, porque con ello se podrán salvar y mejorar la calidad de muchas vidas de niños y niñas.

El sexto objetivo es fomentar la comprensión de estas situaciones entre los más jóvenes. Sobre todo en los centros escolares. En algunos momentos y en algunas situaciones, niños y niñas con retos de salud importantes (física, emocional o mental) sienten discriminación, rechazo, acoso, ninguneo, incomprensión... por parte de sus compañeros y de la escuela. He conocido a muchas madres y a muchos niños afectados por enfermedades crónicas que en ocasiones se han sentido acosados por ello y se han encontrado arrinconados, señalados como bichos raros, que viven su vida educativa y social con dificultades añadidas a su precaria salud. Esta tensión hace que la autoestima de estos niños baje, que pierdan confianza en sí mismos y en su futuro, y fomenta en ellos el deseo de «desaparecer» de los ámbitos educativos y sociales, en los que otros de su edad se relacionan con toda normalidad.

El séptimo objetivo es concienciar sobre la necesidad de incorporar nuevas propuestas educativas que sean innovadoras, abiertas, flexibles, integradoras y empoderen a este alumnado. Deseo concienciar a las autoridades y a los profesionales de la educación acerca de la necesidad de nuevas adaptaciones del sistema escolar. Necesitamos programas y sistemas más acordes con los tiempos que vivimos para niños y niñas en situaciones similares a las de Alan. Necesitamos contemplar nuevas fórmulas educativas para estos pacientes con enfermedades y dolencias crónicas, sean estas de tipo físico, emocional o mental. Se trata de ver la situación de estos niños y jóvenes, no como un estorbo en el aula o fuera de ella, sino como una oportunidad de crecimiento y mejora para todos.

Se trata de encontrar nuevas estrategias para estos niños y jóvenes que contemplen innovación, apertura, flexibilidad, integración y empoderamiento. Para ello es imprescindible abrirse a nuevas posibilidades, entender la educación de una manera más amplia y promover fórmulas que faciliten el crecimiento y el desarrollo de todos, sin ningún tipo de exclusión o marginación. Porque... ¿cómo puede sentirse alguien de esta edad cuando, después de unos meses de hospitalización, es relegado al no haber podido seguir el curso perdiendo así los lazos que había establecido con sus compañeros de clase y con sus profesores?

El corazón y este libro

Este es un libro escrito con el corazón en un puño, un órgano que se activa al completo cuando nacemos, y que se detiene al morir. Bombea intensamente cuando algo interrumpe su calma; tanto si es por temor como si es por amor. El corazón es un gran campo electromagnético, dicen que incluso cinco mil veces más intenso que el cerebro. Y aun así, lo cuidamos poco, lo escuchamos poco y apenas lo conectamos con otros corazones. Tampoco le permitimos hablar, compartir, empatizar, ayudar, entender, cooperar, decidir, soñar, pensar, imaginar... ni crecer con amor incondicional, ni practicar una escucha libre de juicios, o practicar la simple –y tan complicada a la vez–, alegría de vivir sintiéndonos bien.

El corazón abre puertas que la sinrazón cierra. El pulso del corazón es el pulso del Universo y de la Vida que fluye de personas a personas, hermanándonos. El corazón es de color rojo intenso, como el centro del sol, como el núcleo de la Tierra, como la sangre que fluye por nuestras venas. El corazón tiende puentes allí donde hay abismos porque no sabe de razas, ni de distinciones, ni de injusticias.

I. La espera: once meses

2016 fue un año intenso. El corazón de Alan estaba en una situación crítica e irreversible. Así, en enero Alan entraba en la lista de espera para el trasplante. Eso requería vivir en un lugar cerca del Hospital Vall d´Hebrón, en Barcelona. Necesitábamos trasladarnos a 500 kilómetros de nuestra casa, en Pamplona. El desplazamiento generaba muchas incógnitas: ¿Nos llamarían pronto para el trasplante? ¿Nos trasladaríamos toda la familia a Barcelona? ¿Dejaríamos que Eric, el pequeño, terminara el curso en su colegio en lugar de trasladarlo a uno nuevo cerca del hospital?

Finalmente decidimos que Eric completara el curso en el colegio en el que estaba, y que fuera su padre, Fernando, quien acompañara a Alan a Barcelona. Además, para eso había solicitado una excedencia en su trabajo como capitán de un barco atunero hasta que Alan fuera mayor de edad, en trece meses. Yo viajaría entre las dos ciudades constantemente.

Así, a principios de año trasladamos la mitad de nuestro hogar a Barcelona, a un piso a veinte minutos del hospital y cerca de la playa.

Alan necesitaba un trasplante lo antes posible. Su situación era cada vez más crítica. Por eso, al mes de entrar en la lista de trasplantes pasó a la lista de urgentes. Esperábamos que el nuevo corazón llegara pronto, tal vez en uno o dos meses. Teníamos la esperanza de que para el verano todo hubiese acabado.

Sabíamos que encontrar un corazón para Alan era un proceso complejo. Surgieron algunas donaciones. Sin embargo, las compatibilidades, que determinan qué paciente recibe el corazón donado, resultaban difíciles con Alan.

Llegó finales de junio y el fin de curso. El corazón aún no había llegado, así que hubo reunificación familiar. Ya estábamos los cuatro juntos en Barcelona. Alan se sentía cada día más débil. Como vivíamos cerca de la playa, cuando podía disfrutaba de baños en el mar que le sabían a gloria. Yo me acostumbré a salir todos los días a las 6:15 h de la mañana a pasear. Ver amanecer en el mediterráneo era todo un privilegio y me ayudaba a que los días se pasaran de mejor forma.

Llegó septiembre. Y todavía el corazón para Alan no había aparecido. Eric comenzó el curso en Barcelona: compañeros y profesores nuevos, sistema e idioma diferente... todo un reto. Y ahí estaba él, con pocas ganas de afrontar la nueva situación y mucha resignación, aunque con mucho amor por su hermano.

Todavía pasaron unos meses más. Y por fin, cuando empezábamos a desesperar, llegó la gran noticia.

II. ¡Nuevo corazón!

Incertidumbre

¡Ya ha llegado! ¡Hoy, por fin! ¡El nuevo corazón de Alan ha aparecido! ¡A los diez meses y seis días de entrar en la lista de espera! ¡Ya tenía ganas! Desde que le dieron la opción del trasplante, hace ya un año, Alan estaba muy ilusionado. Y hoy, por fin, ha llegado. Con casi dieciocho años, Alan va a volver a nacer.

Ha esperado más de 300 días. Casi todos bien llevados, incluso con optimismo. Aunque también ha pasado malos días, con momentos de desesperación. Por suerte, nos tenía para apoyarlo a todos los que le queremos: sus padres, siempre optimistas; los amigos, siempre en contacto; su *coach* incondicional, Yolanda; y los médicos, que repetían: «*Tranquilo, el órgano siempre llega*».

A las 17:30 h de la tarde recibimos un mensaje de la cardióloga: «*Hay un posible donante*». Alan se emociona al leerlo. ¡Lleva tanto tiempo deseando leer este mensaje! La cardióloga está muy pendiente de si este corazón es definitivamente el idóneo para Alan. Ella le conoce bien. Lo ha cuidado con cariño y dedicación desde el día en el que llegó en ambulancia a este Hospital Vall d´Hebron de Barcelona, solo unas horas después de haber visto la luz en un hospital de Pamplona.

El mensaje ha llegado en un gran día; Alan ha estado disfrutando de una jornada estupenda. Y ha sido así durante los últimos diez días. Se ha divertido con visitas de amigos.

Ha reído mucho en los divertidos juegos de mesa. Ha compartido bromas, aperitivos al sol, ricas comidas... Grandes días, como si hubiese intuido que este momento estaba a punto de llegar. Además, acababa de comprar un cuaderno de 365 mandalas y una caja con sesenta lápices para colorear. Ha comenzado a utilizarlos estos días y quiere seguir haciéndolo cuando esté en el hospital. También ha comprado un bonito rollo de papel de regalo. Quiere ir preparando los regalos de Navidad. Este siempre ha sido un periodo muy especial para Alan. ¡Le encantan los regalos! ¡Y el mensaje ha llegado en forma de regalo! Y... ¡vaya regalo! ¡¡De los que no necesitan envolverse!!

A los pocos minutos llega otro mensaje: «*Id a Urgencias*». El mensaje está claro. Hay que salir enseguida hacia el hospital. Salimos Alan, Fernando y yo de inmediato. Eric se queda en casa. Fernando conduce. Me siento en la parte de atrás con Alan. Quiero estar a su lado. Vamos los tres hablando durante el camino y a pesar de la tensión natural, todo está siendo muy fluido. Repetimos la conversación que hemos tenido otras veces, anticipando que ese momento que iba a llegar:

—Estoy nervioso —dice Alan.

—Normal que estés nervioso. Y también contento, ¿no? —preguntamos su padre y yo.

—Sí. Muy contento.

—¿En qué vas a pensar cuando te vayan a poner la anestesia?

—En que mi nuevo corazón va a ser genial. Y voy a cantar en mi mente alguna canción que me guste. Creo que la de «*Mama said*» de Lukas Graham —contesta.

En estos días esa es su canción favorita. La ponemos en ese momento en el coche y la cantamos. Eso le relaja mucho. Y a su padre y a mí también.

Llegamos al hospital. Son las 18:30 h. Fernando nos deja en la puerta y se va a aparcar. Entramos rápidamente y nos hacemos un hueco delante de la larga cola de madres y padres que esperan frente al mostrador de admisión de urgencias a dar sus datos:

–Hola. Perdonen. Nos están esperando –digo mientras Alan y yo nos colocamos los primeros en el mostrador. Los que están en la fila nos miran desconfiados y expectantes. Ellos estaban antes… y al mismo tiempo perciben nuestra inquietud.

–¿Dígame? –pregunta la amable administrativa, con la intención de saber qué sucede ante tal premura.

–Nos han llamado para un trasplante –respondo mientras noto cómo los padres que esperan frente al mostrador se retiran y nos hacen sitio, sin dejar de atender a la conversación para enterarse de un poco más.

–Bien. ¿Trasplante de qué? –dice la administrativa buscando entre sus papeles.

–De corazón.

Al oír esto, todos en la cola ponen los ojos como platos.

Y se retiran aún más. Nos dejan el suficiente espacio como para quedarnos solos ante el mostrador. Incluso las dos madres que daban en esos momentos sus datos a la otra administrativa se alejan y nos dejan solos. Lo que han oído les ha parecido lo suficientemente importante como para hacerlo. Además, han visto cómo a mí se me ha escapado una lágrima, provocada por la emoción de que todos lo entendieran y actuaran tan rápido para ayudarnos. Alan sonríe a todos. Está muy ilusionado. ¡Ha llegado su gran día! Le dice su nombre a la administrativa y espera a que le indiquen el siguiente paso. Parece que la conversación del coche le ha ayudado mucho a estar tranquilo.

Le ponen la pulsera y lo pasan al interior de Urgencias. ¡El protocolo para el trasplante ya está activado! Dentro ya le están esperando. Y aunque todavía no está confirmada del todo la compatibilidad con el corazón del donante, hay muchas probabilidades de que ese corazón sea para él. Fernando llega en este momento. Viene nervioso. Sin embargo, enseguida se relaja al ver a Alan bromeando con su querida amiga, la doctora L.C., y saludando a sus amigos médicos que se han acercado al enterarse de la noticia. Alan ha hecho muchos amigos en el hospital en los últimos diez meses. Siempre de buen humor, bromista y parlanchín, no pasa desapercibido. Es de los que deja huella y se hace querer. Y que hayan venido a saludar y a hablar con él le está resultando de gran apoyo. «*¡Qué contento está. Este es Alan!*», me dice Fernando sonriendo.

A las 20:30 h llega el momento de entrar a quirófano. En ese momento, y solo por un segundo, a Alan los nervios le pueden y suelta unas lágrimas. Es normal. Hay mucha tensión contenida. Enseguida se repone. Se da cuenta de que ha llegado el momento que tanto esperaba. Llega el celador:

—¡Qué, Alan!, ¿nos vamos?

—Sí, de copas. ¡¡Vamos!! —aprovecha Alan para bromear mientras ríe.

Poco a poco notamos que comienza a relajarse por efecto de la medicación que le acaban de suministrar. Aún así tiene fuerzas para sonreír y soltar un par de bromas antes de quedarse dormido.

Estamos esperando los resultados de las últimas pruebas realizadas al corazón del donante. Cruzamos los dedos para que nos den buenas noticias. La coordinadora de la operación de trasplante viene a informarnos: «*Definitivamente, se va a proceder al trasplante. Hay compatibilidad. Todo está ya en marcha*». ¡Qué bien! ¡Todo va para adelante! Estamos emocionados ante tal noticia. Yo tengo el estómago encogido. No sé qué hacer. ¿Paseo por los pasillos? ¿Me siento? ¿Me pongo mis auriculares? ¿Qué hago? Sé que hay que pasar unas cuantas horas aquí. Esperando. Son horas muy largas. Diez como mínimo, entre que le anestesian, le abren, le quitan su corazón, le ponen el nuevo y le vuelven a cerrar. ¡Uf! ¡Larga noche!

A las 23:30 h nos vuelven a informar: *«Todo va bien»*. ¡Buenas noticias! ¡Qué bien! Además, sabemos que está en buenas manos. El cirujano que le opera es el doctor RA., un experto en el tema. No lo conocemos todavía. Sin embargo, confiamos en él al 100%. La vida de Alan está en sus manos. Y estamos seguros de que va a hacer un gran trabajo.

Nos informan de nuevo a la 01:00 h de la mañana: *«Todo va bien. Dentro de lo normal»*. Ya han pasado cuatro horas y media. Esto avanza. Todavía queda mucho, así que mejor relajarse.

Nuevo parte a las 3:30 h: *«Todo va bien. Avanzamos con normalidad»*. Bien. Ya son siete las horas que han pasado. Esto está más cerca de terminar. Y aunque por ahora todo va bien, nuestra tensión es cada vez mayor.

Este párrafo quedaría así:

Mientras Alan está en el quirófano, me acuerdo de muchas personas. A algunas las conozco en persona. A otras no. ¡Y tengo tanto que agradecerles a todas! Hay un gran número de profesionales trabajando para que este momento haya llegado. Un gran equipo de médicos y no médicos. No me refiero solo al gran trabajo del equipo del Hospital Vall d´Hebron de Barcelona. Me refiero a todos los que hacen posible un trasplante: el equipo extractor del órgano del donante, quienes lo transportan entre hospitales... y también el equipo nacional de coordinación de trasplantes. Es fundamental que este equipo funcione bien en un sistema de bienestar social como el que disfrutamos. Y al menos en España, funciona muy, muy bien. ¡No sé qué hubiese pasado si esto hubiese sido de otro modo! Así que gracias a todos ellos: gracias por su gran trabajo. ¡Muchas gracias! También me acuerdo de todo el equipo de profesionales médicos y de enfermería que han estado pendientes de Alan todos estos años: los diecisiete que tiene ahora. Y de quienes estos diez últimos meses, han puesto sus conocimientos a su servicio para que Alan haya llegado a este momento en las mejores condiciones posibles. Y por último, muy importante, mi gran agradecimiento a los donantes y sus familias. En un momento tan duro como es la pérdida de un ser querido, el hecho de donar tiene mucho valor y muestra su gran corazón. Un gran gracias. Porque, con este acto de generosidad, otras personas, como Alan, pueden volver a nacer. De nuevo, ¡GRACIAS!

Dan las 5:00 h de la mañana y Alan todavía está en el quirófano. Estamos esperando noticias. Nadie sale. No llamamos por no molestar. Intuimos que saldrán pronto a decirnos que todo ha ido bien. Cada minuto que pasa lo vivimos con intensidad. Fernando y yo no queremos pensar, solo estamos. Solo esperamos. Y solo queremos sentir ilusión y esperanza. Deseamos que todo termine ya. Y que termine con una buena noticia.

A las 5:30 h salen a informarnos. Es el cirujano, el doctor RA. Está pálido, cansado después de tantas horas de atención precisa. Se le nota sofocado ante la intensidad de toda la noche de operación. Toma aire y comienza a hablar:

—Todo ha ido muy bien. Estoy muy satisfecho. Ha sido la operación más complicada que he realizado en mi vida. Estoy muy satisfecho —repite con la seguridad de un gran profesional—. Al principio, cuando abrí a Alan, lo vi muy complicado. Él tenía el corazón con tres importantes operaciones anteriores y había que revertirlas. Y su cuerpo y su circulación estaban adaptados a ese medio corazón con el que había funcionado toda su vida. Además, tenía todo en el tórax muy compactado —explica—. Hemos ido separando cada parte. Hemos visto poco a poco que lo que hacíamos iba quedando muy bien. Después hemos colocado el nuevo corazón. Y todo ha ido muy bien enseguida –comenta mientras vuelve a respirar profundamente y se sienta un momento a descansar–. Muy satisfecho. Estoy muy satisfecho. Todo ha ido muy bien. Y Alan está bien –repite con gran satisfacción.

¡Qué alegría oír hablar así al cirujano! La operación ha sido todo un éxito. El trasplante se ha completado. ¡Qué bien! ¡Qué satisfacción! Le damos varias veces las gracias por todo y él vuelve a entrar a quirófano. Aún falta cerrar el tórax y prepararlo para ir a la UCI. Eso llevará algunas horas.

Cuatro horas más tarde, Alan sale por fin de quirófano. Lo van a llevar a la UCI. Nos permiten acompañarlo en ese recorrido. Estamos nerviosos al verlo. Le damos un beso en la mejilla. Está sedado y con máscara de oxígeno. Está tapado hasta el cuello con una sábana. Está hinchado. Es lo normal. Ya lo sabíamos. Sale precioso. Con sorpresa, vemos que lo llevan sin circulación extracorpórea. ¡No la necesita! ¡Qué grande! ¡¡¡Todo un éxito!!!! Lo normal es que, por su complicada situación, la hubiese requerido. Y no. ¡¡Estamos gratamente impresionados!! Una muestra más del gran trabajo de todo el equipo de trasplante. ¡¡Es increíble lo que han hecho los médicos!! ¡Es magnífico poder salvar vidas y ayudar a que cada una sea mejor! ¡Nos sentimos muy felices de que todo haya salido tan bien!

Alan ya ha llegado a la UCI. Esperamos fuera a que nos llamen. Aprovechamos para informar a toda la familia y a los amigos. Igual que nosotros, estaban todos nerviosos y expectantes. Todos muestran su alegría. Cada uno ha llevado estas horas a su manera. Muchos han estado rezando por él. Gracias. Sé que otros han puesto velas a los santos. Gracias. Los hay que han estado enviando energía positiva. Gracias. Y otros muchos han estado apoyando de distintas maneras. Cada uno ha hecho lo que consideraba que debía hacer. Gracias. Gracias a todos. A todos les estamos agradecidos. Lo han hecho para que todo salga bien. Y así ha sido. ¡¡Genial!! ¡¡Gracias!!

Se nos está haciendo larga esta última espera. Llevan ya cuatro horas estabilizándolo en la UCI. No queremos ponernos nerviosos. Así que seguimos sentados frente a la puerta de Intensivos. Por fin lo han estabilizado y llega el momento de entrar. Estamos deseando volver a ver a Alan. Lo han situado al fondo del pasillo. En el rincón derecho. Está tranquilamente dormido, sedado. Está con respiración asistida. Le besamos, le acariciamos... Necesita descansar después de todo el ajetreo y los profundos cambios que ha tenido en su interior.

Todavía está con el tórax abierto. Es normal; antes de cerrarlo hay que comprobar que todo está bien y ver cómo evoluciona. Aunque le cubren unas gasas, verlo impresiona: tiene drenajes que le salen del pecho y del costado por donde pasa líquido con sangre; está rodeado de muchos tubos y vías de medicación, y además tiene el cuerpo tremendamente hinchado. Y a pesar de todo... ¡está guapíiiisimo! ¡Y ya tiene su nuevo corazón en el pecho! ¡¡Qué alegría!! ¡Estamos felices!

De repente comienza a sangrar de manera excesiva. Rápidamente nos hacen salir. Llaman al cirujano. Fuera, estamos expectantes. No sabemos qué está ocurriendo dentro. No es normal que esto pase. Estamos nerviosos. Sin embargo, confiamos en que los cirujanos lo van saber a controlar. Enseguida salen los doctores de la UCI a darnos el parte: «*Es normal que sangre después de una operación así*», dicen para calmarnos. «*Ahora tenemos que encontrar el lugar exacto por donde sale la sangre para cauterizar. Tranquilos, está en las mejores manos*», añaden antes de volver con Alan.

Después de una larga hora, salen otra vez a informarnos: «*Hemos encontrado por dónde sangraba: ¡por la aorta! De ahí el volumen de sangre. Ya hemos cauterizado la zona. Ahora ya está estabilizado. Vamos a acabar de limpiarle y podréis entrar de nuevo*».

¡Qué bien! ¡Qué alegría oír eso! Era solo un pequeño contratiempo. ¡Qué tranquilidad saberlo! Se agradece la información que nos han ido dando. Esto evita que le demos vueltas a la cabeza especulando.

Llevan ya dos horas con él. ¡Era solo limpiarlo y arreglarlo! ¡No parece que eso necesite mucho tiempo! Aunque sabemos por experiencia que todo en la UCI es lento, ahora ya han pasado tres horas. Y aún estamos esperando. De repente, nos llaman. ¡Por fin volvemos a estar a su lado! Ya está estabilizado, sangra menos y la cosa vuelve a estar «tranquila». ¡¡Qué bien!! ¡Esto es estupendo!

Veinticuatro horas cruciales

Han pasado ya veinte horas desde que Alan entró ayer en el quirófano. Ahora estamos otra vez a su lado. En este tiempo, grandes profesionales –enfermeros, auxiliares y muchos médicos– han estado plenamente pendientes de él: controlando las inestables presiones, sus constantes, sus proteínas y sus vitaminas, la anestesia, la adrenalina, la morfina y todo lo que le dan para el dolor... Ahora solo queda dejar que pase el tiempo y ver cómo evoluciona su cuerpo.

El corazón nuevo está aún «a pecho descubierto». Y funciona bien. Así que deciden cerrar ya su tórax. Ahora toca «meterlo» en su sitio. Al encerrarlo es como si se comprimiera para situarse donde debe ir: entre las costillas. Es necesario volver a estar muy pendientes y estabilizarlo de nuevo. Por eso nos vuelven a pedir que salgamos de la UCI.

Fuera, deseamos que acaben pronto para entrar en seguida a verle. Nos han dicho que «el cierre» durará unos treinta minutos. Sin embargo ya llevan dos horas. Cada vez que sale un médico nos dice que están acabando. Y muy al contrario, no pareces terminar. Esto desespera. No queremos ponernos nerviosos. Sabemos que los tiempos en estas circunstancias suelen ser muy fluctuantes. Además, preferimos que las cosas vayan despacio y con buena letra. Lo bueno es que, como nos informan constantemente de todo lo que pasa; si no nos han dicho nada todavía es que no hay ningún cambio. O, como decía la doctora ML, pediatra de Alan cuando era pequeño, *«no news, good news»* (que no haya noticias, son buenas noticias).

Al fin sale el cardiólogo, el doctor FG., del equipo de la doctora A., junto a los dos cirujanos –el doctor JP. y el doctor JF– del equipo del doctor RA. Vienen contentos. Por eso sabemos que las noticias van a ser buenas: *«Todo ha ido bien»*. ¡¡¡Genial!!! ¡Estamos otra vez felices!

«El tórax ya está cerrado. Sin embargo, es necesario estar muy atentos otras 24 horas», comentan. Yo estoy segura de que en estas próximas horas todo va a ir genial. Así que estoy tranquila. Llega el momento de volver a entrar. Veo a Alan. Está estupendo, aunque por el momento sigue lleno de tubos, electrodos, sensores y vías para la medicación... ¡Está precioso! ¡Reluciente! Y nosotros radiantes de alegría por ver que todo sigue adelante. Además, tengo muchas ganas de dar gracias a todos los que han hecho esto posible: ¡gracias, gracias, gracias, a todos! ¡Gracias por este milagro, por esta nueva vida que va a tener Alan!

Está descansando, todavía sedado, dormido. Tiene a su lado su radio. Siempre puesta. Él quería estar oyendo música durante su estancia en la UCI. Le encanta la música. Es su pasión. De ahí el nombre de su blog, *Música Mi Pasión*. Por eso compró una radio exclusivamente para tenerla en estos momentos a su lado. Y nos dio instrucciones concretas: *«Aunque yo esté dormido, me la ponéis al lado. Y me vais poniendo mis emisoras favoritas. Quiero oír música todo el tiempo. ¿Vale?»*. Y pienso: *«Sí, cariño. Ahora tu música está ya a tu lado. Y sé, que como siempre, estás cantando, con todo tu corazón esta vez por dentro»*.

III. Visita especial

Sedado

Ya llevamos una semana con el nuevo corazón. Alan sigue sedado e intubado. Tiene dos columnas de medicación de dos metros de alto. Cada una con siete bombas infundiendo alguna droga. Impresionan. Además, está monitorizado para controlar todas sus constantes.

Se le ve tranquilo, como si durmiera plácidamente. Sin embargo, el tubo en la boca y la sonda en la nariz no parecen muy agradables. Además, de su tórax hinchado siguen saliendo varios tubos trasparentes de drenajes. Aspiran líquido sanguinolento. Dos máquinas ruidosas en el costado izquierdo de la cama recogen todo el fluido que le sale del cuerpo.

Los médicos responsables de la UCI y los especialistas nos informan constantemente de cada decisión que toman y de cada resultado que obtienen. Incluso nos comentan las preocupaciones que les surgen. ¡Qué diferente a la situación en las otras tres ocasiones anteriores en las que Alan fue operado de corazón, a la semana de nacer, al año y con seis años! En aquel momento esperábamos con angustia fuera de la unidad a ser informados dos veces al día en apenas unos fríos y escuetos minutos. ¡Uf! Por suerte ahora no sucede así.

¡Qué tensión creaba aquella fórmula! ¡Qué sensación de estar al margen de todo lo que pasaba! No valoraban la importancia de la cercanía de los padres en la recuperación de los hijos. Sin embargo, ahora los médicos conocen el impacto de los padres en su evolución. Y también entienden nuestra necesidad de estar informados sobre lo que les ocurre. Además, la posibilidad de estar las 24 horas del día dentro de la UCI al lado de nuestro hijo es de agradecer. Con este sistema, los padres estamos más relajados y ayudamos más a que las cosas fluyan de otra manera. Por otra parte, el personal de la UCI está ya habituado a que los padres estemos dentro en todo momento y les gusta más esta fórmula que la de antes. ¡Qué bien que sea así! No quiero imaginarme qué sería estar inmersos en esta situación dramática, con la vida de nuestro hijo pendiente de un hilo, de la forma en que la UCI se llevaba antes. Sería muy duro y doloroso. Además, el calor humano del personal sanitario de la UCI pediátrica hace más llevadero todo esto: están siempre atentos a nuestras necesidades, aunque sea para ofrecernos un vaso de agua o hacer un hueco donde no hay para colocar una silla adicional cuando nos ven desfallecidos. ¡Qué bueno que tengan esta sensibilidad y que se eviten tantas angustias, tanto a los padres como a los hijos!

Por eso, el personal de enfermería ofrece consejos para que el paso por la UCI sea más llevadero. Por ejemplo, me sugieren que hable con Alan aunque esté sedado; dicen que posiblemente me pueda oír. No me resulta fácil. Comienzo a hacerlo y enseguida me pillo callada, comunicándome con él a través de pensamientos, como si pudiera oírme telepáticamente. Pienso en cosas con las que disfrutamos juntos, en lo que le gusta hacer, en los chistes que suele contar... Y me doy cuenta de que en la mayoría de esas escenas que recuerdo Alan está feliz y contento, riendo, disfrutando, hablando dinámico, alegre, dicharachero... lleno de vida. Me encanta visualizar todo eso. Y me siento bien al hacerlo, como si con ello conectara con él de corazón a corazón.

Le doy la mano para que me sienta así, feliz. Y sé que necesita sentirnos, a su padre y a mí, a su lado. Ahora la mejor forma de hacerlo es tomándole la mano. Por eso los dos se las cogemos y las acariciamos. Así estamos conectados.

Mientras le acaricio me doy cuenta de que durante mucho tiempo me he venido preparando para este momento. Alan tiene casi dieciocho, y sabíamos que esto tenía que llegar. Aunque siempre habíamos tenido la esperanza de que su anterior corazón, su medio corazón, pudiera haber aguantado para siempre. Sin embargo, ha llegado. Yo había decidido vivir este momento con tres máximas: alegría, optimismo y amor incondicional. Quería que estos tres valores nos guiaran en todo este proceso que, toda la familia, y fundamentalmente Alan, íbamos a vivir. ¡Vaya intención! ¡Como si fuera sencillo hacerlo! Ahora me doy cuenta de lo fácil que es proponerse a priori algo así y lo complicado que puede resultar hacerlo durante un suceso de este calibre.

La alegría (el primero de los valores) está presente porque todo está yendo bien. También somos optimistas (el segundo de los valores) porque pensamos que todo va a ir cada vez mejor. Y el amor incondicional está siempre ahí. Esto nunca falta. Y eso es lo que más nos ayuda a estar unidos y en pie, a su lado, dándole todo el cariño que podemos, aunque sea únicamente agarrándole la mano.

Sin embargo, nos rodean tanta tensión, tanta incertidumbre y tantas variables, que resulta complicado mantener el entusiasmo y la alegría de manera constante, tal y como desearíamos. Además, se me rompe el corazón al ver a mi hijo así. Y ni los tubos que salen por todo su cuerpo, ni el que esté inconsciente, ni todas las máquinas que infunden fármacos y que suenan constantemente alarmando al más tranquilo ayuda. Además, aunque los cardiólogos me dicen que todo va bien, yo quiero oír la sensación de Alan. Quiero que él me cuente cómo está. Y doy por hecho que en cuanto pueda nos hablará de lo encantado que se siente con su nuevo corazón en su pecho, de cómo lo siente palpitar, de cómo nota que bombea toda la sangre con fuerza a todo su cuerpo. Y estoy segura de que también dirá que está deseando salir y comenzar su nueva vida. Tengo muchas ganas de oírle contar cómo está viviendo todo esto y compartir esa alegría, ese optimismo y ese amor incondicional con él cuando despierte.

La máquina de conciencia

Mientras siga sedado, tienen que ir controlando su estado neurológico. Por eso van a conectarle una máquina nueva. Ofrecerá información sobre su actividad cerebral. Entiendo que va a medir si su cerebro está funcionando o no.

Al conectarla, todos estamos expectantes por ver los niveles que indica. El médico nos explica que los niveles numéricos de las ondas cerebrales deberían estar por encima de 40. Sin embargo, cuando aparecen los primeros valores de ambos hemisferios, son muy bajos: fluctúan entre 20 y 30.

Esto me preocupa. Y mucho. ¿Podría tener algún problema cerebral? No me había planteado esta cuestión antes del trasplante. No sabía que un trasplante pudiera afectar a la actividad cerebral. Esto es nuevo. Estoy desconcertada. Sé que no tiene por qué pasar nada negativo. Solo es un indicador. Y los números son solo una referencia general. No tiene que ser igual para todos. Sin embargo, la máquina «esa» está dando niveles excesivamente bajos. Y eso me pone muy nerviosa. Noto cómo se me encoge el estómago cuando veo un 24, un 25, un 22 parpadeando, muy alejados del mínimo 40 que debería indicar.

He pasado todo el día mirando la «maquinita esta». Y pienso: «*¡venga, aparato!, ¡marca más!, ¡sube ese número!, ¡venga!*». Como si esos mensajes de ánimo que le lanzo sirvieran de algo con una máquina que registra ondas y no es capaz de entender mi angustia.

Ya lleva dos días con la máquina enchufada. Y en este tiempo los valores han seguido fluctuando. Estoy pendiente de ella a cada momento. No quiero pensar en nada negativo ni en posibles consecuencias. No quiero pensar que su cabeza se haya visto afectada con la operación. No quiero agobiarme con lo que pudiera pasar. Alan es muy listo. Muy rápido mentalmente. Además, le gusta utilizar su razonamiento crítico y creativo para darle un giro de tuerca a todo: para sacarle chispa a cualquier idea, para jugar con los significados, para disfrutar utilizando el pensamiento lateral o para hacer un juego de palabras e inventar un chiste.

De repente, sin saber por qué, los niveles están subiendo y comienzan a mostrar cifras muy altas. ¡¡¡Qué bueno!!! ¡Estamos felices y contentos!

—No hay ningún problema cerebral. Ahora todo es normal —dicen los médicos.

—Gracias, gracias —respondemos.

Y yo, ya relajada, les digo bromeando:

—Todo lo contrario. De normal nada. Los niveles tan altos indican que es un chico muy listo y con una poderosa actividad cerebral—, y nos reímos todos.

¡Uf, qué susto! ¡Qué tensión estos dos días! ¡Qué mal trago! ¡Qué bien que ya haya pasado! ¡Qué bien que todo ahora sea normal! ¡Uf! Espero que no haya más momentos como este, con angustiosos sustos inesperados.

Sin embargo, cada día hay pequeños y grandes sustos. Cuando todo parecía ya en calma, de repente, llega otro sobresalto. El cuerpo de Alan se ha desestabilizado. Ha sido el efecto de las drogas. Los enfermeros ajustan la medicación de las máquinas sin parar. Siguen estrictamente las indicaciones de los médicos y las analíticas. Necesitan ser rápidos incorporando nuevos parámetros en la medicación y al mismo tiempo hacerlo de manera gradual para no desestabilizar ningún nivel más. Y es que hay muchas variables y drogas que controlar. Y todas interactúan entre sí. Cuando baja o sube algún nivel, por pequeño que sea, afecta a todos los demás. Y es fácil provocar una desestabilización, o lo que llaman el «efecto rebote», cuando un cambio de medicación descontrola gravemente otras: subidas y bajadas de azúcar, cambios bruscos de tensión, alteraciones del ritmo cardíaco, hipersensibilidades, variabilidad en los diuréticos, sedantes, anticoagulantes... Esto sin contar con la famosa adrenalina, que debe controlarse estricta y constantemente.

Después de unos tensos treinta minutos aún no se ha estabilizado del todo. Aún tiene la tensión alta y eso no es nada bueno. También el corazón está bastante acelerado: supera por mucho el límite de las pulsaciones establecidas por minuto. La enfermera es muy experta. Sin embargo, vuelve a llamar a los médicos para ver qué más puede hacer. Observo qué hace, qué pregunta, lo tensa que está al no conseguir bajar esos dos indicadores. Ahora aumenta una medicación de 0,7 a 1. No sé exactamente qué medicación es ni para qué sirve. Sin embargo, entiendo que ha sido un incremento de casi un cincuenta por ciento. ¡Y eso es mucho! La enfermera se está poniendo cada vez más nerviosa. Y yo también. Llama de nuevo a los médicos. Le vuelven a dar instrucciones. Su objetivo es estabilizarlo. Sigue tocando todas las bombas de medicación. Trata de ajustar por aquí y por allá. No está consiguiendo bajar la tensión. Llevamos ya una hora así. Y la sensación de impotencia se ha ido apoderando irremediablemente de mí. No sé cómo ayudar ni soy capaz de pensar en soluciones. Y eso me estresa aún más.

De repente, en un instante, sin entender qué ha pasado, la crisis cesa. Ya está estabilizado. Todo vuelve a la normalidad. La tensión y el ritmo cardíaco están a niveles aceptables de nuevo. ¡Bien! ¡Por fin! La enfermera se relaja y sonríe. Nosotros también. ¡Qué bien! ¡Ya podemos respirar tranquilos! Al parecer las alteraciones son relativamente frecuentes. Yo no lo sabía. El cuerpo necesita ir adaptándose a muchas cosas. Sin embargo, cada vez que pasa, vuelvo a tensarme y mi sensación de impotencia reaparece de inmediato.

Pruebas cruciales

El protocolo para trasplantes indica que hay que realizar una biopsia del órgano una semana después del trasplante. Y ese momento ha llegado. En la sala de cateterismos le «morderán» un trocito muy pequeño del nuevo corazón. Necesitan analizarlo. Pretenden saber si hay o no rechazo. Además esa prueba ofrecerá más información para ajustar la medicación y los inmunosupresores.

Desde hace tiempo se controlan muy bien los posibles rechazos de órganos implantados. Lo hacen con inmunosupresores. Con ellos inhiben la posibilidad de que un cuerpo rechace otro cuerpo extraño en su interior. Por suerte, actualmente está muy controlada cualquier situación que hubiese sido dramática hace unos años. Y para ello, para conocer qué pasa con el corazón de Alan y no llegar a esa situación dramática, es necesaria la biopsia. ¡Uf! ¡Más pruebas! Es necesaria; lo sé. Y al mismo tiempo desearía que mi hijo no tuviera que pasar por ninguna prueba más.

Lo van a preparar ya para el cateterismo. Hay que pasarlo de la cama a una camilla. Necesitan trasladarlo a la sala de cateterismo. Para esto nos hacen salir de la habitación. Prefieren que no veamos todo lo que eso requiere en el cuerpo sedado de Alan.

Sé que lo cogen entre cinco o seis personas y que el desplazamiento lo hacen con la máxima delicadeza. Sin embargo, pensar en el movimiento que le va a suponer, cuando ha tenido el tórax abierto hace tan solo una semana, me resulta doloroso. Quiero relajarme y no pensar de esa forma. Así que le voy a dar la vuelta a este pensamiento. Sé cómo hacerlo. He tenido muchos años de entrenamiento. Por eso decido centrarme en que este procedimiento es importante para la vida de Alan. Y pienso además que todo se va a realizar con el mayor de los cuidados, las máximas atenciones y que mi hijo está en manos de los mejores profesionales. Además, Alan está sedado y con morfina; no se va a enterar de nada.

Esperamos en silencio, sentados en uno de los bancos que hay en la puerta de la UCI. Oportunamente, me llama una amiga. Hablamos de cómo va todo. De repente me pregunta:

—¿Tenéis miedo?

—¿Miedo? ¿De qué? —le pregunto sorprendida.

—Bueno, ya sabes... ¡De que algo vaya a salir mal! —responde de forma entrecortada.

—¿Y por qué va a ir algo mal?

—Bueno, ya sabes... —responde dándose cuenta de la inoportuna pregunta.

Corto la conversación enseguida. No quiero que me influya. No quiero tener miedo. No quiero sugestionarme con la conversación. No voy a entrar ahí, a explorar esa posibilidad. Como le explicaba un día a Alan, el miedo es la anticipación de algo negativo: expectativas negativas. Y con ello se sufre sin necesidad. Si estuviera constantemente pensando en las posibles consecuencias negativas de cada cosa que le hacen a Alan, no podría estar tranquila ni ser optimista. Ni hoy ni nunca. Así que decido borrar esa pregunta de mi mente y pensar en otra cosa.

Al principio me cuesta un poco quitarme la idea de la cabeza: solo con mencionar la palabra «miedo», este empieza a rondar por la cabeza. Así que voy a buscar cosas positivas y a centrarme en ellas. Se me ocurre pensar en las próximas vacaciones, cuando Alan salga recuperado del hospital. Será para verano, ¡nos encanta el verano! Y es fácil pensar en disfrutar con el calor, la playa, la piscina, la brisa cálida... Ahora estoy mucho mejor. Ya me siento de nuevo positiva y con una energía más constructiva.

Han necesitado más de una hora de preparación para salir de la UCI. La camilla de Alan va custodiada por cuatro personas: la doctora G. y tres enfermeras. Cada una es responsable de varias funciones. La doctora coordina y supervisa, una enfermera vigila el tanque que administra el oxígeno —del que Alan necesita una gran cantidad— y las otras dos controlan los monitores que registran sus constantes y las bombas de medicación a las que va irremediablemente conectado. Los acompañamos por todo el pasillo. Le damos besos cada vez que podemos. ¡Se le ve tan bien, tan tranquilo! Y ahí pienso: «¡Qué bien, con un corazón nuevo!».

—Os tenéis que quedar fuera —nos alerta la doctora en la puerta de la sala de Hemodinámica—. Tardaremos aproximadamente una hora. Aunque saldremos a informaros a los treinta minutos. Todo va a ir bien. Estad tranquilos.

Y estamos tranquilos. Aunque relativamente. Alan ha pasado por muchos cateterismos. Sin embargo hoy, a diferencia de otras veces, durante el cateterismo se le va a practicar una biopsia. No tiene sentido preocuparnos por posibles riesgos: no tenemos ningún control sobre lo que pueda pasar. Por eso no quiero entrar en preocupaciones o miedos. Así que voy a relajarme más volviendo a imaginar qué haremos este verano.

Han pasado ya los treinta minutos. Estamos de pie frente a la puerta. Esperamos diez minutos y nadie sale. Pasan ya veinte minutos más y no han salido todavía. Ya son treinta minutos y seguimos ahí, de pie, esperando. Ya han pasado sesenta minutos. ¡Menudos minutos! ¡Muy tensos! Y aunque seguimos sin querer pensar nada malo, estos minutos se hacen excesivamente largos. ¡Eternos! Miramos el reloj sin parar y pensamos en Alan, que está ahí, tumbado en la camilla, dormido y con mil ojos puestos en él. No sabe qué le están haciendo. Y nosotros, su padres, no estamos a su lado.

Por fin salen el doctor B. y el doctor FG.:

—Vamos a continuar un poquito más con el cateterismo. Estamos viendo cómo están todas las ramas del corazón —nos dice el doctor B.

—Por ahora, todo lo que hemos visto está muy bien —añade el doctor FG. con una sonrisa.

—Vale. Gracias —decimos respirando contentos y más tranquilos.

—Nos llevará unos quince minutos más.

Nos quedamos fuera, frente a la puerta. Ya está casi acabado. Sin embargo, el deseo de volver a ver a Alan y confirmar que está bien hace eterna la espera. Y esta vez sí, salen a los quince minutos casi exactos:

—Ya hemos terminado. Todo bien. En unos días conoceremos el resultado de la biopsia y si hay rechazo celular. Sin embargo, por lo que hemos observado, parece que no lo va a haber —nos dice satisfecho el doctor FG.

—¡Qué bien! ¡Gracias por la noticia! —decimos muy contentos.

—Tardaremos unos minutos en salir. Le están preparando para pasar a la camilla —añade el doctor FG.

Nos alegramos de que a primera vista no haya rechazo. ¡Es genial! Aunque falta recibir el resultado final, esta noticia nos alegra como si ya fuera la información definitiva. Respiramos felices. Sentimos que la cosa va bien. Esto funciona. Parece que vamos escribiendo esta historia con buena letra. Estamos muy contentos. Respiramos alegría. ¡Alan está bien! Y estamos deseando que despierte para contarle las buenas noticias. Tenemos muchas, muchísimas ganas de compartir nuestra alegría con él. ¡¡Estamos felices!!

Ya sale del cateterismo. ¡Qué bien! Ha estado allí menos de dos horas y ya le echábamos mucho de menos. Volvemos otra vez caminando todos a su lado. Siempre con las batas verdes y las mascarillas, recorremos felices los largos pasillos hacia la UCI. Los dejamos en la puerta y nos volvemos a despedir con unos besos a través de la mascarilla de papel en la blandita mejilla. Nos han vuelto a pedir que nos quedemos fuera mientras lo instalan. Dicen que les llevará al menos una hora asentarlo en su cama de la UCI.

Ya más relajados, aprovechamos para ir corriendo a comer algo. Llevamos todo el día sin probar bocado. Sabemos que nos tenemos que alimentar bien para estar fuertes. Además, cuando estoy nerviosa, sobre todo me apetecen dulces. Sin embargo, ahora voy a comer algo más equilibrado.

En la cafetería no hay mucho que me guste. Cojo algo sin muchas ganas y no me sabe a nada. A pesar de ello, me como casi todo porque sé que lo necesito.

Vamos de vuelta a la UCI con la esperanza de poder entrar ya a ver a Alan. Aunque está sedado y dicen que no se entera, no me gusta dejarle solo en una situación así. Además, siempre queda la duda de si realmente siente algo o no. Y no me gustaría que se sintiera solo. Por otro lado, cuando he estado a su lado en la UCI me han dicho que le hable porque tal vez se da cuenta... Entonces, de esto también se enteraría, ¿no? No sé. ¡Quién sabe!

Pasamos por la antesala de la UCI donde nos lavamos bien las manos. Hay que evitar cualquier posible infección. Ya dentro, justo antes de pasar donde está Alan, nos ponemos las batas verdes y las mascarillas. Y otra vez nos desinfectamos bien las manos. Alan está allí tumbado, en calma, como un angelito. Con la música sonando en su radio. Estoy feliz de volverlo a ver. Le besamos y nos sentamos a su lado cogiéndole la mano. Ya ha terminado todo. Y parece que esto avanza de manera firme y positiva. ¡Es genial! Me gustaría que Alan, en algún punto de su cuerpo, supiera que todo va bien. Probablemente lo sabe en el corazón. Es ahí donde se saben estas cosas. Y además, ahora ya tiene un corazón completo, con sus dos mitades. Su nuevo corazón es grande y fuerte. Más fuerte que nunca. Y seguro que él ya lo siente y lo sabe.

Visita de su hermano

Hoy es un día especial para la familia. Es el primer día que Eric, el hermano menor de Alan, va a entrar en la UCI a verle. Es un momento delicado. Eric es muy sensible. Y quiere mucho a Alan. Aunque se llevan tres años, han jugado y disfrutado siempre juntos. Eric ha vivido desde pequeño todo el proceso cardíaco de Alan: sus operaciones, sus cateterismos, sus continuas visitas al hospital... Para él todo esto es algo natural. Sin embargo, hoy es distinto.

Alan lleva diez días en la UCI y sigue sedado, lleno de gomas de drenaje, intubado, con sonda y con unas cuantas vías de medicación y de alimentación en su cuerpo. No es una escena agradable. Y el entorno tampoco acompaña: Alan está rodeado de bombas de infusión con alarmas que suenan continuamente.

Eric está nervioso antes de entrar. Sigue el protocolo: deja su chaqueta en la estantería y se lava bien las manos con agua y jabón. Al llegar al *box* de Alan, se para un instante frente a él. Después se pone la bata verde y la mascarilla, y vuelve a desinfectarse las manos. Lo hace todo muy lentamente. Posiblemente por la aprehensión de ver a Alan a lo lejos en la cama. Cuando ya se acerca, se impresiona mucho. Abre los ojos sorprendido. Y notamos que se angustia. Alan está destapado. Muy hinchado. Sobre todo la tripa. Lleva un pañal. El pecho está cubierto de apósitos que cubren las cicatrices y las entradas de los drenajes. Sin embargo, se ven los tubos que salen de su cuerpo hacia ambos lados de la cama.

Eric se ha quedado paralizado al pie de su cama. No se mueve durante unos instantes. Y al mismo tiempo, no aparta la vista del rostro de Alan.

–¿Quieres acercarte un poco más hacia aquí? –le digo con la intención de que avance hasta donde está la cara de Alan, pensando que es la parte menos impactante, ya que no se ven los tubos.

–No. Me quiero quedar aquí –me responde mientras sus ojos se humedecen.

–¿Estás bien?

–No.

–¿Quieres salir? –pregunto.

–No quiero –responde angustiado.

–Está bien –contesto. Y nos callamos los dos mientras miramos a Alan.

Veo a Eric afligido. Esto es muy duro. Lo es para toda la familia: abuelas, tíos, primos... y también para los amigos. Mi madre también está muy apenada porque todavía no puede entrar a ver a su nieto. Todos estamos con el corazón en un puño.

De repente, Eric sale de la UCI. No puede más. Le produce mucho dolor ver a su hermano en ese estado. Sus lágrimas van cayendo mientras se dirige hacia la puerta. Lo entiendo. Él quería ver a su hermano. Tenía muchas ganas. Y nosotros le habíamos animado a que lo hiciera. Y pienso que, después de lo ocurrido, quizás no ha sido buena idea que viniera. Me duele que lo haya pasado tan mal. No era necesario ese mal trago. Y no esperaba que sucediera así. ¡Qué duro!

IV. La fuga

Desfibrilación

Hoy cumplimos quince días desde el trasplante. ¡Qué alegría! La cardióloga nos había adelantado que Alan era un caso excepcional y que su recuperación iba a ser mucho más lenta y complicada de lo habitual. Cada cardiopatía, cada operación y cada trasplante es distinto. Y el caso de Alan es de los graves. Su cardiopatía se había unido a otros efectos secundarios importantes en su cuerpo. Por eso todo en él va a requerir mayor tiempo de recuperación y adaptación. Aún así, después de dos semanas todo va relativamente bien. Lo único negativo es que han aparecido arritmias. Y han sido frecuentes en la última semana, justo después del cateterismo y la biopsia. Los médicos andan muy pendientes de ellas y no han conseguido que remitan a pesar de la medicación.

Debido a esas arritmias, esta última semana ha sido ajetreada, con muchos sobresaltos. Los días han sido muy intensos. Excesivamente intensos. Cada vez que el corazón de Alan se aceleraba en exceso nos hacían salir la UCI. En esos momentos el personal médico, aunque trataba de mantener la calma, estaba más inquieto. Se notaba que aquello no era normal. Esperando, el tiempo se hacía eterno. Cuando volvíamos a entrar, enseguida mirábamos el monitor. Queríamos comprobar que su frecuencia cardíaca estaba ya estabilizada. La mayor parte de las veces esperábamos fuera de la UCI aproximadamente una hora. En una ocasión estuvimos tres largas horas llenas de nervios porque intuíamos que algo grave estaba pasando. No sabíamos qué y no queríamos pensar mal. Sin embargo, tanto tiempo para observar una arritmia nos resultaba preocupante. Una de las veces consulté qué había ocurrido.

—¿Qué ha pasado? —pregunto a la doctora al entrar.

—Había aumentado mucho el ritmo cardíaco.

—¿Y ya se le ha reducido?

—Sí. Ahora ya está a un ritmo normal para él.

—¿Lo habéis hecho con medicación? —pregunto intrigada.

—No. Otra vez hemos tenido que utilizar el desfibrilador —responde.

Esa respuesta me dejó de piedra. ¿Cómo? ¿El desfibrilador? Eso me sonó fatal. ¿No es eso lo que utilizan para reanimar a alguien con parada cardiorrespiratoria? ¿No es eso a lo que recurren cuando no hay pulso? ¿Cómo lo han utilizado para reducir su ritmo cardíaco?

Necesitaba digerir la información durante unos minutos. Ni quise preguntar cómo lo habían hecho ni qué había ocurrido. ¡No podía hacerlo! Me estaba recomponiendo de la impresión. Enseguida surgieron preguntas en mi cabeza: ¿Le pararon el corazón y lo volvieron a reanimar? ¿Cómo se reduce un ritmo con un golpe de electricidad? Además, yo pensaba que cuando se usaba un desfibrilador con una persona viva era en caso mortal y que solo se utilizaba cuando la vida de una persona estaba comprometida. Entonces... ¿estaba la vida de Alan en peligro? Parecía que sí. No quise preguntar todo esto a la doctora. No tenía fuerzas. Además, un gran nudo en mi garganta me impedía hacerlo.

Después de un rato reaccioné y analicé la respuesta del médico. De repente fui consciente de que había comenzado diciendo «otra vez». Entonces sí quise saber:

—¿Y cuántas veces habéis utilizado el desfibrilador?

—Hoy cinco veces —respondió la doctora ante mi asombro.

¿Cinco veces? ¿Cómo? ¿Cinco veces había estado Alan a punto de...? ¿Cinco veces? No sabía qué pensar, qué sentir, qué hacer: llorar de la impresión, alegrarme de que estuviera vivo, desmayarme del susto... o qué. Desde luego, elegí alegrarme. Era la mejor opción. Sin embargo, el desconcierto y la conmoción estaban tan presentes que necesité parar un momento para relajarme y asimilarlo todo.

En mi cabeza daban vueltas las cinco veces que Alan había recibido la desfibrilación. ¡¡¡Qué pasada!!! Cada vez que pensaba en ello era mi corazón el que se paraba. ¡Semejante descarga eléctrica! ¡En un cuerpecito como el suyo, ahora de menos de treinta kilos! Me resultaba escalofriante. Después de saber esto, miraba a Alan todavía con más ganas de abrazarlo y darle calor. Y no lo podía hacer, solo podía cogerle la mano y acariciarlo: aún está intubado, dormido, sedado. Y qué bueno que lo estuviera en este momento. No quería que se enterara de lo que había ocurrido. Ya habría tiempo de contárselo.

Puse la mano en el corazón y comencé a practicar la respiración de «coherencia cardíaca». Estaba realizando las seis respiraciones y notaba que mi corazón latía con fuerza. En ese momento, cuando notaba que ya me había calmado, entró la enfermera y nos preguntó qué tal estábamos.

—Bien, aunque esto de las desfibrilaciones no nos ha gustado nada.

—Sí, claro. Sin embargo son necesarias.

—Ya. Lo que pasa es que cinco en el mismo día...

—Sí. Hoy han sido muchas, cinco veces en solo un día. Ayer y anteayer fueron menos.

¿Cómo? ¿Ayer y anteayer también le habían dado descargas? Vaya, no lo sabía. ¡Otra estremecedora noticia! ¡Se me volvió a encoger el estómago! Los médicos respondían siempre a todas nuestras preguntas con sinceridad; sin embargo, no se me ocurrió preguntarles qué había pasado y qué habían hecho hasta este momento.

Ahora sí. Quiero saberlo todo. Hay veces que parece mejor no conocer detalles dolorosos para no sufrir. Y a veces, la necesidad de saber es profunda. Eso me sucede en este momento. Quiero conocer todo lo que pasa con Alan. Y a la vez, no quiero angustiarme. Sé que los médicos van a hacer lo necesario para que él esté bien. Y por desgracia, yo no tengo conocimientos como para ayudar en esto. Solo me queda confiar. Confiar en los médicos, en las enfermeras, en las decisiones, en la química que le infunden por la vena... Confiar en todo lo que pasa. Esto me lo repito constantemente. Y sobre todo, me queda confiar en que Alan es fuerte para seguir adelante. Además, sé que él quiere vivir a toda costa. No va a rendirse, pase lo que pase. Y estoy segura de que aceptará que los médicos utilicen todos estos aparatos más o menos agresivos para mantenerle y mejorarle la vida.

Cuando he preguntado, he recibido respuestas. He sabido que el total de desfibrilaciones han sido nueve ¡¡¡Nueve veces!!! ¡¡¡Una pasada!!! Lo pienso y me estremezco. Sé que gracias a eso han estabilizado su corazón de nuevo y que ha vuelto a latir con normalidad. Sí. Sé además que Alan no se ha enterado de nada. Que no ha sentido dolor. Que no ha sufrido. Sin embargo, me resulta doloroso solo pensarlo. Y al mismo tiempo, doy gracias a que esa técnica exista y se haya aplicado porque, como comentó después la doctora E., «*pensé varias veces que Alan se nos iba*».

Primera conversación

Hoy le han bajado un poco la sedación. Alan empieza a estar más despierto. Tal vez comiencen el proceso para quitarle el tubo que lleva para respirar. Consideran que es ya el momento. Y para ello Alan tiene que estar completamente consciente. Su padre y yo estamos expectantes. Con ilusión. Tenemos muchas ganas de verle ya consciente. ¿Qué será lo primero que diga? ¿En qué pensará? ¿Qué sentirá? Estamos deseando que nos cuente todo lo que pasa por su cabeza después de recibir el nuevo corazón.

Le han vuelto a bajar la sedación un poco más. Parece que comienza a abrir los ojos. Es emocionante. Pronto estará totalmente despejado y podrá vernos. Será muy emotivo.

Por fin abre sus ojos marrones. ¡Está consciente! Lo saludamos felices. ¡Qué alegría! Él también nos mira. Todavía no puede hablar. Está con un tubo que le recorre la tráquea. Nosotros le contamos lo bien que ha ido todo. Le decimos lo mucho que le queremos... Le agarramos la mano. Y él también nos agarra. Tiene sensibilidad en la mano. Hasta ahora la tocábamos y la tenía como muerta. Sin embargo, en este momento la mueve con la tensión justa como para sujetarnos. Sonreímos continuamente. ¡Estamos los tres tan felices! ¡Alan está ya despierto! ¡Qué ilusión! Este es un instante para recordar. Por fin ha llegado este momento. Y lo bueno es que él se encuentra bien. ¡Está genial! Parece que ya ha pasado lo peor.

El tubo que le recorre la tráquea le molesta mucho. Parece tremendamente incómodo tener eso por en medio de la garganta. No le permite hablar. Ni girar la cabeza con libertad. Necesita tener la boca abierta. La lengua está sin apenas movimiento, aplastada hacia abajo. Y parece tener miedo a mover el cuello debido a la rigidez que el tubo le produce.

Al estar más consciente, pide con gestos que se lo quiten. Los médicos están cerca. Van viniendo a ver cómo va el proceso de despertar. Le piden paciencia. Le comentan que pronto se lo quitarán. Necesita aguantar un poco más hasta que confirmen que podrá respirar por sí mismo, sin ayuda de la máquina. No debe ser fácil aguantar tranquilo esa situación. Sin embargo, él se relaja y espera resignado.

Después de un rato, él está dominando su respiración. La máquina lo confirma. Inspira y espira él solito. Sus pulmones dirigen todo el proceso. Parece que la respiración asistida ya no es necesaria. Sin embargo, los médicos prefieren asegurarse. Si le quitan el tubo prematuramente eso puede provocar que lo vuelva a necesitar y que se lo tengan que volver a poner.

Alan está siendo muy paciente. Aún así, pide varias veces que se lo quiten. Tiene sus manos sujetas por vendas a los lados de la cama. Es el protocolo. Prefieren evitar que un paciente, en un arrebato, se arranque el tubo de la boca. Esto le angustia. Quiere mover las manos a toda costa. La doctora le explica por qué está de esta forma y negocia con él el soltarlo. Acuerdan que ella le quita la sujeción si él no se toca el tubo. Alan se encuentra lúcido para entender bien lo que la doctora le ha explicado. Mueve la cabeza de arriba abajo, lo poco que puede, para decir que está de acuerdo. Sus ojos parecen decir un «sí, por favor, haré lo que sea si me liberas las manos». En cuanto le soltamos se siente mucho mejor. Además, le ha gustado que se confíe en él. Posiblemente gracias a eso no va a tocar el tubo, a pesar de la gran molestia que supone.

Sin embargo, no puede evitar morderlo:

—No lo muerdas. No muerdas el tubo —le dice la enfermera sin parar.

Aunque Alan está ya consciente, continúa un poco atontado. Por eso no consigue hacer caso y continúa mordiéndolo. La orden le parece ambigua. La enfermera, con la mejor intención, le dice a Alan lo que no tiene que hacer. Sin embargo no le dice lo que sí puede o necesita hacer.

—Alan, chupa el tubo con la lengua y deja la boca abierta —se me ocurre decirle.

Alan obedece de inmediato. Ha dejado de morder el tubo. Sorprendida, la enfermera pasa a las demás la consigna de que es mejor decirle lo que sí tiene que hacer y no lo que no tiene que hacer.

Lleva ya unas horas chupando el tubo. La espera para quitarlo se está haciendo larga. Por lo menos para su padre y para mí. Supongo que para Alan también. Tal vez se le haga incluso más largo que a nosotros. Aunque no sé cómo siente él el paso del tiempo.

De repente comienza a realizar gestos raros. En un primer instante no sabemos qué pasa. No sabemos qué pide. Y enseguida lo entendemos: quiere la radio a más volumen. Nos dirigimos a la enfermera:

—Alan quiere el volumen un poco más alto. ¿Sería posible ponerlo? —preguntamos.

—Por supuesto. Todo lo que necesite. Además, así lo oímos nosotros y nos anima. Su música es muy marchosa —contesta con ilusión.

—Gracias —decimos Fernando y yo al unísono.

—Gracias a él. Nos gusta tener música por aquí. Si no esto es muy aburrido —responde ella.

Parece que Alan se concentra en la música. Y creo que eso le está relajando aún más. Está bien. Tal vez eso le dé la sensación de que el tiempo pasa más rápido. Además, nos mira continuamente. Y nos levanta la mano para que lo agarremos. Le encanta que le hagamos caricias en las palmas de las manos. Eso también le tranquiliza.

Después de unas horas, en las que hemos estado acariciando sus manos y su pelo, parece que ya está bien: puede respirar por sí mismo. Se plantean quitarle ya el tubo. Se lo comunican a Alan y él esboza una sonrisa. Está deseando que lo hagan. Probablemente quiere cerrar la boca y tragar saliva sin nada que se interponga. Y supongo que estará deseando hablar.

El proceso para quitárselo es delicado. Si no se realiza bien, puede dañar las cuerdas vocales y provocar heridas en la garganta. Por eso nos piden que salgamos de la UCI para la extubación. Nos vamos de inmediato. No queremos alargar más ese momento. Cuando estamos al final del pasillo, a punto de salir por la puerta de la UCI, llega una enfermera corriendo: «*Ya está. Todo ha ido bien. Está ya sin tubo. Podéis volver con Alan*». ¡¡¿¿Ya está??!! Ha sido un visto y no visto. ¡Qué bien!

Enseguida se nota que Alan quiere hablar. Bueno, no sería Alan si dejara de utilizar uno de sus dones: la palabra.

–¿Qué tal Alan? ¡Ya estás con el nuevo corazón! ¿Estás contento? –le preguntamos su padre y yo.

–¡Mucho! –dice con dificultad en su primera palabra.

–Todo ha ido bien. Ya estás con tu nuevo corazón –le informamos.

–¡Bien! –articula como puede, bajito, y con una gran sonrisa.

–¿Cómo estás?

–¡Contento! –exclama sin dejar de sonreír.

Le dejamos descansar. Sin embargo, después de un breve rato pensativo y sin haber quitado en ningún momento la gran sonrisa de su cara, vuelve a hablar:

–¿Día? –pregunta Alan en voz baja y con dificultad.

–¿Qué? –le cuestiono porque no sé a qué se está refiriendo.

–¿Día? –vuelve a insistir.

–Mediados de diciembre –le digo sin darle muchos detalles. Pienso que su intención es calcular cuántos días lleva en la UCI después del trasplante.

—Bien —responde con una sonrisa.

Me alegro mucho de que sonría y le haga ilusión saber que ya han pasado unos días. Se queda otra vez pensativo. De repente, vuelve otra vez a hablar.

—Bien. Hay tiempo.

—¿Tiempo para qué, Alan? —pregunto sorprendida.

—Navidad. Comprar regalos —apunta de forma suave y entrecortada.

—¿Quieres comprar los regalos de Navidad? —pregunto impresionada por saber en qué está pensando.

—Sí.

Es curioso descubrir dónde ha ido su pensamiento: justo al momento en el que lo llamaron para hacer el trasplante. En aquel momento Alan estaba pensando en esta fecha tan señalada de Navidad. Le encantan esos días. Le gusta ver todas las calles iluminadas, los escaparates decorados con adornos curiosos, los árboles con grandes bolas de colores… Y le encanta todo lo que hay en torno a los regalos: pensar en qué comprar para cada uno, envolverlos, guardarlos en lugar seguro para que nadie los descubra hasta el momento de entregarlos y ver la cara de quien los recibe. Su cabeza está en aquel momento. Y ahora, la ciudad está iluminada como a él le gusta. Aunque creo que este año no va a poder verla. Calculo que le quedan más de veinte días en el hospital. Y aunque nada es imposible, sí es improbable que salga antes de esos días. ¡Una pena! Sobre todo porque una de las primeras cosas en las ha pensado al despertar es que aún tiene tiempo para ir a comprar regalos. Sin embargo, el mejor regalo le ha llegado ya: un nuevo corazón. ¡Y ha sido el mejor y más maravilloso de los regalos!

Lleva ya un par de horas sin tubo. Está más animado. Me pide con la mano que acerque mi cabeza para oír lo que quiere decir.

—Baño.

—¿Cómo?

—Quiero ir al baño.

—Alan, no puedes ir. Estás aquí con muchas vías y no te puedes mover.

—Tengo que ir.

—Tranquilo. Tienes una sonda. No te vas a manchar.

—Quiero ir al baño.

—Además tienes un pañal. Tranquilo, no vas a manchar nada.

—Vale.

Termina la conversación y a los cinco minutos vuelve a pedir que me acerque:

—Quiero darme una ducha.

—Tampoco puedes. Por el mismo motivo. No te puedes mover.

—¿Cuándo?

—¿Que cuándo podrás?

—Sí.

—Espero que pronto. Cuando te quiten todo esto. Vas muy bien. Así que será rápido.

—Vale —repite terminando la conversación.

Poco a poco está más espabilado y comienza a hacer más gestos. Está más suelto. Vienen los médicos. Lo saludan. Él saluda a todos. Está contento. Se le nota. Y además ya se ríe. Su padre y yo estamos muy felices. Fernando está tremendamente emocionado. ¡Tanto tiempo esperando esto y ahora estamos disfrutando de que todo vaya bien! ¡Qué alegría! ¡Es genial!

Pruebas y más pruebas

Hoy por la mañana, al despertar, me ha buscado con la mirada. Eso me ha encantado. Me ha dedicado una sonrisa y me ha saludado con la mano. Aunque ya lleva un día extubado, utiliza más los gestos que la palabra. Se cansa mucho al hablar, por eso lo hace bajito y susurrando. Le doy muchos besos y le pregunto cómo está. *«Bien»*, me indica con la mano. Después, añade: *«con sueño»*. Es normal. Debe de estar cansado. Esto es un ajetreo constante. Y con todo lo que le han hecho por dentro debe estar agotado.

Sí. Parece que tiene sueño. Yo le veo incluso más cansado que ayer. Se supone que cada día que pasa debe encontrarse mejor y más fuerte. No lo sé. Tal vez es normal porque días atrás la máquina lo ayudaba a respirar y ahora lo hace todo él. Dice que quiere dormir. Le dejamos que lo haga. Sin embargo, como casi todas las mañanas, eso no es fácil en la UCI: las visitas de los doctores y las necesarias pruebas médicas son casi constantes.

Fernando se ha quedado toda la noche con él. Antes de irse a casa a descansar, su padre le da un montón de besos. Y le dice con mucho cariño que en unas horas vuelve a verle. Con el gesto de la mano, Alan le dice «OK». Y añade con la dulzura de quien se siente cuidado y querido: *«Aquí te espero, aitá»*. Entiende y acepta con normalidad que su padre necesite ir un rato a casa. Dormir o descansar aquí es difícil. Entre tantos pitidos de bombas de medicación, tanto las de Alan como las de los niños que están al lado, es misión casi imposible. Desde que entramos aquí, después del trasplante, estamos en un espacio abierto de la UCI. Un biombo de un metro veinte nos separa de los otros niños y sus familias. Estamos al fondo, en la esquina de la derecha. Solo tenemos un niño a la izquierda. Es S. También ha recibido un trasplante. Alan y él son amigos: habían coincidido varias veces en la habitación del hospital, en los numerosos ingresos de seguimiento y en los tratamientos en los meses previos al trasplante. Ahora, Alan y S. son compañeros de UCI.

Saludo a los padres de S. cada vez que los veo. Además, converso con su dulce madre cuando nos cruzamos en el pasillo. Ha pasado por lo mismo que nosotros. Así que nos entendemos perfectamente. Es un encanto. Alan la acaba de ver por primera vez. Enseguida levanta su mano para saludarla. Se pone contento al verla y esboza una sonrisa. Ella, con otra gran sonrisa, responde levantando la mano y la agita con ilusión. Se alegra de que Alan esté consciente y la haya saludado.

—Es la madre de S. —me dice al reconocerla.

—Sí. Él ha recibido un corazón unos días antes que tú, le contesto.

—Bien —responde alegrándose mucho—. ¿Y cómo está? —pregunta.

—S. está todavía sedado —le digo escuetamente. No quiero que Alan sepa todavía que S. ha tenido una complicación y no está muy bien. No es el momento de darle malas noticias.

—¡Ah! ¿Me he despertado antes que él? —me dice sonriendo, ajeno a lo que pasa.

—Sí. Él todavía está descansando —le respondo.

Me acomodo en la silla al lado de la cama y le doy la mano. Está tranquilo y se le nota cansado. Por eso se duerme enseguida. Sin embargo, en cuanto consigue conciliar el sueño viene alguien a hacerle una prueba.

El electrocardiograma es la primera de las pruebas. Alan se despierta y pone cara de resignación mientras le pegan los electros en su cuerpo. Y se vuelve a dormir justo antes de que nos informen: «*Todo normal. El corazón late bien y con fuerza. Todavía el ritmo es un poco rápido, aunque es normal en un inicio. Irá descendiendo de forma paulatina para adaptarse a su cuerpo*».

¡¡¡Qué bien!!! Qué alegría saber que todo funciona y que las cosas van hacia delante. Aun con los ojos cerrados, Alan ha oído las buenas noticias. Esboza una sonrisa, como confirmando lo que él ya parecía saber. Me encanta ver esa sonrisa de satisfacción en mi hijo. Son momentos muy bonitos cuando las buenas noticias muestran que se está en el camino hacia la mejoría.

–Quiero volver a dormir –dice Alan. Y dicho y hecho. En unos segundos vuelve a estar dormido. Pasan tan solo unos minutos y llega el equipo de cardiólogos con el ecocardiograma. El resultado vuelve a ser normal:

–Las cuatro partes del corazón laten con fuerza. La sangre corre fluidamente –nos informa el cardiólogo FG, señalando el monitor.

–¿Puedo verlo? –dice Alan con deseos de ver en la pantalla su nuevo corazón.

–Claro –responde el cardiólogo mientras gira el monitor para mostrárselo.

Enseguida le explica cómo es su nuevo corazón y las diferencias con el medio corazón que tenía antes:

–Ahora tienes las cuatro partes en tu corazón funcionando: las dos aurículas y los dos ventrículos –comenta el cardiólogo señalando en el monitor cada parte–. Y este es tu lado izquierdo, que está funcionando al 100% y que antes no tenías, Alan. Has estado dieciocho años sin él.

–Sí –dice bajito con una sonrisa.

–Solo nos falta corregir esas arritmias para que todo funcione completamente bien. Vas muy bien. ¿Contento? –pregunta el cardiólogo.

–Sí. Mucho –responde él casi susurrando, sin apenas fuerza.

–Bueno, hasta mañana. Descansa –se despide el doctor.

Llega la ecografía abdominal... Se vuelve a despertar. La hacen y se vuelve a dormir. Llegan los cirujanos... Se vuelve a despertar. Le saludan y supervisan la cicatriz y se vuelve a dormir. Llega el fisioterapeuta... Se vuelve a despertar. Sin embargo, le ve tan cansado que no le hace trabajar y le deja dormir. Excepto por el gran cansancio que muestra hoy Alan, todo está bien. Ya son las 13:30 h. Se ha pasado la mañana entre pruebas queriendo descansar. Ahora, con más ganas, quiere dormir.

Se gira para hacerlo. Sin embargo le cuesta conciliar el sueño. En ese momento llega su amigo S., responsable de Urgencias de Pediatría del hospital. Es muy amigo suyo y siempre se alegra cuando lo ve.

—¡Qué pasa tío! ¿Cómo estás? —pregunta S. contento de verle.

—S., no me encuentro bien —le dice con vocecita débil.

-¿Y qué te pasa? ¿Sueño?

—No. No sé. Antes tenía sueño. Ahora es algo más. Me encuentro mal.

—Bueno, quizá es todo del cansancio. Te dejo descansar y vuelvo otro día, ¿te parece, Alan? —comenta tras esta visita de veinte segundos.

Y Alan hace el gesto de OK con la mano sin pronunciar palabra. Después baja la cabeza como si estuviese mareado.

La verdad es que parece cansado. Desde primera hora de la mañana ha comentado que quería seguir durmiendo y no ha podido.

—Alan, descansa tranquilo. Puedes cerrar los ojos. Yo estoy aquí a tu lado —le digo.

Esperaba una respuesta, aunque fuera con la mano. Sin embargo, no me responde nada. Se nota que no está bien.

En ese momento observo cómo está comenzando a salir un hilo de sangre por el pecho. Miro rápidamente al enfermero. Él se había dado cuenta. Tenía ya unas gasas en la mano. Las pone encima del pecho y va a por más. Cojo las gasas y comienzo a seguir el tramo de la sangre que cae. Trato de absorberla. De limpiarla. El enfermero trae más gasas y vemos cómo surge más sangre por el pecho de Alan. Ya son varias hileras de sangre las que caen. Seguimos limpiando con las gasas. Sin embargo, cada vez sale más sangre.

Pérdida de sangre

Ayer, por un punto en su cicatriz del pecho, salía un poco de sangre. Eso fue subsanado por los cirujanos. Sin embargo, parece que se ha vuelto a abrir. No lo sé exactamente; no puedo ver el pecho de Alan. Ahora está lleno de grandes gasas con sangre. Solo espero que sea eso: un punto de sutura.

Son las 13:55 h. En este momento llega la enfermera de relevo. Al ver el panorama sangriento, enseguida se pone los guantes, la bata y trae más gasas. Yo pensaba que habíamos conseguido parar el sangrado. Sin embargo, este continúa. Y además ahora de manera excesiva. Llaman inmediatamente a la doctora y comienzan a correr. Algo grave está pasando. Me piden que salga fuera. Según salgo veo al resto del personal de la UCI corriendo hacia Alan. Mantengo la respiración. Y sigo deseando que esté relacionado con aquel punto de sutura y no con algo más grave.

Sin embargo, hoy estaba sangrando de forma más intensa. Parece algo más importante. Y es demasiada cantidad para ser solo un punto. Además, la rápida movilización del personal médico indica algo más grave. Bastante más grave.

Fuera ya de la UCI, llamo a Fernando y le explico el tema del sangrado. Viene de inmediato. Justo cuando llega salen tres doctores de la UCI a informarnos. Nos hacen pasar a la sala de padres. Nos piden que nos sentemos:

—La cosa es seria —comienza diciendo la doctora. Yo me sobrecojo. Miro a Fernando y le veo también traspuesto. No es para menos—. Estaba perdiendo mucha sangre y por eso lo hemos intubado. Le hemos puesto también un drenaje. Hemos hecho todo rápidamente porque por suerte ha coincidido que estábamos en el cambio de turno y hemos podido tener todas las manos que hemos necesitado. Además también estaba en la UCI uno de los cirujanos, el doctor JF., que ha ayudado con todo el drenaje. Gracias a esto, ha ido todo muy bien —nos dice la doctora como si esto nos tuviera que tranquilizar un poco—. Por otro lado —continúa diciendo—, hoy por la mañana le hemos hecho muchas pruebas y estaban todas bien. Así que vamos a realizarle un TAC para saber exactamente qué pasa.

¿Cómo? ¡No saben qué pasa! ¡Eso no es nada bueno! ¡Se supone que ellos deben saberlo! Que no lo sepan me crea aún más intranquilidad.

—Y… ¿has dicho que ha perdido mucha sangre? ¿Cuánta ha perdido? —preguntamos con preocupación.

—Calculamos que 900 mililitros —afirman contundentemente.

—¡Uf! —respondemos sorprendidos. Nos suena a mucha sangre perdida, lo cual nos estremece aún más—. ¿Y ya está parada la hemorragia? —continuamos preguntando tratando de aclarar nuestras dudas.

—Sí. Y queremos saber de qué ha sido para que no vuelva a pasar. Vamos a prepararlo todo para ir al TAC. Y lo vamos a hacer ahora, en cuanto podamos moverlo —dicen mientras se levantan.

—Vale —contestamos agobiados, levantándonos nosotros también.

—Tranquilos. Esperad aquí en la sala y seguiremos informándoos.

Lo último que dicen es «tranquilos». ¡Uf! ¡Qué difícil! No es posible estar tranquilos. Todo lo contrario: nos quedamos preocupados, sin saber qué pensar. No sabemos qué puede ser. Lo que sí sabemos es que casi un litro de sangre es mucha cantidad. Sobre todo para un niño de tan solo treinta kilos de peso que acaba de salir de una operación muy seria de corazón.

En la sala, callados, Fernando y yo nos miramos continuamente sin mediar palabra y al mismo tiempo diciéndonos todo. Cada uno estamos con nuestros pensamientos, haciendo lo que sea para mantener la calma. Yo por mi parte pienso: «tranquila. Seguro que es una cosa sencillita». Deseo mantenerme optimista. No tiene sentido preocuparse sin saber qué está pasando. Sé que no tiene sentido. Y sé que tengo que ser positiva. Es la mejor manera de llevar esto. He practicado mucho el hacer este cambio mental de estar preocupada a estar positiva, así que me pongo a ello. En otras situaciones lo he conseguido fácilmente, aunque eran circunstancias menos tremendas que esta. Quiero estar positiva. Así que trabajo en ello. Sin embargo, el agobio ya se ha adueñado de mi estómago. Lleva un rato ahí. Desde las primeras gasas, desde las primeras carreras de las enfermeras, desde la cara de tensión de los médicos al informarnos.

Apenas han pasado quince minutos y abren la puerta. Son la doctora A. y la doctora G. Vienen con caras serias. Se sientan frente a nosotros:

—Está siendo complicado. Aún estamos viendo cómo lo llevamos hasta el TAC. Además está muy débil. Necesitamos moverlo muchas veces y eso nos está frenando —dice la doctora G.

—¿Moverlo muchas veces? —preguntamos sin entender—. ¿Por qué?

—Sí. Primero hay que pasarlo a una camilla para llevarlo hasta el TAC, que está en el piso de abajo. Allí hay que cambiarlo a la camilla en la que entra al TAC. Después otra vez a la camilla para traerlo aquí. Y por último pasarlo a la cama en la UCI —nos explica la doctora G.

—Ya —digo notando cómo la enorme complicación del proceso aumenta más aún mi conmoción.

—Bueno, tranquilos. Todavía estamos viéndolo todo —dice la doctora con mucho mimo—. Vamos a ir otra vez para dentro. Vamos a ver qué hacemos y cómo. Seguid aquí y enseguida os volveremos a informar —concluye.

Nos quedamos de nuevo en la sala. Otra vez solos. Solos con nuestros pensamientos, con nuestras dudas, con nuestro silencio entrecortado por algún mensaje de ánimo que nos damos entre nosotros. Porque la verdad es que seguimos con el corazón en un puño. Y aunque nos quedamos sin saber qué pensar, la cabeza va a toda velocidad haciéndose todo tipo de conjeturas, barajando opciones, posibilidades, consecuencias... Y aparecen mil preguntas sin respuesta: «Si necesitan hacerle un TAC, y no es fácil por su debilidad... ¿qué harán? ¿Cómo van a poder saber lo que le pasa? Y si, por otro lado, lo llevan al TAC, ¿después... estará más débil?». Todo son dudas. No me beneficia en nada darle vueltas a esas preguntas para las que no tengo respuestas. Todo lo que está pasando se me escapa. Así que decido dejar de pensar en ello y centrarme en algo más positivo. Eso suele funcionar y deseo relajarme, al menos un poco: «Son profesionales. Saben muy bien lo que hacen. Cuidan muchísimo a Alan. Todo va a ir bien». Esto me está funcionando. Me tranquiliza y me mantiene positiva esperando la siguiente información. Cojo el móvil y veo que son ya las 16:33 h. Llevamos dos horas y media de angustia. En ese momento me llega un mensaje del cirujano, el doctor RA, que suele preguntar frecuentemente cómo lo llevamos los padres. Me apresuro a escribirle informándole de la situación:

—Alan está perdiendo mucha sangre por el pecho. La doctora dice que es grave —escribo.

—Lo van a llevar al TAC. Puede ser algo colateral. Tranquila —responde el cirujano unos minutos más tarde.

—No saben de dónde sangra. Podría ser de la aorta —añado con el estómago encogido.

—Voy a estar pendiente. Tranquila —comenta el cirujano.

—Gracias, RA. Te lo agradecemos —le digo de corazón.

Dice que me quede tranquila. Sin embargo, mi falta de conocimiento en este tema médico me fastidia. ¡Y mucho! Quisiera entender todo al 100%. Y la verdad es que no comprendo nada de lo que ocurre y no puedo plantear alternativas o ideas de lo que es posible hacer para que todo salga bien, como ocurre en mi trabajo.

Me está empezando a entrar el agobio. Más bien noto que ya lo tengo dentro: instalado y apoderándose de mí. ¡Tanta incertidumbre con una vida en juego! Porque siento que es así: muy grave y con la vida de Alan en la cuerda floja. Que la aorta sangre suena muy mal. ¡Mucho! Y que los médicos aún no sepan de dónde viene, también es desconcertante. ¡A ver si vuelven y nos dicen algo! A ver si ya han podido encontrar la forma de llevarlo hasta la sala del TAC. ¡Uf! ¡Mucha tensión!

A los diez minutos vuelven a entrar en la sala. Esta vez vienen cinco doctores. Entran muy serios. Sus caras denotan que la cosa es muy grave. Se sientan frente a nosotros. En silencio. Me doy cuenta de que entre ellos están dos cirujanos. No entiendo por qué están ellos aquí. Esto debe ser algo más que un simple traslado. La cardióloga comienza a hablar:

—Mientras se organizaba el traslado al TAC hemos decidido hacerle otra ecografía. Y hemos visto un gran coágulo de sangre en el pecho. Creemos que está perdiendo sangre del mismo corazón.

—¿Cómo del corazón? ¿Se puede perder sangre del corazón? —decimos sorprendidos ante la noticia. Yo no sabía que esta posibilidad existía. Que sangre el corazón es... ¡escalofriante! Es una desagradable sorpresa. Tanto, que el estómago se me ha retorcido de un golpe al oírlo.

–Tiene una fuga. Y por el volumen tan grande de sangre que ha perdido, pensamos que pueda ser la aorta. Sin embargo, hasta que no le abramos no lo sabremos –nos sigue diciendo la cardióloga, mientras todo el equipo observa cómo recibimos la noticia.

–¿Abrir? ¿Cómo abrir? ¿Abrir qué? ¿El pecho? ¿Otra vez? –preguntamos nerviosos y sobresaltados. No puede ser. Hace solo quince días que lo han operado. ¿Y ahora tienen que volver a abrirle? Pobre Alan. No me gusta nada la idea.

–Sí. Vamos a llevarlo a quirófano. Tenemos suerte de que ya tengamos aquí a los cirujanos y podamos actuar de inmediato. ¿Tenéis alguna pregunta? –añade la cardióloga con una expresión de dolor.

–¿Y qué le van a hacer? –exclamamos inmediatamente, sin querer perder tiempo y sobrecogidos por la noticia.

–Primero abrir y ver de dónde viene el coágulo. Después se actuará. Estamos todos de acuerdo y está todo ya en marcha –responde la doctora. Los demás, en silencio, asienten con la cabeza.

–¿Y se le puede volver a abrir después de tan solo quince días? Además solo hace un día que le han quitado los puntos. ¿No es muy peligroso para él? –preguntamos estremecidos.

–Bueno, no es la situación ideal. Su pecho está resentido todavía. Y todo está fresco –responde uno de los cirujanos–. Sin embargo, no hay otra alternativa –concluye.

–Eso es lo que tenemos que hacer. Y lo tenemos que hacer enseguida porque es urgente –añade la cardióloga.

–Pues venga, adelante. No perdamos tiempo –decimos Fernando y yo con gran dolor. Si no hay otra alternativa, no merece la pena cuestionarse nada ni perder un segundo. El tiempo ahora es muy valioso para la vida de Alan.

Nos levantamos todos. La doctora G. nos dice: «*Quedaos aquí, en la sala. Os aviso cuando vayan a trasladarlo al quirófano. Tranquilos*». Lo hacemos. Y vemos cómo todo el equipo médico entra en la UCI rápidamente, mentalizándose para volver a operar a Alan. ¡Uf! Nos quedamos otra vez solos. Otra vez con el cuerpo vuelta al aire. Otra vez mal, con angustia, tragando saliva y aguantando las lágrimas que se acumulan dentro de unos ojos emocionados por el dolor y la tristeza. Otra vez con miedo al qué pasará. Y nos invade la sensación de que esto vuelve a ser cuestión de vida o muerte. La vida o la muerte de nuestro hijo. ¡De nuestro hijo! Y estamos otra vez, ¡de nuevo!, con el corazón en un puño.

Fernando y yo nos damos un abrazo y volvemos a animarnos el uno al otro: «*Todo va a salir bien. Alan es fuerte. Y el equipo médico es muy bueno*». Parece como si al decirlo en voz alta contribuyéramos a que así fuera. Además, solo nos queda confiar en los médicos. Son grandes profesionales, con muchas tablas y con mucho control en momentos de tensión. Y sabemos que todos ahí van a estar centrados en salvarle la vida. Esto nos tranquiliza un poco. Solo un poco. Porque al mismo tiempo, nuestra impotencia e incertidumbre nos provoca gran angustia.

Vuelvo a recibir un mensaje del cirujano jefe: «*Estoy llegando*». Ya lo habían avisado para que viniera. ¡Qué bien! ¡El equipo de cirujanos está al completo! Y a pesar de la alegría que me produce saber que los tres cirujanos están aquí, tengo una sensación dolorosa, tensa, demoledora: estoy viviendo una situación para mi hijo que no hubiera imaginado ni en el peor de los casos.

Sentados en la sala, cada minuto se hace largo. Comenzamos a sentir todo el peso de una nueva operación. Y la cabeza empieza a funcionar por su cuenta. Comienza a plantear dudas, a alimentar miedos y a generar desagradables momentos. No podemos creer lo que estamos viviendo. ¿Qué ha pasado? ¡Ya estaba despierto, extubado! Y, excepto por las taquicardias... todo iba bien. ¿Por qué ahora tiene que pasar esto? ¿Qué ha ido mal? ¿Qué ha ocurrido? En el cateterismo de hace una semana todo salió normal. Y con la biopsia comprobaron que el corazón estaba estupendo. No había indicios de rechazo celular. Todo estaba perfecto. Entonces... ¿qué ha pasado en la última semana? Por más vueltas que le damos, nos faltan las respuestas.

De repente encuentro motivos para enfadarme con la situación: «¡Tenía que haber ido bien! ¡Alan se lo merece! ¿A qué viene esto? ¿Por qué *** pasa esto ahora?». Y me doy cuenta de que me estoy rayando: mi estómago sigue encogido, mis hombros agarrotados, mis labios apretados, las mandíbulas tensas, mis lágrimas atentas a ver si las dejo salir... No me gusta todo esto. No quiero estar así. No me beneficia sentirme de esta manera. Deseo estar bien, 100% centrada y positiva. No quiero entrar en la tristeza. No me gusta. ¡No me gusta nada! Así que decido darle la vuelta. Y vuelvo a focalizarme en los pensamientos positivos de antes. Me han dado resultado. Por eso los recupero en mi cabeza, y me digo: «Seguramente es una cosa sencilla. Son profesionales. Saben muy bien lo que hacen. Todo va a ir bien. Solo hay una opción: la opción de que salga todo bien. Esa va a ser la única manera. Estamos en las mejores manos...». Y sigo encontrando buenos argumentos. «Además, Alan tiene muchas ganas de vivir. Él es todo vida. Todo alegría. Y eso le va a ayudar a que esto salga bien».

Estos pensamientos me dan la fuerza suficiente como para avanzar un rato. En esos momentos vuelve a entrar la doctora G: «*Le están llevando a quirófano. Si queréis, podéis esperar allí*». Por suerte o por desgracia, ya sabemos dónde es «allí». Así que vamos hacia «allí». Vamos en silencio; haciendo mentalmente lo que cada uno necesitamos hacer para mantenernos lo más serenos posibles. Miro el reloj y ya son las cinco de la tarde. No tenía ni idea de que ya fuera esa hora. Todo ha sido muy rápido y muy intenso. Y estaba perdida, sin referencia alguna del tiempo que había pasado.

Según vamos hacia el quirófano, vemos más padres y familias en la sala de espera. Todos los que están ahí tienen algún hijo o hija en la sala de operaciones. Algunos están tranquilos. Otros no tanto. Una madre está llorando mucho. Lo está pasando muy mal. Cada uno lleva la tensión como puede. Además, la gravedad de las operaciones de cada niño solo la saben sus familiares.

Estamos deseando que todo vaya rápido y bien. De repente llega Patxi, el amigo de Fernando. Viene contento porque aún no conoce las últimas noticias. Al oírlas se queda desconcertado. Se inquieta tanto como nosotros. Y se sienta a nuestro lado muy afectado. Aprecia mucho a Alan. Se lleva muy bien con él. Siempre intercambian vaciles y bromas. Ahora su compañía nos viene bien.

Ya llevamos unas horas esperando. No sé ni cuántas. Estamos impacientes. No nos han dicho nada desde que han entrado. No sabemos qué está pasando en el quirófano.

Quiero estirar las piernas por el pasillo. Entonces encuentro a LC, la doctora amiga de Alan. Está trabajando en la puerta de al lado, en Neonatos.

—Hola, me he enterado de lo de Alan. ¡Qué pasada! —me comenta.

—Sí. ¡Qué pasada que le estén operando otra vez del corazón! —le respondo.

—¿Operando? ¿No le iban a hacer un TAC? ¡Esa era la última información que tenía! —comenta con sorpresa—. ¡Me voy a informar ahora mismo! —se apresura a decir—. Y tranquila, todo va a ir bien. Alan es muy fuerte y tiene muchas ganas de vivir —añade mientras sale corriendo.

Unos minutos más tarde recibo un mensaje del cirujano. Me da un vuelco el corazón.

—Ya hemos acabado. Todo bien.

—¡¡¡¡Bien!!!! ¡¡¡¡Gracias!!!! —le respondo rápidamente.

¡¡¡Qué alegría!!! Voy corriendo a la sala de espera a enseñar el mensaje a Fernando. Antes de llegar me encuentro con la cardióloga, que se dirige también al quirófano.

–Ya han acabado. Y ha salido todo bien –dice de inmediato.

–¡Sí! ¡¡Qué bien!! ¡He recibido un mensaje del cirujano! –le contesto.

–Sí. ¡Yo también! –sonríe la doctora

Llego a la sala de espera. Encuentro a Fernando sentado. Con la cabeza hacia abajo. Decaído. Todavía no sabe nada:

–¡Fernando! ¡Ya han terminado! ¡Y todo ha salido bien! –le digo con gran alegría.

Su cara cambia en el acto. Se levanta del banco, saca su sonrisa, vuelve a erguir su cabeza y responde de inmediato: «*¡Genial!*».

Nos dirigimos a la sala de información del quirófano. Ya nos estaba esperando el cirujano, el doctor RA.

–Todo bien. Tranquilos –nos dice con otra gran sonrisa que esboza nada más vernos.

–¡Gracias! ¡Gracias! –es lo primero que decimos.

–De nada. Es mi trabajo. Y estoy encantado de hacerlo –nos dice–. Estaba perdiendo sangre por el corazón y ya lo hemos corregido. Hemos quitado el coágulo y hemos cosido una brecha pequeña que había en el ventrículo derecho. Casi en el centro del corazón.

–¿Una brecha? ¿Cómo? –preguntamos sorprendidos.

–Creemos que ha podido producirse a partir del cateterismo de hace una semana. Posiblemente la pequeña incisión ha ido cediendo y se ha producido este corte. Ha sido algo tan raro, tan extraño, que lo hemos grabado –dice sacando su móvil y disponiéndose a enseñarnos.

–Bueno, primero… ¿Queréis verlo? ¿Os da cosa? –nos pregunta.

—Queremos verlo, sí —responde Fernando rápidamente. Yo no estoy tan segura. Sin embargo, el cirujano, en cuanto ha oído la respuesta de Fernando, ha activado el vídeo en su móvil.

—¿Veis ahí la pequeña fisura? —pregunta el doctor, convencido de que somos capaces de verla.

—Sí —contesta Fernando enseguida. No me sorprende que lo vea: ha trabajado en ambulancias de urgencias y le ha tocado ver cosas parecidas. Sin embargo, yo no consigo ver nada. Además, estoy conmocionada viendo el vídeo. ¡Es el corazón de Alan! ¡Así, en vivo! ¡Es impresionante! Aprecio el bombeo del corazón y la sangre, mucha sangre. Y mantengo la compostura ante la tremenda escena de ver el corazón de Alan al descubierto.

—Pues eso era. Una pequeña fisura. ¡Y ya está arreglada! —concluye el cirujano al terminar el vídeo, interrumpiendo mi conmoción.

Fernando le agradece que nos haya enseñado el vídeo. Y los dos le damos las gracias profundamente por haber conseguido arreglar «la fuga» de Alan.

—Aún queda coserlo y estabilizarlo. Los doctores JP. y JF. están ahora en ello. Tardarán unas horas —nos avisa el cirujano.

—Sí, lo sabemos —decimos nosotros al unísono.

—Y lo que posiblemente también sabréis es que tenéis un hijo que tiene muchas ganas de vivir —añade en tono rotundo.

—Sí lo sabemos. Es un gran vividor —le decimos, medio en broma, medio en serio.

—¡Y luchador! —añade—. ¡Fijaos por todo lo que está pasando! ¡Niños así son un ejemplo! Hay otros niños que con solo una pequeña cosa se quejan. Él, en cambio, es un luchador. Y además un luchador positivo. Porque eso se ve.

—Sí. Alan es muy positivo —le confirmamos.

—Cuando salga de todo esto va a vivir de manera muy intensa. Idos preparando para eso. No va a haber quién le pare. Tengo otros ejemplos de niños así. ¡Y es que tienen tantas ganas de vivir y hacer cosas... que no hay nada que los detenga! —dice mientras recuerda esos casos.

—Alan ya ha sido muy activo cuando tenía medio corazón —le decimos—, o sea que ahora, con un corazón completo, va a ser increíblemente imparable.

—Lo va a ser. Ya lo veréis —añade con una sonrisa el doctor.

Sabemos que Alan es un luchador, sabemos que va a querer vivir a tope el resto de su vida. En cuanto salga del hospital. ¡¡Nos ha dicho tantas cosas de las que quiere disfrutar y que hasta ahora no ha podido!! Quiere hacer muchísimas actividades: desde *paddle surf* en el club cerca de casa hasta viajar en moto por Europa. Y muchas cosas más. Cada vez que surge una actividad novedosa, él dice enseguida que en cuando pueda quiere probarla. ¡Cuando salga de este proceso, nada lo va a detener! ¡¡¡Qué bien!!! Hará todo lo que le apetezca. ¡¡¡Por fin!!!

Nos vamos del quirófano contentos con las buenas noticias. Todo ha salido bien. Todo vuelve a ir genial. Estamos felices. Y nos encontramos con la cardióloga. Nos habla también de esa pequeña fisura. Añade que posiblemente las arritmias de la última semana, esas que les habían tenido tan preocupados y para las que Alan necesitó desfibrilación, surgieron de esta fisura. ¡Ojalá! Eso podría significar que también se han solucionado con esta operación. ¡Eso estaría muy bien! No queremos más sustos que nos dejen temblando.

Ya más tranquilos, volvemos a la sala de espera. Lo que queda es tan solo un «cosido». Y después estabilizarlo en la UCI. Estas horas que van a necesitar para hacerlo van a ser más llevaderas.

Cuatro horas después, nos llaman para entrar a verle en la UCI. ¡Qué bien! Han sido casi trece horas de episodio. Por fin podemos relajarnos, al menos un poco, y estar a su lado otra vez. ¡Qué ganas de verle! ¡¡¡Qué ganas de darle un enorme beso!!!

Otra vez a empezar

Al entrar, nos encontramos otra vez a Alan intubado y sedado. Parece tranquilo. Está respirando bien. Sin muestras de arritmias. Su tensión está correcta. Todo estupendo. Todo bien. ¡Da gusto verlo así descansando!

Aunque tiene diecisiete años, parece más niño. Físicamente aparenta doce. Su medio corazón anterior no le había permitido desarrollarse todavía. No tenía energía para ello. Solo podía mantener las constantes mínimas. Ahora, con el nuevo corazón, esperamos que todo cambie. Y aquí, así dormido, parece un angelito. Le doy un gran beso. Por suerte, él no se ha enterado de nada. En cuando se despierte preguntará qué ha pasado. Y no sé cómo se lo voy a explicar. ¡Estaba tan contento antes de que esto pasara! Pensaba que todo iba bien. Solo se sentía cansado. Y de repente, se va a ver intubado de nuevo y con otra operación en el pecho, la quinta. Además, los drenajes, que ya iban reduciendo su cantidad de líquido, vuelven a estar muy activos. Y su tórax aún está más débil por las dos operaciones tan seguidas. ¡Uf! No sé qué va a pensar cuando se lo contemos. Estará así unos días antes de despertarlo y extubarlo. Solo espero y deseo que a partir de ahora comience a ir todo bien. Todo con pasos hacia delante. ¡Ya toca! Y además, Alan se lo merece.

Ya son las 7:00 h de la mañana. Alan sigue sedado. Me levanto para recibir a la doctora MP. Comienza ahora su turno. Alan la quiere mucho. Lo ha cuidado en ocasiones anteriores en la UCI y se aprecian mutuamente:

—¡Qué susto ayer! —dice nada más llegar—. Cuando terminé mi turno Alan estaba perfecto. Salí poco antes de que pasara todo. Y cuando he llegado hoy y me lo han contado... ¡No lo podía creer!

—Sí. Fue todo muy deprisa. Justo a las 14:00 h, en el momento de cambio de turno —le digo.

—Sí, y menos mal que fue así —apunta MP—. Se juntaron muchas personas de ambos turnos a ayudar. Si no, no hubiese habido manos suficientes para lo que se necesitó hacer con tanta rapidez.

—Sí. Menos mal —contestamos.

—Y os voy a contar más: Alan ha tenido mucha mucha suerte —dice tremendamente afectada—. Se han dado muchas circunstancias favorables juntas que han permitido que esté ahora aquí. Te lo digo así de claro.

—¿A qué te refieres? —preguntamos perplejos.

—Por ejemplo, la doctora que estaba en ese momento, la doctora G., reaccionó muy bien y con mucha rapidez para intubarlo.

Lo sé. La doctora G. es muy rápida tomando decisiones y actuando. Además, he visto sus dotes de mando: sabe poner a trabajar a un grupo para que sea un equipo eficiente perfectamente sincronizado. Eso se agradece en cualquier profesional. Y mucho más en un médico, cuando una vida está en juego. En este caso, la rápida actuación de la doctora G. ha evitado que Alan muera desangrado. ¡Qué fuerte! ¡Y qué responsabilidad! No quiero ni pensarlo. ¡Le agradezco en el alma lo que ha hecho por Alan!

—Sí, y por suerte también estaban los cirujanos en ese momento. Por eso pusieron los drenajes con tanta rapidez y evitaron que perdiera más sangre. Porque 900 ml ha sido mucha sangre perdida —continúa diciendo.

Oír tantas coincidencias que han hecho que Alan siga hoy con vida hace que mi corazón se acelere. Eso es tener una gran estrella. Alan siempre la ha tenido. Para todo. Y en esta ocasión también. Ayer se produjeron esas grandes «casualidades» o «circunstancias sincronizadas» que han permitido que todo haya salido bien.

–Y hay más –dice–. Esa es solo una de las cosas. Te voy a comentar alguna más –añade ante mi asombro–. Por la mañana, íbamos a comenzar con la heparina, el anticoagulante. Yo estaba llevando a Alan esa mañana. Sin embargo, en ese momento, no me digas por qué, pensé que no había que ponérsela. Decidí esperar un día más. Realmente, no sé por qué tomé esa decisión. Me vino de dentro y lo hice. Y menos mal que fue así. Si no, si le hubiésemos puesto la heparina, Alan se hubiese desangrado –comenta la doctora MP. mientras respira profundamente alegrándose de haber tenido esa intuición, ese impulso, y de haberse hecho caso a sí misma.

Me da un vuelco el corazón al oír lo que me cuenta. ¿Cómo? ¿Una pequeña gran decisión como esa ha hecho que Alan siga vivo? ¡Uf! ¡Se podía haber ido! Así, como si nada. Solo por una medicación. ¡Impresionante! Me alegro de que la intuición de la doctora fuera tan fuerte. Tanto como para seguirla y salvar la vida de Alan. ¡Uf! ¡Qué sensación! Un poco de heparina y adiós! ¡Uf!

–Además –continúa la doctora–, le fue bien que no lo llevaran al TAC. Con el pulmón encharcado de sangre y el coágulo del pecho, hubiese sido mortal. El movimiento del traslado hubiera sido muy brusco como para que Alan lo soportase.

Recibo otro golpe al oír eso. Otro motivo por el cual no se ha muerto. ¡Uf! ¡Qué pasada! También por ese motivo hubiese muerto. ¡Uf! Un traslado en camilla parece algo trivial. Sin embargo, en este caso, hubiese sido mortal. ¡Uf!

–Y qué acertado fue el doctor FG, el cardiólogo, al sugerir una nueva ecografía –continúa MP–. Su intuición médica en aquel momento crítico dio resultado. Se le realizó una por la mañana y todo fue normal. Y al hacer una segunda ecografía, se vio que había aparecido un coágulo. Eso permitió tomar la decisión acertada de llevarlo a quirófano –comenta.

La intuición médica. ¡Otra vez! ¡Qué bien! ¡Celebro que los médicos de la UCI y los cardiólogos hayan desarrollado su intuición lo suficiente como para gestionar tan crítica y positivamente situaciones límite como esta! Me alegro en el alma. ¡Y me siento agradecida de corazón por ello!

–Hay que añadir lo del Prisma –continúa la doctora MP.

–¿El Prisma? ¿Qué es lo del Prisma? –pregunto intrigada.

–Esa mañana estábamos valorando si le filtrábamos la sangre con hemodiálisis. Sus riñones no le estaban funcionando bien, y tenía niveles altos de toxicidad en sangre. Esa ultrafiltración la hacemos con una máquina a la que llamamos Prisma. Es una bomba extracorpórea. Si la hubiésemos utilizado, también hubiese sido muy crítico para la vida de Alan. Posiblemente mortal –termina diciendo.

En ese momento, nos callamos por unos instantes. Las dos tragamos saliva: ella por recordar todas las críticas decisiones tomadas y yo por las impresionantes noticias. Después de recomponerse continúa hablando:

–También fue fundamental la hora a la que sucedió –comenta recordando la doctora–. Los cardiólogos estaban aún en la consulta y pudieron venir a la UCI en solo unos minutos. Si hubiesen tardado más... posiblemente lo hubiésemos llevado al TAC y ya sabes qué hubiese significado eso –dice con tremenda emoción.

–Me alegro de que todo haya salido bien –termina diciendo, mientras me da un gran abrazo. Después me da un gran beso. ¡Se nota que respira aliviada después de explicarme todo! Le agradezco que se haya acercado a hacerlo, se lo agradezco de todo corazón.

Todas y cada una de estas circunstancias han hecho que Alan siga aquí. Además, parece que Alan seleccionó muy bien la hora: eligió el mejor momento para que lo ayudaran. Para que todo saliera bien. Ni antes ni después. Porque estoy segura de que él ha puesto mucho de su parte. Por un lado, eligiendo el momento. Por otro, aunque está muy débil, poniendo toda su energía en mantenerse con vida. O al menos eso quiero creer. Creo que muchas personas eligen cuándo es el momento de dejar este mundo. Y creo que Alan ha decidido que este no es todavía el suyo. ¡Qué alegría que quiera seguir aquí! ¡Qué alegría que quiera vivir!

Creo profundamente que no existen las casualidades sino que hay «causalidades». Así que todo esto es por algo. Y aunque no sé aún por qué, seguro que es por algo grande.

V. Días largos y noches eternas

El Prisma

Ayer fue un día complicado. Más de trece horas de tensión hasta que supimos que todo había ido bien. El susto de la fuga y la segunda intervención ya han pasado. Hoy el corazón de Alan palpita con fuerza. Ahora sigue dormido. Sedado e intubado. Está guapo, aunque un poco hinchado.

Menuda noche hemos pasado. Además, la tensión nos ha dejado algunos rastros: nuestro corazón sigue algo alterado, el estómago aún no se ha repuesto y el cansancio es cada vez más pesado. Lo bueno es que la alegría de saber que Alan ha salido exitoso de esta nos llena de felicidad.

Yo pensaba haber estado para estos días ya en la planta, con Alan riendo y gastando bromas. Muy al contrario, aún seguimos en la UCI. ¡Una lástima! Las cosas van más despacio de lo que desearía. Eso me causa frustración. ¡Pensar que íbamos tan bien! Bueno, espero que hoy sea un gran día, con grandes avances, con grandes y buenas noticias.

Viene la cardióloga con varios doctores de la UCI:

—Tengo que daros dos malas noticias: se le han encharcado los pulmones de sangre —nos informan.

—¿Cómo? ¡¿Qué?! ¿Y la otra noticia? —decimos manteniendo la respiración.

—Su riñón no está depurando bien todas las drogas que le entran. Tiene niveles tóxicos muy altos en su cuerpo. Sospechamos que hay que ponerle el Prisma. Estamos esperando la analítica —terminan diciendo.

Vaya. ¡Empezamos mal! ¡Ayer un gran susto y hoy esto! ¡Los pulmones encharcados! Por eso han estado drenando sangre toda la noche por tubos externos. Además, sus riñones están en una encrucijada. Ayer ya estaban sobrepasados y no drenaban lo suficiente. Tiene tal volumen de medicación, que su riñón está trabajando más de lo habitual: lleva haciéndolo de manera intensiva estas dos últimas semanas. Y ya está saturado. El Prisma, la máquina de hemodiálisis, limpiaría su sangre con la circulación extracorpórea. Cruzo los dedos. No me gustaría que lo conectasen a otra máquina más. No quiero. Sin embargo, si lo necesita, lo tendrán que hacer. Pase lo que pase, necesitará algunos días para limpiarse del todo, tanto los pulmones como los riñones. No saben cuántos. Solo espero que terminen antes de que vuelvan a despertarlo.

De todas formas, no quiero anticipar nada. Hay que esperar la analítica. Y como siempre, prefiero ocuparme que preocuparme. Así que me ocupo de Alan: de hacerle caricias en la mano. De estar a su lado. De mantenerme positiva constantemente. Y su padre igual: está a su lado con optimismo y confianza.

Ya ha pasado una hora y los resultados de la analítica están a punto de salir. Viene la doctora y nos pide que pasemos a la sala de información. Solo con esa petición, temo que la información ya va a ser importante. Si no, nos hubiesen informado al pie de la cama de Alan, donde estamos ahora. Al llegar, hay varios médicos en la sala.

—Vamos a conectarlo al Prisma. Hay que eliminar todas las toxinas de su cuerpo. Y lo necesita ya. El riñón no lo está consiguiendo. Necesita una filtración inmediata —comentan.

—¿Es la única alternativa? –preguntamos con angustia.

—Sí. Hemos tratado por todos los medios de que no llegara este momento. Sin embargo, su riñón no puede filtrar más. Y si no lo hacemos, el nivel de tóxicos podría ser peligroso para Alan.

—De acuerdo –decimos confiando en los médicos.

Prestamos mucha atención a todas las explicaciones que nos ofrecen. Sobre todo cuando nos describen el procedimiento de conexión de Alan a la máquina, el lugar por donde hacerlo, lo que implica estar conectado... Queremos entenderlo todo. Y yo, al menos, necesito entenderlo todo bien.

No quería que ese momento llegara. Deseaba que todo hubiera sido de otra forma. Que las cosas hubiesen comenzado a fluir solitas. Que hubiera sido un continuo de noticias positivas. Sin embargo, la primera noticia del día no es precisamente positiva.

Sé que no queda más salida que conectarlo a la máquina de diálisis. Me resigno. Y decido que no quiero agobiarme con algo que no puede ser de otra manera. Así que voy a centrarme en lo positivo de la situación: conectarlo a esta máquina ayudará a limpiar su sangre, permitirá a su riñón descansar un poco y reponerse... Solo me centro en esta parte positiva. Y enseguida noto que vuelvo a estar 100% optimista, con ganas de que todo vaya bien otra vez. Y aprovecho para repasar mentalmente todo lo bueno que veo a mi alrededor y comienzo a dar gracias por todo ello. Mientras hago esto en mi cabeza, oigo la voz de la doctora: «Salid fuera y cuando acabemos os llamamos». ¡Van a conectarlo ya! Otra vez a esperar.

Salimos y nos sentamos. No hemos preguntado cuánto tardarán. Aquí el tiempo es relativo. A veces es mejor no tener expectativas acerca de la duración de una intervención. No es fácil que se cumplan. Solo queda esperar con toda la calma posible, en una espera en la que se mezclan la confianza (en el equipo), el optimismo (autogenerado), la resignación (ante un nuevo obstáculo) y los buenos deseos (de que las cosas sean diferentes a partir de ahora).

Han pasado ya... no sé ni cuántas horas. Y la verdad es que me da igual. No necesito saber en qué hora vivo. El día y la noche aquí son iguales. Además, el que la UCI esté ubicada en un sótano no ayuda mucho a situarse en la hora en que vivimos.

Cuando nos avisan, entramos a ver a Alan. La escena es tal y como nos la habían descrito. No es nada agradable. Le salen unos tubos por el cuello. Menos mal que la inserción al cuerpo está tapada. Hay unas gasas y unos apósitos tapándolo. Así se disimula solo un poco lo que ya sabemos que hay debajo. Alan no se ha enterado de nada. Eso me consuela. Él siempre quiere que lo seden para todo. No quiere enterarse ni sentir nada. Los tubos llegan a una gran máquina verde que queda a su lado derecho, a un metro de distancia. Mide casi 150 cm de altura. En ella se ve cómo la sangre llega a un circuito donde cuelga una bolsa trasparente con otro líquido. Después, por contracorriente, vuelve otra vez al cuerpo de Alan. El circuito tiene unos tres metros de tubos. Su sangre los recorre todos. No me gusta verlo. Además, la máquina hace un ruido fuerte y desagradable.

—No sabemos cuántos días o semanas necesitará esta máquina —nos informan los médicos.

Vaya, yo había imaginado que era cuestión de horas. Di por hecho que la sangre pasaba una vez por ese filtro depurativo y ya quedaba limpia y estupenda. ¡Sin embargo, van a ser días o semanas! No se me había ocurrido preguntar la duración del tratamiento. Se nota que estoy cansada.

—¿De qué depende su duración? —pregunto.

—De cómo responda Alan, y de cómo se vaya filtrando su sangre. A priori no lo podemos saber. La analítica nos irá dando esa información, aunque creemos que puede ser cuestión de una o dos semanas —nos dice la doctora.

Vaya, solo nos queda esperar la información que proporcione día a día la analítica. Y no se sabe nada. ¡Vaya! Tampoco saben si Alan estará todo este tiempo sedado. Por ahora estará dormido unos días más. Esta segunda operación ha sido muy agresiva para él. No es normal abrir de nuevo el pecho después de quince días.

Noto que necesito sentarme y recomponerme. Esto no está siendo agradable. Y quiero volver a pensar en todo lo positivo de lo que está pasando. Y hay mucho positivo: se cogió a tiempo todo lo que pasó ayer; hay solución para sus riñones que no estaban depurando bien; él está dormido, tranquilo...

En fin, quiero pensar que, dentro de lo que cabe, todo va bastante bien. Ahora solo queda que pasen los días y que esto se vaya poniendo aún mejor. Ya vuelvo a tener ganas de que se despierte y se sienta bien, con humor, dicharachero y «feliciano», tal y como es él. Esto, estoy convencida, solo puede ir a mejor. No hay otra opción. ¡Seguro que es así! ¡No queda otra!

Noches en la UCI

La noche ha llegado sin darme cuenta. Aquí el tiempo se hace largo y corto a la vez. Hoy va a ser la primera noche que Alan pase conectado a esta máquina purificadora de sangre: el Prisma. Me acomodo como puedo en el sillón de escay para descansar un poco. Necesito dormir. Y me vendría bien relajar un poco mi cabeza. Va a doscientos por hora.

Siempre llevo un libro en el bolso, así que voy a leer para distraerme y atraer al sueño. Sin embargo, no soy capaz de abstraerme y centrarme en las palabras. Además, el ruido ambiental, de constantes pitidos y alarmas, tampoco ayuda a ello. Mejor me dedico a observar lo que pasa por aquí. Me fijo en las personas que trabajan en la UCI. ¡Cómo trabajan! ¡Qué coordinación tan precisa! ¡Además, bajo presión! Parecen estar acostumbradas a esta tensión y a estar siempre alerta ante cualquier imprevisto. Gestionan muy bien la incertidumbre de no saber qué reto significará el siguiente niño o niña que ingrese de urgencia. Puede llegar de todo: trasplantes, operaciones inesperadas, accidentes desafortunados...

Y a pesar de la tensión, los sustos y los sobresaltos, cada persona en la UCI pediátrica conforma una parte importante e imprescindible de una maquinaria bien engrasada. Cada uno domina perfectamente su cometido y sus responsabilidades. Todos saben qué hacer cuando una urgencia aparece por la puerta. Y saben cómo reaccionar cuando desde algún *box* alguien grita «¡ayuda!». Por desgracia, esos gritos son frecuentes. No en vano estamos en la Unidad de Cuidados Intensivos Pediátricos. Aquí la vida de muchas criaturas pende de un hilo: cualquier cambio en su estado es crítico e incluso mortal. Y cuando un grito de esos se oye, el personal se moviliza inmediatamente sin pensárselo dos veces, con la intención de ayudar y evitar un drama mayor.

Por otra parte, algunos pacientes permanecen en la UCI durante muchos días, semanas o incluso meses. Y a pesar de que cada mes los equipos van cambiando del *box* que atienden, la intensidad del servicio que prestan es tanta que hace inevitable que el cariño y el aprecio surja entre el personal de la UCI y los niños. ¡Inevitable!

Aquí todos son grandes profesionales. Y como personas, tienen un espíritu de servicio inmenso. ¡Hay que tenerlo para trabajar aquí! Es necesario un amor excepcional a la vida, gran pasión por ayudar y una bondadosa dedicación. En definitiva, tienen un «algo» muy especial. Lo noto en todos ellos. Lo tienen. Además, no es fácil superar el dolor que supone perder a algún niño al que no han podido salvar. Y a la vez saben que necesitan recomponerse rápidamente para seguir prestando servicio al resto de los que siguen necesitando sus cuidados. Todo esto me impresiona y me tiene admirada.

¡Ya quisiera yo tener todas esas cualidades de amor incondicional a los demás que observo aquí! ¡Cuánto tengo que aprender de todos ellos!

Por todo esto siento una profunda gratitud hacia ellos: agradezco el exquisito y permanente cuidado que brindan, la información continua que ofrecen, la atención delicada a los aspectos emocionales –tanto del niño como de sus padres–, la amabilidad con la que nos tratan en momentos tan tensos como estos... Agradezco todo. ¡Todo un ejemplo! Y pienso en qué sería de todos nosotros, de este mundo, si tuviéramos unas relaciones laborales y personales de esta calidad, con tanto respeto, cuidado y amabilidad. Sería otro mundo. ¡Ese sí que sería un nuevo mundo. ¡Y sería sencillamente delicioso!

La ansiedad de las madres y los padres

Ya amanece. ¿Cómo transcurrirá hoy el día? ¿Qué novedades aparecerán? Como cada nuevo día, pienso que hoy todo va a ir bien. ¡Sí! Estoy convencida de que hoy Alan va a dar un pasito más hacia su recuperación. Además, pronto llegará el día de despertarlo de nuevo y para entonces espero que esté ya fuerte.

De repente nos hacen salir deprisa de la UCI. En algún *box* hay una emergencia. Algún niño necesita que se le preste atención de inmediato. Puede ser alguno que ya estaba ingresado aquí y se ha puesto peor, o alguno que llega desde el servicio de urgencias en estado crítico. Desgraciadamente, los ingresos de este tipo son más frecuentes de lo que se desea.

El servicio de Urgencias de Pediatría es muchas veces la antesala de la UCI. De manera habitual, los veinte *boxes* de Urgencias del Hospital Vall d´Hebron están casi al completo. Cada día, alrededor de cien casos de urgencias pasan por aquí. Desafortunadamente es lo normal: accidentes de todo tipo, catarros, fiebres, virus... Además, hay momentos puntuales a lo largo del año en los que la gran sala de espera está desbordada, e incluso los pasillos están intransitables, como ha ocurrido los últimos días y noches. Es la época de catarros y gripes. Y esto multiplica muchísimo el número de pacientes.

Ver el panorama de niños enfermos, muchos de ellos llorando, y padres desconsolados que no saben qué le pasa a su hijo, resulta doloroso. Es todo un reto para cualquier persona. Y más aún cuando se trata de la salud de un hijo. Eso es desesperante.

Hay padres que están por primera vez con su hijo en una situación como esta. Y hay otros que llevan mucho tiempo frecuentando con su niño el hospital. Muchas de esas veces, el niño tiene que quedarse ingresado. Y el punto más extremo es que ingrese en la UCI. Esa es una experiencia que nadie desearíamos vivir. Puede ser un momento aterrador, cargado de emociones negativas, de miedos, de angustias. Porque aquí hay momentos críticos, muy, muy críticos. Ver sufrir a un hijo o verlo con dolor rompe por dentro a cualquier madre o padre. Produce una profunda sensación de desasosiego. Para mí, como madre, eso es tremendo. Es duro. Es doloroso. Y es insoportable.

Y todo eso provoca estados de tensión límite. En este caso, para los padres y madres que tenemos algún hijo aquí en la UCI, la ansiedad es frecuente. El temor a que suceda lo peor es común. La sensación de soledad es habitual. El derrumbarse al no poder más... son sensaciones cotidianas. Y por desgracia, surgen muchos pensamientos «oscuros» que nos afectan y condicionan, justo en el momento en que necesitaríamos estar más equilibrados, positivos, energéticos, amorosos y comprensivos que nunca.

En las largas estancias –aunque también en las cortas–, la tensión emocional es el pan nuestro de cada día. La montaña rusa de emociones está sin cesar en funcionamiento. Y cada uno saca aquí lo mejor y lo peor de sí mismo. Porque a esto no hay persona que se habitúe. Ni desea llegar a hacerlo.

Y esta tensión y estos altibajos emocionales no son buena compañía. Además, ninguno deseamos que nuestros hijos ingresados lo perciban. No sería positivo para nadie. Lo que menos precisan los niños en este momento son padres estresados, pesimistas, angustiados, crispados, iracundos... Estados que todos, absolutamente todos, hemos atravesado en mayor o menos medida, durante más o menos segundos o minutos, o incluso días, en algún momento u otro a lo largo de la estancia de nuestros hijos en la UCI o en la planta del hospital.

Por otro lado, aquí cada uno de nosotros queremos ayudar todo lo posible en este proceso. Primero, ayudar a nuestro hijo o hija. Después, al personal de la UCI a hacer su trabajo cuando los cuidan. Y muchas veces no somos conscientes –y hablo por mí misma– de que en ciertos momentos necesitaríamos parar un instante, re-enfocar la situación y recobrar la paz mental y emocional: un «re-equilibrado» que nos permitiera salir de nosotros mismos y volver a centrarnos en dar calor, cariño y afecto a nuestro hijo. Es muy importante recuperar ese estado de serenidad, actitud positiva y amor. Y también es fundamental saber perdonarnos a nosotros mismos y entender que es normal que en algunos momentos nos sintamos de esa manera.

Dieciséis familias con el corazón en un puño

En la UCI pediátrica hay dieciséis camas. La mayor parte del tiempo están ocupadas. ¡Son dieciséis familias que tienen a su hijo aquí cada día! Estar en la UCI es algo crítico, muy crítico, para toda familia. Por suerte, los padres podemos estar junto a nuestros hijos las 24 horas del día. Y digo suerte, porque hace unos años esto no era así. E incluso a día de hoy, en otros hospitales esto no es habitual. Aún recuerdo hace años, cuando los padres solo estábamos un espacio corto de tiempo por las mañanas y otro por las tardes. En aquel momento, las especulaciones sobre lo que podría estar pasándole a nuestro hijo mientras estaba lejos de nuestra mirada nos creaban gran tensión. Y la espera hasta el momento de recibir información sobre la evolución del hijo, dos veces al día, era dolorosa y dañina. Surgían más pensamientos negativos y trágicos que positivos y alentadores. Además, a los hijos, tener ahora cerca a sus padres les ofrece seguridad, cariño y estabilidad emocional.

Cada padre o madre hace lo que necesita para sentirse bien y estar lo más entero posible para sus hijos. La mayoría hablan con otros padres para sentirse apoyados, comprendidos o escuchados. Algunos prefieren pasar el trago únicamente con sus familiares y amigos. Otros, en cambio, necesitan estar en silencio. Les entiendo. Ese es mi caso. Yo necesito «estar conmigo misma». Es mi manera de pasar los momentos de tensión.

Todos nos encontramos en «la sala de uso exclusivo de padres»: un pequeño cuarto de seis metros cuadrados con frigorífico, fregadero, microondas, una mesa redonda con seis sillas y tres pequeños sillones. Ahí los padres se sinceran y hablan de todo: qué le ha pasado al niño ingresado, su evolución, cómo lo está viviendo la familia... Después de unos días, quien más y quien menos, se conoce. Sin embargo, aquí pocas mamás o papás tienen nombre. Cada uno es apodado como «la mamá o el papá de». Porque todas las conversaciones giran en torno a los hijos.

Y por desgracia, hay verdaderos dramas. Los más veteranos son asaltados en búsqueda de consejo que pueda aliviar a los que acaban de entrar. Lo malo es que aquí no hay consejo que valga. Por mucho que a uno le aconsejen: «no sufras, esto pasará», no es fácil llevarlo a la práctica. Además, ni los propios veteranos se libran de los agobios, los sobresaltos y los miedos. Hay quien lleva ya un año dentro. Otros llevan entrando y saliendo constantemente de la UCI varios años, durante los cuales han estado más tiempo aquí que en casa. Y a pesar de la experiencia, todos los padres lo pasan igual de mal: se ven caras de desamparo, de sufrimiento, de sueño acumulado… independientemente de cuánto tiempo se lleve aquí. Aunque, afortunadamente, también hay caras de alegría; por ejemplo cuando se recibe la buena noticia de que un niño va a salir de la UCI en dirección a planta.

En «la sala de uso exclusivo de padres» se oyen expresiones de angustia y dolor de todo tipo:

«No puedo más. Esto me supera».

«¿Por qué le ha pasado esto a mi hija?».

«Y si no sale, ¿qué voy a hacer yo sin ella?».

«Todo esto es culpa mía».

«Esto es insoportable».

«Se me encoge el estómago y no tengo ni hambre».

«La ansiedad me hace comer todo lo que pillo».

Por fortuna, también son frecuentes las expresiones de ánimo y aliento entre unos y otros:

«Ánimo, que todo va a salir bien».

«Los niños son muy fuertes y salen de todo».

«Se va a recuperar antes de lo que tú crees».

«Eres una buena madre/padre y lo estás haciendo muy bien».

«Tranquila, seguro que es solo un pequeño contratiempo».

«Ahora el niño necesita que estés entera y que le des cariño».

«Eres una persona fuerte y esto lo vas a superar».

Todos los padres y madres nos comprendemos entre nosotros: con mayor o menor gravedad, todos estamos con nuestro hijo o hija en la UCI. Y se llegan a crear lazos de amistad entre nosotros que hacen sentir de forma más personal, si cabe, las desgracias o las alegrías de los demás.

Aún así, cada familia es un mundo. Cada una viene a la UCI con una situación crítica concreta y unas preocupaciones o tensiones colaterales personales específicas, que añaden mucha tensión familiar.

Por ejemplo, muchos padres han necesitado dejar de trabajar para estar al lado de su hijo en estos momentos. Y esto, por frecuente, es motivo de conversación, ya que afecta a la estabilidad económica de la familia. Otros muchos no han podido dejar de trabajar y sufren angustia y ansiedad el no tener todo el tiempo que desearían para estar acompañando a sus hijos.

Hay incluso algunos padres que viven lejos del hospital, que no pueden pagarse una estancia en un lugar cercano, que tienen que dormir sobre una manta y una colchoneta durante días y semanas en los sillones de «la sala de uso exclusivo de padres» o en los bancos y el suelo de los pasillos. Y aunque es cierto que hay algunas casas de acogida, hay tantas familias con necesidad que resultan escasas para tanta demanda.

Por suerte, todo este servicio médico a nuestros hijos es gratuito. No sé qué hubiese pasado con la mayoría de las familias que estamos aquí si hubiésemos estado en cualquier otro país en los que no se practica una asistencia sanitaria universal, que por otra parte es uno de los derechos humanos básicos, y que se cumple en algo más de la cuarta parte de los países en el mundo.

También se comenta la preocupación sobre el desarrollo educativo de los niños ingresados. «¿Qué va a pasar cuando salga el niño o niña de esta situación? ¿podrá seguir el curso con normalidad?». Por fortuna, hay gran apoyo educativo en el hospital. Hay profesores que, con gran cariño y dedicación, ayudan en estos momentos críticos. Sin embargo, también hay niños que, por su situación delicada, no pueden recibir ese apoyo. Esto preocupa a los padres. Saben que muchos repetirán curso y eso significará cambiar de compañeros, tal vez perder a sus amigos… o verse etiquetados en el colegio como el niño o la niña con esa enfermedad o ese reto físico concreto. Por eso muchos optan por cambiarlos de colegio, ante el drama que les supone volver al suyo en esas condiciones. Y no quieren añadir un desafío más a su ya delicada situación de salud.

Hay un sinfín de preocupaciones que rondan la cabeza de los padres. Muchas de ellas surgen cuando un hijo ingresa en la UCI. Otras muchas vienen de antes. Sea como sea, depende de cada uno –de cómo gestione sus emociones, sus pensamientos o sus miedos– sobrellevarlas más o menos bien. Aunque, sobre todo, depende de una cosa: de cómo sea la evolución de la salud de su tesoro más preciado, su hija o su hijo.

VI. Una gran pérdida

El peor momento de la UCI

Alan lleva ya unos días con el Prisma. Y sigue mejorando. Aún está sedado. Cada día se le ve un poco menos hinchado. Eso es buena señal. Le han quitado algunas drogas. Sin embargo, continúa con mucha medicación. De vez en cuando se despierta. Está aún poco consciente y estamos deseando que vuelvan a despertarlo. Su cuerpo está cogiendo la fuerza suficiente como para hacerlo pronto.

Fernando ha pasado la noche en el sillón de la habitación. Yo he dormido en casa. Así que, aunque poco, he descansado bien. Y eso se nota. De vuelta ya en el hospital voy por el pasillo con mi termo de té en la mano. Voy dando pequeños sorbos. Disfrutando del sabor. Absorta en lo bien que sabe. A pesar de los últimos días, las cosas van bien. Y estoy deseando que empiecen a ir bien del todo.

En el pasillo veo a Sv., la madre de S., el niño trasplantado de la cama de al lado de Alan. Me alegro al verla. S. está en situación muy crítica y siempre lo comentamos en el pasillo. Ella ha estado también muy pendiente de Alan, sobre todo desde el día que ocurrió lo de la fuga. Aquel día preguntaba constantemente por él. Y respiró muy aliviada cuando supo que todo se había resuelto. Ella pasó muy mala noche pensando que a Alan le podía haber pasado lo peor.

En unos días voy a ayudarla con unos trámites. Ayer me contó, con todo el dolor de su corazón, que solo puede venir unas horas al día a ver a su hijo a la UCI. Su jefe no le permite dejar de trabajar. ¿Qué? ¿Cómo? ¡En una situación así, con un hijo inconsciente, con un grave problema de corazón, con su vida pendiente de un hilo, en situación muy crítica…! ¿Y no le consentía dejar de trabajar? No me lo podía creer. Además, la amenazó si faltaba al trabajo. Ella no se puede permitir perder su nómina, no tiene otros ingresos. Solo le ha permitido estar sin trabajar el día que operaban a su hijo.

Sv. lleva ya quince años en España. Su jefe es de su mismo país de origen. Ayer, cuando conversábamos, pensé que quizá no sabía los derechos que tiene.

—Sv., si te parece miramos qué podemos hacer para que puedas estar más tiempo al lado de tu hijo en la UCI.

—Es que si no trabajo me echan y no tengo dinero para vivir.

—Miraremos también las ayudas que existen para que te puedas organizar.

—Gracias, Koro. Sería muy bueno para mí. Yo quiero estar al lado de mi hijo —me dice con gran dolor.

Hemos quedado el lunes, en dos días. Hasta entonces va a aprovechar para estar al lado de su hijo cada minuto del que disponga. Y extrañamente, en lugar de estar dentro de la UCI, la veo en el pasillo. ¡Qué raro! Además parece muy preocupada. ¡Y tiene lágrimas en los ojos!

—¿Qué pasa, Sv.?.

—S. no está reaccionando. Su cabeza parece que no va.

—¿Cómo que no va?

—Sí. Su cerebro —dice como puede.

—¿Que su cerebro no va? —no puedo creer lo que oigo.

—Igual hay problemas neurológicos. Igual tiene muerte cerebral.

—¿Cómo? —respondo mientras nos miramos con gran dolor las dos. Estoy profundamente tocada. ¿Cómo? Espero que no sea así. ¡No puede ser!

–Ahora se lo llevan al TAC. Tardarán media hora más o menos. Y después me dirán si es muerte cerebral.

Trato de animarla. Todavía no se sabe. Sin embargo, ella presiente lo peor. Dice que no ha reaccionado a las pruebas que le han hecho en la UCI. Y aunque no quiere darlo todo por perdido, siente que posiblemente S. esté muerto.

–Si dicen muerte cerebral es que está ya muerto –comenta mirándome con el alma desgarrada de una madre–. Él es un niño muy listo. No quiero que le pase nada en la cabeza. Yo sé que todo el cuerpo, todos los órganos están débiles. Su cabeza estaba fuerte. Él es muy listo –dice entre sollozos, desgarrada pensando en lo peor. Está destrozada. ¡Normal! ¿Cómo puede estar una madre en una situación como esta? Acompaño a Sv. en ese momento. No sé qué decir. Deseo que no sea más que un mal susto. Hablamos durante un rato. De repente, suena su móvil. Me dice que tiene que coger la llamada y que luego nos vemos.

Entro a ver a Alan. Él sigue sedado. Agarrada a su mano, no puedo quitar de mi cabeza la conversación con Sv. Es un momento extremadamente dramático. Y ella tenía mucho miedo a que pasara lo peor. Me ha contado que antes de llevar a S. a la prueba le habían dejado estar un momento con él. Lo había besado y dado mucho amor. Después se lo llevaron.

En solo en treinta minutos, le van a decir si su hijo está muerto o no. ¡Qué tormento! ¡Qué dolor para una madre! ¡Qué minutos tan dolorosos! ¡Qué duro esperar el resultado de una prueba tan dramática! ¡Vaya media hora tan angustiosa!

Ya ha pasado más de media hora. No encuentro a Sv. fuera. De repente veo movimientos en el *box* de al lado. Entre cuatro personas están reorganizando el espacio. Lo hacen solemnemente. En silencio. Parece que están preparando algo. Han añadido un biombo más de separación. Acercan varias sillas al cubículo de S. Quitan alguna de las máquinas a las que S. estaba conectado. Esto es mala señal. Aún no ha vuelto del TAC, y sin embargo, su *box* no está igual que cuando se ha ido. Todo esto es raro. No me gusta la sensación que estoy sintiendo.

Llega la camilla con S. El personal de enfermería se acerca a él. Ahora son seis personas trabajando en el *box*. Todos en silencio, pasan con cuidado al niño de la camilla en la que llega a la cama de la UCI. Solo veo las cabezas. Cabizbajas. Todos serios. Todos en silencio menos una persona que va coordinando los movimientos.

Cuando ya han acabado, vuelven a organizar el espacio. Lo dejan libre de máquinas y bombas. En unos segundos veo llegar a su madre. Me saluda con una mueca de dolor. Con mucho dolor. Y pasa por el biombo hasta el fondo. Hasta la cabecera de la cama.

Yo intuía lo que había pasado. Ahora lo sé. S. se ha ido. Oigo cómo llora Sv. La oigo llorar al otro lado del biombo, a un metro de donde estoy. Y lo hace durante unos largos minutos. Es un lloro duro, profundo, roto. Lleno de dolor. De gran dolor. Insufrible. Desgarrador. El dolor de haber perdido a la persona más importante de su vida: su hijo. Ha perdido a aquel niño al que unos minutos antes había dado un gran beso y había esperado que volviera vivo de la prueba. Un llanto de profundo y enorme dolor.

Comienzan a acercarse los médicos que han estado cuidando a S. a darle el pésame a su madre. El padre aún no ha llegado. De uno en uno, con dolor, todos la acompañan en estos momentos. De repente, llega su cardióloga. Sv. se echa en sus brazos desconsolada. El dolor de la doctora también es muy grande. Un abrazo largo, tratando de tener un poco de difícil consuelo.

Después se gira hacia mí. Me ve en el *box* con Alan. Me mira fijamente. Y con la mano me indica que me acerque a ella. Enseguida me da un gran abrazo y me pide que vea a S. ¡Es muy doloroso! La escena es tremenda. El dolor gigante de una madre con el cuerpo aún caliente de su hijo. Vuelvo a pensar que unos minutos antes ella le estaba dando unos besos cuando aún respiraba. ¡Qué dureza! ¡Qué situación tan terrible, tan dramática!

Nos abrazamos. Sin decir nada. No quiere hablar. Solo sentirse abrazada, querida y acompañada en su dolor. Y noto que ha dejado de llorar. Está respirando profundamente. Como con serenidad. Me resulta extraño. Me sorprende tanta calma. Aunque se nota su gran dolor, está como en pausa. Está pensativa. Fijamente mirando a su hijo. Quizá está hablando con él en silencio, mientras observa cómo yace con los ojos cerrados, ahí, en su cama de la UCI.

A pesar de la circunstancia de gran sufrimiento, se le nota llena de amor. Está como una diosa amorosa mirando a su hijo. Está distinta. No sé qué ronda su cabeza. Soy incapaz de ponerme en su lugar. Es tan duro, que el pesar que siento no es ni remotamente próximo al que ella debe estar sintiendo. Y recuerdo cómo unos días antes ella me decía que estaba convencida de que todo iba a salir bien. Y ahora está viviendo la peor escena que una madre puede vivir. En ese momento cualquier otra persona, yo incluida, estaríamos con gran desconsuelo y sensación de impotencia... Con la rabia a flor de piel. La desesperación se apoderaría de nosotros. Y las formas y la compostura educadas pasarían a un segundo plano, tapadas y rasgadas por la aflicción. Sin embargo, ella, después de esos primeros minutos de llanto, se ha recompuesto. Se le nota con gran angustia, sí, y al mismo tiempo, de alguna forma incomprensible, se le ve íntegra. No sé en qué está pensando. Y no sé qué decirle. Solo sigo a su lado. Agarrada a ella de la mano.

En ese instante llega su exmarido por el pasillo. Viene con paso rápido y firme. Con grandes y pesadas zancadas.

El silencio que traía a lo largo del pasillo se rompe estrepitosamente al llegar al lado de su hijo. Se oye un gran grito. No puede contener su dolor. Comienza a gemir. Sin parar, se acerca y aleja de la cama de su hijo. Está conmocionado y emite lamentos desesperados de aflicción. Hace movimientos de tormento alzando sus brazos hacia arriba y bajándolos después con fuerza hacia abajo y hacia su pecho. Mira hacia arriba constantemente. Él es creyente. Le oí muchas veces rezar con gran devoción. Y en este momento parece que ni recordando a su Dios obtiene consuelo.

Poco a poco comienza a venir su familia. Todos desconsolados. Muchas lágrimas. Mucho desamparo. Ninguno esperaba tal situación esta mañana de sábado. Ninguno deseaba oír una noticia tan dramática. La muerte de cualquier niño es un gran drama. Para toda la familia y para todos los que lo rodean. En la UCI todos los padres están viendo lo que pasa. No porque alcancen a ver al niño en su cama. No. Es porque ven el trasiego de familiares llorando y los abrazos decaídos de los familiares que se re-encuentran en semejante situación.

En la sala de los padres hay una profunda consternación. Todos saben lo que ha pasado. Muchos padres están llorando, incapaces de contener tal sufrimiento. Todos se sienten en mayor o menor medida cerca de esos padres que han perdido a un hijo. Todos tienen aquí a sus hijos. Algunos muy graves. Con su vida en gran peligro. Otros, aun con sus hijos o hijas estables, han pasado por la tensión de que esta posibilidad, la de perder a su criatura, les hubiese tocado a ellos. La tensión se trasmite entre todos con miradas que no hace falta descifrar. Todos están «tocados». Y no es fácil reprimirse de comentar la situación, así que de vez en cuando se oye alguna expresión de gran dolor ante la muerte de una criatura:

—No hay derecho a que un niño muera.

—Son unos angelitos y todos deberían vivir.

—Esto es insufrible.

—No hay palabras para esto.

—No debería estar permitido que esto le pasara a una criatura.

—No es justo que esto pase.

—Pobres padres.

—Qué gran pérdida para la familia.

—Qué dolor tan grande para esta madre.

Después de unas largas horas, llega el momento de dejar la UCI. La familia de S. debe retirarse. También es muy duro dejar allí solo a S. La madre, aunque con gran pesar, se despide en calma de él. El padre ha sido incapaz de calmarse en todo este tiempo. Lleva horas llorando desconsoladamente.

Ya fuera de la UCI, me acerco otra vez a la madre. Volvemos a abrazarnos con intenso dolor. Después veo al padre más tranquilo y un poco más entero que antes. Hasta ahora ha estado muy ocupado con la familia y no he tenido oportunidad de saludarlo. Y pienso que este es el mejor momento para acercarme a él.

Está sentado en el banco. Al lado de la puerta exterior de la UCI. Tiene muchos familiares a su alrededor. Todos hombres. Las mujeres están en el lado opuesto. Quiero darle el pésame. No sé cuál es la mejor forma de hacerlo. Decido acercarme y simplemente decirle algo. Le miro a los ojos. Y antes de que yo pueda abrir la boca y extender mi mano, él extiende sus brazos y me abraza con fuerza mientras rompe de nuevo a llorar abatido. Vuelve a hacerlo con sonoros gemidos. Ha vuelto a conectar con su gran dolor. Siento haber abierto de nuevo la brecha. Siento que se haya quebrado esa calma temporal que sentía. Me abraza con ímpetu durante unos largos minutos, muy nervioso, respirando entrecortado. Siento su fuerte sufrimiento.

Es tremendo perder a un hijo. ¡Tremendo! ¡S. tenía tan solo cinco años! ¡Y toda la vida por delante! Era un encanto. Además, quienes lo conocían bien decían que era un niño dulce que se hacía querer. Todos en la UCI sentimos su gran pérdida. La posibilidad de la muerte de un hijo es un tema del que normalmente aquí no se habla: se prefiere eludir comentar esa posibilidad. Como si evitar hablarlo hiciera menos probable que fuera a suceder. Nadie deseamos anticipar un suceso de tal calibre.

Pensé que hoy iba a ser un gran día. Y nada más lejos de la realidad. A partir de ahora las cosas no van a ser iguales por aquí. La muerte es una posibilidad más real, si cabe, que nunca. La pérdida es más cercana. La sensación de que esto no es sencillo es más evidente. Todos vamos a pasar la noche pensando en lo que ha pasado, conectados profundamente con el dolor de esos padres que han perdido a su hijo. Vamos a estar tocados por este profundo y doloroso drama. Y al mismo tiempo, desearemos que una cosa así no nos suceda a ninguno de nosotros, ni ahora ni nunca.

El tanatorio

Han necesitado dos días para la autopsia. No quiero ni pensar en cómo han pasado estos días sus padres. He estado en contacto con la madre. Nos hemos enviado mensajes. No ha querido quedar con nadie. Solo deseaba organizar el funeral. Decía que lo estaba pasando muy mal. ¡Normal! ¡No puede ser de otra forma! La pérdida de un hijo es lo más doloroso. Además, era su único hijo. Su hijito de cinco años. Un duro golpe. Y además está sola, separada. Solo se tenían el uno al otro. ¡Qué tragedia! ¡Menudos días ha tenido tan duros!

Hoy está en el tanatorio. Así que me acerco temprano. En la puerta de la sala una persona me da la bienvenida. Me invita a pasar con una sonrisa. Es de la comunicad religiosa a la que pertenece Sv. Dentro hay algunos familiares. Todo mujeres. Sv. está en medio de ellas. En cuanto me ve se abre paso y viene a saludarme y a abrazarme.

–Hola, Sv. ¿Cómo estás? –le pregunto triste.

–Mejor. Estoy mejor. Diciendo adiós a S –me dice con una impresionante calma triste.

No sé qué responder. Y al mismo tiempo no hace falta decir nada. Me abraza y siente que estoy a su lado. Después de unos minutos de acompañamiento vienen dos mujeres llorando. Son las profesoras del colegio de S.

–No nos lo podemos creer. Todos en el colegio están consternados. Con lo que era él. Tan... –se quedan sin palabras entre lágrimas.

–Sí. Lo sé –dice Sv. consolándolas y agradeciendo al mismo tiempo su presencia en este momento.

Sv. es creyente. Me dice que su religión cree que las personas no vuelven a nacer. Sin embargo, ella quiere creer que hay reencarnación. No quiere creer que S. se ha ido ya para siempre. Lo que desea es sentirlo y recordarlo como si aún estuviera con ella.

En ese momento llegan más personas. Entre ellas también la cardióloga. Viene a dar su pésame. A acompañar a la familia. Se dan un gran abrazo. Todos los niños son especiales. Y parece que S. era especial entre los especiales.

Hay mucho dolor aquí. Muchas lágrimas tristes por S. que se ha ido. Y mucho dolor también al ver a su madre, porque todos saben que va a ser muy duro para ella.

La muerte duele. Y dicen que la pérdida de un hijo es un dolor que nunca termina. Esta pérdida no es natural. Ninguna madre quiere enterrar a su hijo. No desea organizar su funeral. Todo esto debe de ser como una pesadilla sin consuelo. Este es uno de esos momentos en los que uno se cuestiona todo en su vida. Es el momento para replantearse incluso el sentido de la vida. No es fácil perder a ningún ser querido. Menos a un hijo. La confusión emocional y el dolor deben de ser tan grandes, que no es posible continuar viviendo igual, de la misma manera, a partir de este momento.

VII. Nuevo despertar

El reinicio

Alan sigue sedado. Lleva así toda la semana. Su evolución es positiva. Y yo he tenido tiempo para darle vueltas a todo lo que pasó con S. y Sv. Me he acordado frecuentemente de ellos. S. estaba en la cama de al lado. Y aunque no lo veía debido a los biombos, sabía que estaba ahí. Además, su lugar en la UCI aún no ha sido ocupado y eso hace que me acuerde aún más de él. Sigo pensando en su madre. En su dolor. La había visto todos los días durante las tres últimas semanas. Le envío mensajes. A alguno me responde. A otros no. Normal. Estará pasando los peores momentos de su vida.

Acordarme de ellos es muy doloroso. Mucho. Y siento al mismo tiempo que ahora necesito estar bien para Alan. Quiero poner el foco en él, en su mejoría. Quiero estar optimista a pesar de todo lo que pasa por aquí. Y me centro en que va poniéndose fuerte. En que el susto de la fuga ya se pasó. En que las arritmias parecen haber mejorado y las ecografías van mejor día a día... Y que, a pesar de que sigue sedado, cada día aquí es un paso hacia delante con sus órganos adaptándose a esta nueva situación. Y nos dicen que «está tolerando bien el Prisma», que está filtrando y depurando bien su sangre. Esa máquina está realizando un buen trabajo llevándose todas las toxinas que el cuerpo de Alan produce y las drogas que le sobran. Aunque posiblemente también se lleve partículas buenas. No lo sé. No voy a pensar en eso.

El único inconveniente a esta progresiva mejoría es que «todavía tiene líquido en el pulmón», tal y como repiten los médicos estos últimos días. Y a pesar de que tenemos dos pulmones y dos riñones, ellos siempre lo dicen en singular e insisten: «*el pulmón tiene líquido y el riñón va mejor*». Hablan de «el pulmón y el riñón». Eso me descoloca. Cuando dicen que el pulmón está mal, no sé si se refieren a ambos lados o a uno en particular. Por eso, siempre pregunto para aclararme.

Ahora toca otro análisis de sangre. Con el resultado, el equipo de la UCI y los especialistas decidirán si comienzan a despertarlo. Cruzo los dedos para que así sea. ¡Y finalmente ha salido todo bien: hoy volverá a despertar! ¡Es genial! Va a ser emocionante ver cómo abre de nuevo sus ojos. Y tengo muchas ganas de que nos vea ahí, a su lado.

No sé si se acordará de los días anteriores. Supongo que sí. Estuvo muy consciente durante varios días. Posiblemente, en un inicio estará un poco confuso con lo que le ha pasado y habrá que explicarle todo de nuevo. Y lo haremos con tacto. No quiero que tenga miedo a que un incidente aislado como el de la fuga se vaya a convertir en algo habitual. Además, va a encontrarse con el tubo de respiración otra vez en su boca. Eso le va a sorprender porque ya estaba sin él. Y necesitará volver a pasar por el proceso de extubación. ¡A ver si esta vez es menos angustioso!

Le han ido bajando los sedantes. Ya se está despertando. Abre un poco los ojos, los vuelve a cerrar. Cuando los mantiene un poco más abiertos nos mira. Todavía no está consciente del todo. Además, no puede hablar por la molestia del tubo. Poco a poco se espabila cada vez más. Vuelve a pelearse con el tubo. Lo muerde y le recordamos que solo lo puede chupar. Tardarán un rato en quitárselo. Es imprescindible comprobar que sus pulmones también «se despiertan» y comienzan a respirar por sí solos. El proceso es lento y se hace pesado. Alan necesita ser paciente. Y nunca lo ha sido. Sin embargo, aquí se relaja. Mucho más cuando le soltamos las manos que estaban sujetas a los lados de la cama. Le ponemos más alta su música. Eso le distrae y le relaja. Lo único que puede mover son sus ojos. Y mira continuamente a su alrededor, explorando todo el entorno. Se fija en todo. Incluso ha visto la nueva máquina a su lado que filtra la sangre. También ha visto al enfermero. Lo reconoce. Es J., el mismo que le atendió cuando la fuga. Se alegra al verlo.

Está centrado en la música que ponen en la radio. Con gestos de sus ojos, nos pide que le subamos el volumen. Lleva ya dos horas y se nota que se está despertando. Y noto cómo se alegra de oír alguna de las canciones. De repente me mira con los ojos como platos. No sé qué me quiere decir. Después de unos segundos me doy cuenta de que en la radio está sonando una canción que nos gusta mucho a los dos. Para Alan un par de notas son suficientes para saber qué canción suena. Y está claro que ya está muy espabilado, porque la ha reconocido enseguida. Es una de La Oreja de Van Gogh. Y le encanta. ¡Qué bien que esté ya totalmente consciente! ¡Estupendo!

La verdad es que lo está haciendo muy bien. Cualquiera de nosotros estaríamos con gran angustia y desesperación. Él está como si tal cosa. Ha pasado muchas veces por situaciones extraordinarias en el hospital. Situaciones en las que hay que estar muy entero para no salir tocado de la cabeza. Estar en la UCI con todo esto a tu alrededor, ver que en el pecho hay tubos que sacan líquido y sangre de tu cuerpo, notar que estás muy hinchado por todos lados —sobre todo por la tripa—, y encima con un tubo atravesándote… ¡Uf! ¡Es impresionante lo bien que lo lleva! Bueno, sé que él tiene sus recursos para conseguirlo. Uno de ellos es la música. Le ayuda mucho. Y por eso compró este aparato de radio, especialmente para el hospital: se estaba preparando mentalmente para esto. Alan sabe muy bien cómo funciona la mente. Sabe muy bien cómo gestionarla. Y cuando quiere, lo hace genial.

Ya ha llegado el momento. ¡Le van a quitar el tubo! ¡Qué bien! Y quieren hacerlo muy rápido. No hace falta que salgamos fuera; solo nos alejamos un poco del *box*. Y enseguida se lo quitan. Han tardado solo un instante. ¡Rapidísimo! Inmediatamente se ve contento otra vez. Sin nada en la boca que le obstruya. Aunque no debería hablar todavía, no puede aguantarse y susurra. Como puede, pregunta por qué le han vuelto a intubar. Le explicamos el incidente que ha habido con su corazón. Y hacemos hincapié en que ahora todo está genial. Incluso mucho mejor que antes. Está contento de oírlo. Y está feliz de estar extubado.

Poco a poco sus cuerdas vocales van sintiéndose mejor y comienza a hablar. Él siempre quiere hablar. Es un gran comunicador. Le encanta comentar todo lo que le pasa. Y si lo puede hacer bromeando mucho mejor. Y dice que se siente bien, contento, a gusto. Y nosotros estamos encantados de oír eso. Además, verle con una sonrisa nos hace más felices si cabe.

Menuda diferencia con el último día en el que tuvo la fuga. En aquel momento se sentía cansado, sin ganas, apagado. Ahora es todo lo contrario. Su cabeza ya está yendo a más velocidad. Ya es más él. Aunque todavía las fuerzas no le siguen y está estático en la cama. Solo puede mover suavemente las manos. E incluso para rascarse la cara le cuesta elevarlas y necesita ayuda. La fuerza física llegará. ¡Seguro! Y la fuerza emocional parece buena: se le ve lo suficientemente animado como para que todos sepamos que él se siente mejor y que la cosa avanza positivamente.

Vienen todos los médicos a verlo. Quieren saludarlo. Les hace ilusión encontrarle despierto después de todos estos incidentes. Alan quiere decirles algo. Sin embargo, a pesar de sus esfuerzos con los gestos, no conseguimos entenderle.

–Traed, por favor, la tarjeta con el abecedario –dice uno de los médicos.

La enfermera le ofrece a Alan la cartulina plastificada con el dibujo de un teclado.

–Toma, Alan. Señala las letras para que podamos leer lo que quieres decir.

Alan levanta despacio las dos manos y comienza a escribir. En ese momento los dedos empiezan a moverse rápidamente, incluso los dos pulgares, que golpean la barra de espacio para separar las palabras. Y lo hace tan rápido, que ninguno de los presentes somos capaces de seguirle ni de componer una sola palabra.

–Alan, ¿puedes hacerlo de nuevo y un poco más despacio? –solicita uno de los médicos.

Alan asiente levantando el pulgar. Vuelve a mover sus dedos a lo largo del teclado. Lo hace más lento, sí. ¡Bastante más! Sin embargo, ninguno de los que estamos allí conseguimos seguirle y componer ni una palabra.

–Nada. Esto no funciona –dice uno de los médicos riendo–. Vamos a probar con los gestos, que creo que va a ser más fácil –dice recogiendo la cartulina del teclado

Alan también sonríe y levanta los hombros como diciendo «no entiendo cómo sois tan lentos pillando las palabras».

La diferencia generacional se ve clara en cositas como esta. Seguro que si Eric hubiese estado aquí nos hubiera podido decir rápidamente y sin dudar lo que estaba escribiendo Alan.

Después de un ratito, Alan vuelve a hablar. Lo hace con dificultad, susurrando, despacio, entrecortado y pronunciando a duras penas. Y aún así, quiere hablar. Saluda a J., el enfermero. Incluso bromea con él. Después de unos minutos, tiene ya la confianza suficiente como para lanzar preguntas personales:

–¿Tienes hijos?

–Sí. Dos hijas, de cuatro y seis años.

–Me gusta… cuidar niños. Cuando salga… si quieres… las cuido un día.

–Vale. Por mí encantado. Seguro que las vas a cuidar muy bien.

–Sí. Lo van a pasar bien… jugando… conmigo.

–Vale. Hecho.

–¿Y… cómo quedamos? ¿Te llamo… en cuanto salga? –dice Alan ya con ganas, pensando que es cuestión de días que va a dejar la UCI y el hospital.

–¡Claro! –dice J. riendo.

¡Qué ilusión que ya esté haciendo planes! ¡Y qué bien que tenga ganas de hacer cosas! Es todo un gusto oírle. Fernando y yo estamos encantados de que esté tan motivado y tan contento.

Se queda callado un rato. Y de repente se alerta: se le acaba de ocurrir algo. Vuelve a hacer el esfuerzo tremendo de hablar:

–¿Me podéis traer… una silla de ruedas?

–¿Para qué?

–Para que me llevéis… por ahí y… pueda hacer… caballitos.

–¡Ja! ¡Estaría bien! En cuanto estés un poco mejor y sin tantas vías lo hacemos –le contesta riendo su padre.

¡Y qué alegría que esté ya pensando en hacer algo divertido! ¡Fernando y yo estamos encantados! Hace solo unas horas que lo han extubado por segunda vez y ya está genial. La diferencia con la primera vez es abismal. Alan se encuentra mucho mejor: más animado, más fuerte y más alegre que antes. Esto demuestra lo que yo pensaba: Alan es muy fuerte. Él sabe mirar hacia delante y fijarse en lo bueno de las situaciones, por grande que sea o parezca «lo malo» que pueda haber en ellas.

La gran restricción

Ya hemos superado una parte: la extubación. Ahora quedan algunos retos más ¡A ver cómo los pasa! Uno de ellos es el tema del agua. No puede beber. Está con un edema pulmonar; tiene el pulmón con mucho líquido.

–Quiero... beber. Tengo... mucha sed.

–Aún no puedes, Alan. Hay que esperar un poco.

–¡Tengo muchísima sed!

–Tienes que aguantar.

–¡¡Es que... es inaguantable!! ¡¡Necesito beber!!

–Enseguida podrás.

–¡Lo necesito... ya! ¡No puedo más! ¡Me estoy... secando! ¡¡¡No puedo más!!!

–Aguanta, Alan.

–¡Por favor! ¡Por favor! ¡Dame... agua! ¡¡¡Que me den agua... por favor!!!

Esta conversación se repite todo el día con cada enfermera, cada auxiliar y cada médico que se acerca. Está sufriendo. Y nosotros con él. Está siendo una tortura. Y no son suficientes los pequeños bastoncillos impregnados de líquido con sabor a limón que le dan para humedecerse los labios y la boca. Está muy alterado. Lo está pasando fatal. Incluso peor que las largas esperas para la extubación. Lleva unas horas consumiéndose. Ruega a los médicos que le dejen probar un poco de agua. Y aunque le ven sufrir, no pueden dársela. Está tan nervioso que le salen lágrimas de impotencia. Es durísimo verle así: tan desesperado e impotente.

Ya han pasado unas horas. De repente M., la enfermera, mira su reloj y coge el informe de Alan. Lo estudia de arriba abajo. Mira las bombas de medicación y los monitores. Y sale corriendo. No sabemos por qué tal urgencia. De repente, vuelve con algo en la mano.

—Toma Alan, para ti. ¡Un polito! ¡Y de fresa! —le dice mientras le enseña un pequeño vasito de plástico, de esos de tomar jarabe, con algo rosa dentro y con un trozo de pajita de sorber inmersa en el centro.

—¿Polito? ¡Bien! ¡¡Y de fresa!! —se alegra Alan.

—Sí. Lo hemos preparado para ti. Es suero oral de fresa congelado. Tiene veinte centilitros: exactamente la cantidad que puedes tomar. Y al estar helado, te durará más y te quitará la sed. Lo hemos ideado nosotros en la UCI para niños como tú, que no pueden beber. ¿A que es buena idea? —pregunta la enfermera esperando a saber la opinión de Alan.

—¡Sí... buenísima... ¡¡Qué... rico!! ¡Gracias, M.! —dice contento después de probarlo.

—¡De nada, campeón! —responde con satisfacción M.

¡Sí! ¡Qué gran idea! Alan está disfrutando con el polito. ¡Solo veinte centilitros! Eso no es apenas nada: ¡es poco más de una cucharada! En un vasito se lo hubiera tomado de un sorbo. Sin embargo, de esta forma, le va a durar mucho más. ¡Y encima le está sabiendo de lujo! Después de tantas horas parece que con los politos va a ser más llevadero. ¡Qué ingeniosas las enfermeras de la UCI! ¡Lo que hacen por sus queridos pacientes! ¡Gracias! ¡Y bien por ellas!

Larga noche

Hoy es la primera noche que Alan está consciente después de la segunda intervención. Está agotado; ha estado hablando con dificultad y se ha cansado mucho. Supongo que hoy dormirá bien. Aunque sigue con la restricción de agua y esto tal vez le afecte al sueño.

Le han aumentado a 200 ml la ingesta de líquidos para toda la noche. Eso es un vaso de agua. El pulmón tiene todavía mucho líquido y no le pueden añadir más. Quieren que vaya reduciendo su líquido. Y si bebiera más agua, podría ocurrir lo contrario: que aumentara. Dosificamos las tomas con una jeringuilla de diez. ¡Diez mililitros no son nada: dos cucharillas de café! Apenas le quitan la sed. Pide frecuentemente más. Siente que está seco por dentro. Sin embargo, le tiene que durar toda la noche. Además, ya está bastante estresado con este tema de la restricción y si se quedara sin agua se desesperaría aún más.

Le han dado algo para dormir. Aunque no le está haciendo efecto. Así que sigue sufriendo debido a la sed. ¡Una pena! La recuperación de su pulmón es ahora lo primero. Ya son las tres de la mañana. Se ha bebido casi toda el agua. Le quedan 50 ml. Y quiere más. Tiene mucha sed. Se está agobiando. Yo también. Le digo que necesita esperar un poco para beber. No puede. Necesita más. Insiste en que tiene la boca muy seca y que por dentro se está secando. Se me parte el alma al verle sufrir. Y no podemos hacer nada.

La enfermera va a hablar con los médicos. Ve su sufrimiento. Y vuelve con respuestas: «*Alan, en un ratito vendrán los médicos a hablar contigo. Aunque igual tardan un poco porque están con un ingreso*». Con este mensaje, Alan está más contento: «*¡Vale... espero! ¡Quiero... agua!*».

Ha pasado ya una hora. Alan vuelve a preguntar por los médicos. Ha esperado pacientemente todo este tiempo. Y comienza de nuevo a desesperar. Si hay un ingreso tardarán en venir. Hay que estabilizar al niño o a la niña, hacerle todas las pruebas, decidir la medicación y las dosis, analizar los informes... Es una tarea que aquí se produce de manera habitual. Por desgracia, estamos en la UCI y eso es aquí lo normal.

Salgo de vez en cuando al pasillo. Veo a los médicos al fondo. Hay mucho jaleo. Están muy atareados con el ingreso. Ha debido de pasar algo gordo y muy complicado con alguna criatura. Además, las enfermeras y todos los que están alrededor andan muy deprisa de un lado para otro. Es una pena que haya ingresado un niño o niña así de mal.

Le explico a Alan lo que está pasando. Lo entiende. Se vuelve a calmar. Le doy otros diez cc para que pueda soportar la espera. Lleva ya unas horas aguardando y parece que el tema va para largo. Comprende que los médicos no puedan estar y, dentro de lo que cabe, lo está llevando bastante bien. No sé cómo estaría yo en su lugar. Tal vez bastante peor.

Son las seis de la mañana y Alan sigue sin dormir. Por eso todo se le hace más largo y duro. Suerte que la música lo ayuda y lo distrae. Además, ahora empieza uno de sus programas favoritos en la radio, aunque no está con la cabeza como para estar siguiendo el hilo de ninguna conversación.

Por fin llegan los médicos:

—Hola, Alan. Nos han dicho que pedías más agua.

—¡Sí! ¡Por favor! —contesta susurrando y con esperanza.

—No va a poder ser. Necesitas cuidar ese pulmón y que se vacíe del líquido. Y eso va poco a poco.

—¿Y por qué... hay líquido? ¡Hasta ahora... no había bebido!.

—Ya. Tienes líquido por otros motivos.

—¿Qué motivos? —pregunta con dificultad y mucha resignación.

—Por ejemplo, el suero que te va por la vena. Y si bebes posiblemente vaya a más.

—¿Posiblemente? ¿No es seguro?

—Seguro no es. No te lo podemos decir con rotundidad.

—Pues entonces... ¡puedo beber!

—No. Porque probablemente el agua que bebes se derivará al pulmón.

—¿Solo probablemente?

—Sí.

—Pues si no es seguro... ¡entonces puedo beber! —insiste Alan.

–Sería mejor que no lo hicieras.

–Ya. Lo vuestro es una posibilidad. Y lo mío una seguridad.

–¿Cómo dices?

–Que si bebo es solo una posibilidad que se vaya al pulmón. En cambio, yo estoy seguro de que tengo sed –replica fluidamente Alan, como si hubiese cogido fuerzas para soltar seguida toda esa frase, mostrando que su cabeza está más despejada y ya empieza a utilizar sus juegos semánticos.

–Bueno, el resumen es que creemos que es mejor que no bebas mucho.

–Vale. Mucho no. Un poco más sí.

–Bueno, un poco más sí. Otros 100 cc. ¿Vale?

–¡Vale! ¡Gracias!

Alan ha conseguido más agua. Le ha dado la vuelta a todo para conseguir lo que quería. ¡Es un *crack*! Y ha sido tanto el esfuerzo y la tensión por mantener esta conversación que se le nota agotado, aunque satisfecho por lo conseguido. Ahora solo falta que duerma un poco. Ver vídeos musicales en la tele lo ayuda a dormir más rápido. Sin embargo, por la noche en ese canal solo hay anuncios. Así que prefiere quedarse pensando. Y... ¿en qué pensará? No le pido que me lo cuente porque le cuesta mucho esfuerzo hablar. Por eso nos quedamos los dos pensando. Cada uno en su sitio. Él en su cama. Boca arriba, conectado a todos los aparatos: vías por donde llega la medicación de las bombas; las gafitas nasales que le proveen de oxígeno de alto flujo; los tubos de goma que salen del tórax extrayendo el líquido del pulmón; el Prisma que dializa la sangre que recorre tantos metros por los tubos... Y de fondo, el siempre ruidoso «monitor de constantes vitales», que vigila que su tensión sea la correcta, su corazón palpite dentro de los parámetros establecidos, su respiración sea estable y que el oxígeno en sangre se mantenga en buenos niveles. Así, los dos mirando al techo, nos quedamos esperando a que pasen las horas. Y cruzo los dedos para que ambos podamos dormir un poco. Sobre todo Alan. Necesita reponer fuerzas para ir mejorando y salir pronto, muy pronto, de esta.

VIII. Se acerca fin de año

Cambio de lugar: la suite

Alan lleva ya varios días sin dormir. Y aquí los días y las noches se hacen largos. Por suerte, cada día puede hablar con más facilidad. Está recuperando su gran habilidad para ello. También le han quitado temporalmente la diálisis: le han desconectado el Prisma y le han dejado los conductos en el cuello por si fuera necesario volverle a conectar. Aunque los tiene tapados con gasas, impresiona ver que le sale algo del cuello. Esperamos que se los quiten pronto. Parece que sus riñones (o su riñón, como dicen los médicos) están funcionando bien. Y si sigue así, en los próximos días se los quitarán definitivamente y le cerrarán el conducto. ¡Ojalá! Esó significaría otro nuevo gran paso hacia delante. Y entonces estaría más próximo a subir a planta y dejar el hospital. ¡Eso es lo que él y todos estamos deseando! Además, pregunta continuamente cuándo podrá ir a planta. Estar aquí, en el sótano, sin luz diurna, sin referencia de si es de día o de noche, tanto tiempo, agota a cualquiera.

Hoy es Nochebuena. Estaremos en la UCI. Por aquí suele haber pocas cosas para celebraciones. Todos los días suelen ser igual de rutinarios. Lo único que cambia, casi cada día, es la medicación. Poco más. Hoy sin embargo, Alan tendrá dos sorpresas. Él aún no lo sabe. Una la esperábamos desde hacía varios días. ¡Por fin ha llegado! La otra ha sido un pacto con la doctora G., ya que Alan está mucho mejor. La primera de las sorpresas se la dicen a él directamente:

–¿Cómo estás, Alan? ¿Cómo llevas estos días en la UCI?

–Muy bien. Aunque preferiría que me enviarais ya a la planta.

–¡Uf, muy rápido vas tú! –dice la doctora riendo.

–¡Y más rápido que me gustaría ir! ¡Yo ya me encuentro bien!, –dice mucho más animado.

–Me alegro Alan. Aunque todavía te quedan algunos días más con nosotros en la UCI.

–¿Cuántos?

–No sabemos.

–Yo sí. Dos días. Contados. ¡Ya verás!

–Eso nos gustaría. Aunque me temo que van a ser más.

–Bueno. Lleguemos a un acuerdo: tres días y lo dejamos así. ¿Te parece? –bromea Alan.

–Ojalá –sonríen los dos–. Bueno, por ahora... ¿qué tal si te vas a la suite?

–¿A la suite? ¿Qué es eso?

–Es un *box* cerrado, uno de los más grandes de la UCI. Es mejor que estar aquí, en este espacio abierto, ¿no?

–¡Ah! ¡Pues sí! ¡Genial! ¡Me quiero ir a la suite! Será hoy, ¿verdad?

–Sí. Cuando terminen de limpiarla. El niño que estaba allí ha ido ahora a planta

–¡Qué bien! ¡De ahí se va uno directo a planta! ¡Yo seré el siguiente!

–Sí. Eso espero. Y ojalá que sea pronto.

–Hemos quedado que en tres días, ¿no? –vuelve a bromear Alan.

–¡Ojalá! Eso lo decidirá tu cuerpo, no tu cabeza –dice riendo la doctora.

–¡Mi cuerpo y mi cabeza están de acuerdo! –dice Alan contento.

–¡Vale, a ver si es verdad! –vuelve a reír la doctora.

En pocos minutos ya están los preparativos hechos. La habitación está limpia. A su padre y a mí nos piden que esperemos fuera de la UCI para el traslado. Sabemos que les cuesta mucho estabilizarlo y colocar todos los aparatos en la nueva habitación. Cuando volvemos, Alan está feliz en la nueva localización. Es más espaciosa. ¡Qué bien! ¡Aquí va a estar mucho mejor! Y aunque seguimos en la UCI, en su nueva ubicación hay mayor intimidad. El espacio y la acústica han mejorado. Ya no oímos tan de cerca los constantes pitidos de las bombas de alrededor avisando del fin de una medicación o de la obstrucción de algún conducto. Tampoco oímos las máquinas de respiración, ni los ruidosos motores mecánicos, como ocurría en el espacio abierto anterior. Allí estábamos en fila con otros cinco pacientes, solo separados por biombos, y se oía todo. Ahora esos ruidos se sienten a lo lejos. Solo oímos los sonidos de las máquinas y de las bombas que tiene Alan en su «suite». Además, aquí puede poner más alto el volumen de la radio y los vídeos musicales de la tele. Desde fuera no se oyen apenas. ¡Este es un gran cambio!

Alan agradece repetidas veces a la doctora este cambio. También da las gracias a la supervisora, MJ., que es quien organiza la ubicación de todos los pacientes. ¡Está encantado! ¡Y está pletórico dando tantas gracias! Y todos le responden con una gran sonrisa. No hay nada más bonito que hacer feliz a alguien. Y hoy, aquí, tanto la supervisora como los médicos y todo el personal de la UCI están pudiendo ver a un joven extremadamente feliz.

A la suite, además de todos los monitores y bombas de medicación, han traído el colgante del techo. Este colgante es una gran cartulina de unos 50 cm de diámetro. Tiene dos bellas ilustraciones. Una por cada lado; un gran sol sonriente y una luna, también sonriente. Cuando llega el día, el personal de la UCI pasa por todas las camas y coloca el colgante por la parte del sol. Cuando llega la noche, se le da la vuelta al cartón y muestra la luna. Los primeros días, cuando Alan aún estaba sedado, nadie movía el colgante. Así que solo veíamos la luna. Me pareció una simpleza que estuviera allí. En aquel momento, no valoré la importancia de estas ilustraciones. Sin embargo, ahora que ya llevamos casi un mes, las aprecio mucho. Son un indicativo real de que es de día o de noche. Porque la UCI carece de ventanas al exterior. Y eso, además de ser una pena, produce una gran desorientación.

Alan está encantado en su nueva ubicación. Está feliz. De repente, entra por la puerta el jefe de cirujanos que le realizó el trasplante, el doctor RA. Alan enseguida pregunta quién es. Al decírselo se dirige a él:

—¡Doctor RA! ¡¡¡Hola!!! ¡Estoy muy contento de conocerte! ¡Muchas gracias por todo! —dice con gran ímpetu.

—¿Cómo te encuentras? —pregunta sonriendo el doctor RA.

—Feliz y agradecido —responde Alan rápidamente y con una sonrisa.

A partir de ahí comienzan una conversación como si se conocieran de toda la vida. Y finalmente, Alan le hace una petición:

—Me gustaría ver un corazón. ¿Podría ser?

—Por supuesto. Cuando te pongas fuerte te lo enseño —responde impresionado el cirujano.

—¡Bien, gracias! —contesta Alan, encantado con la visita y la promesa.

Tantas sorpresas positivas le están animando aún más de lo que ya estaba. Si seguimos de esta forma, en breve se pondrá bien y antes de que nos demos cuenta estaremos en casa. ¡Uf! ¡Igual en dos meses! ¡Sería fantástico! Hoy está siendo un gran día. Y aún no sabe que hay otra sorpresa. Será esta tarde.

Gran visita sorpresa

La mañana ha sido movidita con muchas visitas médicas. La tarde está siendo tranquila, con la tele puesta con vídeos musicales. Los mira y los oye con gran atención. Como si los analizara. Además, después de oír cualquier canción es capaz de repetirla. Y aquí en la suite puede poner el volumen más alto, lo suficiente como para que ningún otro sonido lo distraiga de la música.

También está con el móvil. ¡Ya lo puede sujetar! Hasta ahora sus dedos no tenían fuerza suficiente como para agarrarlo. Se le caía. Ha comenzado a recibir mensajes de felicitaciones de Navidad. Y el poder responderlos poco a poco le pone más contento aún. Además, le han grabado muchos vídeos de felicitación en exclusiva para él: la joven orquesta Atrilia, a la que pertenecía, le ha grabado uno; unos amigos; músicos profesionales (Carmen Cusidó, John DuBuclet y su hija Julia) han hecho un concierto especial para él; otra amiga le ha enviado un fotomontaje en el que aparece en la portada del *Time*... ¡Le encanta! Todo súper emocionante. ¡Poder tener aquí su móvil ha sido todo un acierto!

Los días anteriores ya estaba muy animado. Y hoy, con el cambio a la suite, la visita imprevista del cirujano y los mensajes que ha recibido, está exultante. No tiene ni idea de que aún tiene una sorpresa más.

Aunque sigue en aislamiento total, le van a permitir tener dos visitas. Su padre y yo esperamos ansiosos por ver la cara de Alan cuando sepa quiénes son. De repente oye un «hola» en la puerta. Gira su cabeza lo más rápido que puede:

—¡¡Hola, Alan!!

—¡¡Hola!! —dice súper feliz y comenzando a llorar de emoción al ver quien es.

—¿Cómo estás?

—¡Bien! —responde entrecortado debido al sollozo.

Alan está muy emocionado. Tremendamente emocionado. Y sorprendido al ver quien es. No puede aguantar más. Se echa a llorar. ¡Ha venido a verlo su hermano! ¡Qué emoción! No lo había visto desde que ingresó. Y de eso hace ya casi un mes. La gran emoción no le permite dejar de llorar.

Eric también está emocionado. No lo había visto desde el día en que le vio sedado. Aquel día le impresionó. Le vio muy hinchado, lleno de tubos, con el respirador y drenajes sanguinolentos… Hoy es distinto: le ve despierto y activo. Aún así, lo que ahora impresiona es su extrema delgadez. Lo observa y lo mira de arriba abajo. Se nota que le gustaría verlo de otra forma. Claro, Alan no está bien. Sin embargo, el hecho de que le esté hablando, de que esté contento y de que enseguida interactúe con él, le anima a pensar que su hermano está mejor. Después de unos primeros instantes de análisis y de tragar saliva, Eric se acerca con ilusión a darle un beso y un abrazo.

Es muy emocionante ver este momento. Los dos hermanos agarrados. Alan llorando. Eric conteniendo la emoción. Es un gran momento, de mucho amor entre ellos. Se habían echado mucho de menos. Casi un mes sin verse. ¡Qué emocionante!

Antes de comenzar a hablar se oye otro «hola» en la puerta:

–¡¡Hola, Alan!!

–¡¡Hola!! –vuelve a decir con dificultad, añadiendo más emoción a la que ya tenía.

–Chico, ¿cómo estás?

–¡Bien! –responde bajito muy emocionado y llorando, desbordado de felicidad.

Es su abuela Cheri, «la Amoña». Mi madre ha estado estos días mucho con nosotros, ayudándonos en todo. Sin embargo, debido al aislamiento de Alan no había podido entrar hasta ahora en la UCI a verle. Está también muy emocionada. Y como a Alan, la asaltan las lágrimas. Además, le ve bien. Yo le informaba varias veces al día de su evolución. Sin embargo, como ella misma decía, *«no es lo mismo verlo que oírlo»*. Ahora lo ve directamente. Ve que Alan está bien. Está muy nerviosa. Tanto que no consigue hablar. Necesita tragar saliva varias veces para poder hacerlo. ¡Tenía tantas ganas de ver a Alan…! Lo ha pasado mal durante este tiempo. Bastante mal. Y llevaba muchos días deseando que llegara este momento. ¡Y por fin ha llegado! Además, Alan está lo suficientemente bien como para hablar con ella. ¡Qué sorpresa! Los tres están felices de volverse a ver. ¡Qué bien!

La sorpresa ha sido tremenda. Alan está muy emocionado. Así que tarda un rato en calmarse y en volver a pronunciar una palabra. Rápidamente pone a Eric y a la Amoña al corriente de sus mejorías. Les habla de sus planes, de subir pronto a planta, de comenzar la rehabilitación para poder coger agilidad en su cuerpo y comenzar a andar. ¡Les cuenta todo! ¡No deja detalle!

Como es Nochebuena han traído regalos. Alan se pone contento. Este momento le entusiasma. Siempre le ha encantado. Él no puede tocar nada de fuera y además le cuesta mover los brazos. Así que le abrimos el paquete que le han traído. De repente, descubre su regalo: un pequeño dron. ¡Está emocionado! Yo pienso que es una pena que no pueda hacerlo volar hasta que salga de aquí. Sin embargo, él y su hermano enseguida empiezan a prepararlo todo. No lo han dudado ni un momento. Hay espacio suficiente. Este *box* es lo suficientemente grande como para que el dron vuele sin estropear nada. No entraba en mi cabeza que lo hicieran volar aquí. No entraba en su cabeza —ni en la de Alan ni en la de Eric— que pospusiéramos hacerlo. Así que, sin pensárselo dos veces, preparan lo necesario: Fernando aparta cualquier cosa que pudiera tirar y Eric gira las lamas de las persianas para que no pueda verse nada desde fuera. ¡Ya está: todo preparado! Ya pueden hacerlo volar. ¡Y vaya que si vuela! ¡Es emocionante!

Alan es la persona más feliz del mundo. Y aunque ya tiene diecisiete años, disfruta como un niño. Y es genial verlo así, disfrutando y feliz. ¡Es realmente genial! Hoy ha sido un gran día. ¡Súper bueno! Lleno de buenas sorpresas, diversión e incluso emocionantes lloros. Da gusto que las cosas empiecen a ir mejor. Alan se lo merece. ¡Esto marcha en buena dirección! Y su padre y yo estamos felices, contentos y muy animados porque sea así. ¡Da gusto que las cosas marchen bien! ¡¡¡Estupendo!!!

Alan «se va»

Hoy paso yo la noche con Alan. Ha sido un día con muchas emociones, así que volvemos a poner la tele para ver algún programa de vídeos musicales y relajarnos un poco. Son ya las once de la noche. Alan parece tranquilo. De repente, me llama:

—¡Amá, me siento mal! ¡Llama al médico!

—¿Qué te pasa?

—Me encuentro mal.

Voy a llamar al médico. Su puesto está frente a nuestro *box*. Así que cojo al primer doctor que veo y le digo que Alan está mal.

—Alan, ¿qué te pasa?

—No me encuentro bien.

—¿Y qué notas?

—Que se me va la cabeza.

Al oír eso me pongo mala. ¿Cómo que se le va la cabeza? ¿Qué significa eso? ¿Que se marea? ¿Qué?

—¿Te mareas?

—Sí. Se me va la cabeza.

De repente, en un instante, Alan se queda inconsciente. Le llaman por su nombre y no responde. Le dan en los pómulos y no reacciona. Le tocan en distintos sitios y no se inmuta. El médico se apura. Y yo me apuro más. Le hace mil y una cosas. Yo le hablo con toda la tranquilidad que me permite mi angustia. Le llamo. Le digo que abra los ojos. Le digo que mueva algo. Alan sigue inmóvil. Como desmayado. Llevamos así quince minutos. Alan no reacciona. Vienen otros médicos. Antes de que me pidan que salga del box, les aviso de que de ahí no me muevo. Sigo hablando a Alan. Y Alan no está ahí. No responde. Todos los indicadores del monitor están bien: su corazón late bien, su respiración es normal, su oxígeno está bien de saturación. ¡No saben qué pasa! Lleva así ya más de treinta minutos. Esto empieza a ser más que desesperante. Sigo hablándole. Y no viene. Parece que todo está normal. Y sin embargo, no lo está. Y por más que le aprietan y le pellizcan en distintas partes del cuerpo, Alan no reacciona. Sigo hablando. Y sigo hablando. No paro. Alan está ahí. En alguna parte. Sé que sigue ahí. Llevamos ya cuarenta y cinco minutos. Esto se está haciendo eterno. Los médicos hablan entre ellos. Yo sigo hablándole a Alan. Le pido que por favor vuelva, que abra los ojos, que diga algo. Y él sigue ahí. Inmóvil. Y yo no desisto. Continúo sin parar de hablarle. Desesperada. ¡No sé qué más hacer!

De repente, abre los ojos. Ya está aquí. ¡Ha vuelto! Mi alegría es tremenda. Me he quedado paralizada ante él.

—Alan, ¿qué ha pasado? —pregunta el médico.

—No sé. Me he ido.

—¿Y ahora estás bien?

—Sí. Bien.

—Vale. Pues si vuelves a encontrarte un poco mal nos avisas para que vengamos a ver, ¿vale, campeón?.

—Sí.

—Muy bien. Sigue así. Ahora a dormir.

–Sí. Estoy cansado.

Después de decirlo, gira la cabeza, cierra los ojos y se prepara para dormir. Sin embargo, en cuanto salen los médicos de la habitación, me mira y comienza a hablar:

–¿Amá?

–¿Sí? –le atiendo sorprendida y curiosa.

–¿Me podrías hacer una de tus visualizaciones?

–Claro. ¿Cuál quieres?

–La de la burbuja.

–Vale –le digo antes de comenzar con su visualización favorita.

Pensaba que me iba a comentar algo de los largos cincuenta minutos que ha pasado inconsciente. Todavía estoy que me tiemblan las piernas. Sigo con el corazón a mil. Y sin embargo, él ni le ha dado importancia. Probablemente porque no sabe cuánto tiempo ha estado «ido». Por otra parte, ¡qué bien que no le preocupe! Y qué bien que me pida una visualización para relajarse. Le hago muchas a lo largo del día. La visualización de la burbuja es su favorita. Cuando se la hago se siente mejor: más fuerte y más contento. Y sabe además que las visualizaciones le permiten recuperarse antes, porque se siente más animado. Me las pide muchas veces. Y me encanta hacérselas.

Así que le pido que cierre los ojos y comienzo a hacerle que imagine mis palabras. Enseguida se relaja y consigue hacerlo. A veces no llega hasta el final de la visualización. Se duerme antes. Como hoy. Y aunque noto que está descansando, le miro continuamente. Después del susto quiero cerciorarme de que está dormido y no desmayado.

¡Uf! Esta noche no sé si voy a pegar ojo. Después del día tan estupendo que habíamos pasado, ahora esto. El susto ha sido grandísimo. ¡Tremendo! ¡Menudos cincuenta minutos! ¡Uf! ¡Han sido tremendos! Y espero que no se vuelva a producir. No quiero repetir esta experiencia.

Voy a ver si puedo descansar. Él ya lo está haciendo. Relajado. Sin preocupaciones. Plácidamente. ¡Qué a gusto se le ve! ¡Qué bien! ¡Ojalá que descanse toda la noche y esto haya sido un incidente aislado! ¡Ojalá que así sea!

¿Qué hay de comer?

El 25 de diciembre está marcado de forma especial en el calendario que Alan tiene colgado en la pared. Pidió el calendario en cuanto llegó a la suite. Necesita saber en qué día vive. Y quiere ir calculando cuándo va a salir del hospital. Él ya especula. Sin embargo, los médicos tienen dudas de que en siete días, como él dice, vaya a estar fuera de la UCI. Él tiene clara la fecha límite que se ha propuesto para estar ya en casa: el 24 de febrero. Ese día es su cumpleaños. Y quiere celebrar sus dieciocho años por todo lo alto. Quedan dos meses para ese momento, así que está convencido de que va sobrado de tiempo. ¡Ojalá! Las cosas van bien y los obstáculos surgidos se han ido solventando... Ahora solo falta ir mejorando día a día.

La prueba de que Alan va mejor es que ya está en este *box*. Aunque sigue necesitando atención constante, no es lo mismo. Falta por ejemplo introducir la alimentación. Por ahora se la dan por una sonda en la nariz. Y ya empieza a tener ganas de meterse algo en la boca. Hoy más que nunca. El 25 de diciembre sabe que es un día con comida especial. Sin embargo, necesita estar algún tiempo más sin ingerir. Y eso se lo recuerda cada médico que entra en la habitación:

—Hola J. ¿Cuándo podré comer? —Alan aborda al doctor JI. en cuanto entra al *box*.

—¿Tienes hambre?

—No. Tengo ganas de comer.

—¿Sin hambre?

–Sí. Sin hambre.

–¿Y entonces para qué comes?

–Para saborear cosas deliciosas en mi boca.

–Vale –dice riendo el doctor JI.

–¿A ti no te pasa?

–Sí. A mí también me pasa. A ver si puede ser pronto, Alan.

Le mira las constantes y le pide que se quede callado un momento. En cuanto termina, Alan continúa:

–Además, así no necesitaré la sonda de la nariz.

–Pues sí. ¿Y qué te gustaría comer?

–Un chuletón.

–¡Cómo no! ¿No podría ser otra cosa?

–Bueno, unos macarrones con tomate.

–¿Y después?

–¡El chuletón! –dice con la boca haciéndosele agua.

–¡Claro! El chuletón que no falte –ríe el doctor.

–¿Vale? –pregunta Alan con interés.

–No. No vale. Tendrás que ir pensando en otra cosa. En la UCI no hay chuletones. Pensaré en alguna otra sorpresa.

–¡Me encantan las sorpresas! Bueno, solo las buenas sorpresas.

–A ver si esta te gusta…

Alan se queda contento. Parece que la parte de comer va a llegar en breve. Le encanta comer. Ha tenido muchas restricciones hasta el momento del trasplante y está convencido de que, en cuanto pasen unos días, podrá comer de todo.

Hoy está pendiente de la televisión. Esta noche emiten un famoso programa de cocina. Hace unos meses, antes de que Alan tuviera su trasplante, lo grabaron en el área de Pediatría de este Hospital Vall d´Hebron. Y los cocineros se pasearon por la unidad pediátrica. Alan fue uno de los afortunados a los que visitaron. Y espera poder verse hoy en la televisión.

De repente aparece la enfermera:

–Alan. Tienes una sorpresa: te traigo la cena.

–¿La cena? ¡Qué bien! ¿Qué hay?

–Un biberón.

–Vaya. ¿Un biberón?

–Sí. Un preparado de leche. 100 ml. ¿Qué te parece?

–Una cena de Navidad estupenda. Me voy a empachar –dice con ironía y retintín, aunque contento de comenzar a tomar algo.

Es la primera ingesta. Quieren comprobar cómo le sienta. Toma la leche sorbiendo con una pajita. Este simple acto es un esfuerzo tan grande, que después necesita un gran descanso. Sin embargo, no encuentra postura. Con tantos días postrado, le duele todo. ¡Normal! Lleva tumbado, sin moverse, casi un mes. Además tiene dos úlceras en las vértebras, en la mitad de la columna, y le duele la espalda. Por eso nos pide a todos que le demos un masaje para aliviarla. Así la relaja un poco y puede conciliar el sueño.

MasterChef Junior

Ya son casi las diez de la noche. La UCI está revolucionada. Todo el personal lo está. Todos saben que esta noche emiten el programa. Va a comenzar en unos minutos. Todos están pendientes de la televisión. Y no solo en la UCI sino también el resto de las plantas. Sobre todo en las de Pediatría.

Las 22:00 h en punto. Ya empieza. Es *MasterChef Junior*. Las televisiones están puestas. Los médicos y las enfermeras siguen trabajando. Aquí no se puede parar. Somos los padres los que estamos atentos. Tenemos la consigna de avisar cuando vayan a salir los niños que saludaron a los cocineros. Y dos de esos niños están hoy en la UCI. Son Sg. y Alan.

Ya van a salir. Avisamos al personal. Miran de reojo los monitores. Y cuando por fin salen los dos niños, se oye un gran murmullo en la UCI. Primero sale Alan. Se le ve radiante. Contento con la visita. Le han preguntado por las motos: el logo de la camiseta y la revista de encima de la cama delatan sus gustos. Alan pide hacerse una foto con los dos cocineros. Enseguida uno de ellos coge el móvil de Alan y los tres posan para el *«selfie»*. En aquel momento Alan estaba gozando. Es seguidor del programa y la visita le hizo mucha ilusión. Además, como muchos niños del hospital, recibió un juego y un libro de cocina. ¡Estaba encantado! Recuerda cómo, ya fuera de cámara, les preguntó si lo invitaban un día a comer a su restaurante. Los dos cocineros lo invitaron con mucho gusto. Gastaron bromas entre ellos sobre cuál de los restaurante le iba a gustar más. Cuando salieron de la habitación, los volvió a llamar. Quería concretar la cita en ambos restaurantes. No quería que la promesa quedara en el aire. Así que uno de ellos le apuntó su teléfono y le dijo: *«cuando quieras, estás invitado»*. Y el otro, como su restaurante estaba fuera de Barcelona, le insistió *«y cuando te pongas bien, vienes a comer al mío»*. Alan estaba feliz en aquel momento. Hoy solo ha salido en la televisión unos segundos. Sin embargo, le trae muchos recuerdos felices. Uno es el haber conocido a los dos cocineros, Jordi y Pepe, aquel día. Y otro, recordar lo bien que lo trataron y la buena comida que degustó cuando finalmente fue a comer al restaurante de uno de ellos en Barcelona.

Después sale Sg. ¡Encantador! También está radiante. Le preguntan cuál es el plato que mejor cocina: *«patatas a la riojana»*, dice rápidamente. No tardó en invitarles a ir a La Rioja a comer unas patatas hechas por él. Estaba pletórico. Finalmente comenta ante las cámaras: *«Samantha y Eva me han dado muchos ánimos para empezar a cocinar cuanto antes y a ser buen cocinero. Me han animado mucho»*.

Todos en la UCI están revolucionados. Ver a Sg. y a Alan los ha llenado de emoción. El personal va viniendo poco a poco a la habitación de Alan y de Sg. a comentar lo que han visto. Todos están contentos. Sobre todo porque en aquel momento, tanto Sg. como Alan estaban con más energía que ahora. Entonces estaban en Urgencias. Y hoy en cambio, están en la UCI, con una situación mucho más grave, postrados y aislados.

Estoy feliz. Feliz de que Alan se haya sentido encantado al verse en la tele y recordarlo todo. Y supongo que la madre y la abuela de Sg., que siempre lo acompañan, lo estarán también. ¡Me alegro! Este programa grabado en el hospital ha traído muchas alegrías. Sé lo que ha pasado en la UCI con Sg. y Alan. Y estoy segura de que en las plantas, donde conocen al resto de los niños que han aparecido, ha causado la misma sensación. Y en casa, quienes han visto el programa han podido comprobar cómo, incluso en el hospital, los niños están casi siempre felices y contentos. Creo que ha servido para mostrar que, a pesar de cualquier incidente o enfermedad, los niños tienen gran capacidad de resiliencia: son capaces de superar todo con buen ánimo y salir reforzados incluso de la peor experiencia. ¡Está genial!

De nuevo, malas noticias

Alan está esperando ansioso a la persona de rehabilitación. Hoy tendrá la segunda sesión de fisioterapia en la UCI. La primera la tuvo antes de la segunda cirugía. Debido a esa intervención, no pudo seguir con la rehabilitación. Y fue una pena, porque ahora lleva ya un mes postrado, sin moverse, aún más delgado y con menos fuerza en su escasa masa muscular. Por eso le va a costar más tonificar su cuerpo. Por suerte, ahora que se encuentra mejor, comenzará de nuevo.

Ya tiene ganas. Está deseando que lo muevan un poco. Piensa que con un par de veces que le ejerciten cada parte del cuerpo podrá comenzar a andar. A mí me han dicho que le va a costar un poco más. Él es muy optimista y dice que caminará antes de lo que todos piensan. ¡Ojalá! A ver qué dice hoy el fisioterapeuta.

De repente llega la doctora y nos hace salir. «*Hay un problema con el diafragma*», nos dice. ¡Vaya! No esperaba esto. Pensé que ahora todo iba a ir rodado. Creía que iba a ser cuestión de tiempo que se fuera poniendo fuerte.

–Habéis podido observar que está respirando mucho más entrecortado, más rápido y superficial –dice la doctora.

–Sí. Nos hemos fijado.

–Eso es que el diafragma está mal. Está levantado. Y le está impidiendo respirar bien. Hay que hacerle una prueba hoy mismo para ver cómo está ese diafragma.

–¿Se puede solucionar fácilmente?

–Tal vez necesite cirugía.

–¿Cómo?

–Hacemos la prueba y después hablamos.

No puede ser. Otra complicación. No le vamos a decir nada a Alan hasta que nos den el resultado. Le vamos informando de todo, aunque a su debido tiempo. No queremos que se asuste. Nosotros, en cambio, nos quedamos preocupados. Además ha dicho que tal vez necesite cirugía. ¡Otra vez no! ¿Cuándo va a ir todo rodado? Bueno, no quiero anticipar nada. Siempre digo que más vale ocuparse que preocuparse. En este caso no me puedo ocupar de nada. Solo de mi estado de ánimo. Los que se tienen que ocupar, los médicos, ya lo están haciendo.

Le hacen la prueba. Nosotros volvemos a entrar a la habitación con Alan. Está tranquilamente oyendo música. Está disfrutando. Se le nota. Después de unos minutos la doctora nos vuelve a llamar. Salimos unos metros más allá de la puerta. Y comienza a hablar: «*Ya tenemos los resultados. Cada parte del diafragma va descompasada y en distinta dirección. La parte izquierda del diafragma va bien. Sin embargo la derecha está moviéndose en sentido inverso: cuando tiene que subir baja, y cuando tiene que bajar sube. Esto impide que su pulmón derecho funcione bien y se pueda llenar en toda su capacidad. Ya lo hemos hablado. Hay que intervenir. Necesita cirugía. Hay que realizarle una plicatura. Se realizará mañana o pasado. Lo tenemos que hablar con los cirujanos*».

Solo de oír la palabra «cirugía» ya me pongo mala. ¡Otra vez no! No quiero. ¡No! Otra vez a quirófano. Otra vez a abrirle. ¡Qué mal rollo! Pensé que todo iba a ir bien a partir de ahora. A él se le ve bien. Es cierto que respira distinto, como entrecortado, de manera superficial. Solo llena de aire la parte superior del pecho, justo debajo del cuello. Sin embargo, pensé que poco a poco iría empezando a respirar de una forma más profunda y sosegada. Y ahora me dicen que si no se le interviene no será así. ¡Vaya! Me ha dejado destrozada.

¡Además va a ser ya! Claro. Si está mal para qué esperar. Hay que hacerlo cuanto antes. ¡Qué palo! Eso significará volver a intubarlo, que esté unos días más sedado… bueno. Otra vez un paso para atrás. Espero que sea un pequeño paso. Un pasito. ¡Con lo bien que se encontraba él! Por lo menos por fuera. Ya veo que por dentro todavía tiene sus retos.

Agradecemos la información a la doctora. Tenemos que volver a la habitación con Alan. No quiero que él me vea así, con este malestar por la noticia. Además, vamos a decírselo y queremos que no se asuste.

Cuando se lo decimos le ha parecido bien la idea. ¡Qué chico tan genial! ¡Se lo toma como si nada! Él mismo se da cuenta de que la necesita: sabe que la intervención le va a permitir respirar mejor. Me alegra que se lo tome de esta forma. ¡Es la actitud apropiada! No conseguiría nada bueno con una posición negativa. ¡Bien por Alan!

Parece que, para compensar, hay avances en otras áreas: en los próximos días le van a quitar los catéteres del cuello de la diálisis. ¡Sus riñones ya funcionan bien! ¡Esto es estupendo! También le quitarán los puntos del pecho. Él estaba muy contento con esto. Se ve avanzando. Y es así, a pesar de algún contratiempo inoportuno. Y también le retirarán la sonda urinaria. ¡Bien! Ahora necesitará moverse más para ir evacuando por su cuenta. Esto va a hacer que poco a poco se vaya encontrando mejor. ¡Es estupendo!

La «plicatura»

Hace ya unos días que emitieron el programa de televisión y aún se recuerda por aquí. Con la fisioterapeuta habla también de eso durante la sesión de ejercicios. Hoy por fin ha comenzado a movilizar los músculos de las piernas. Tiene la intención de volver a andar enseguida. Sin embargo, el mes en la cama le ha pasado factura a la musculatura: no tiene fuerza ni movilidad. Es la fisioterapeuta la que le mueve todos los músculos. Con solo quince minutos, su cuerpo dice que ya es suficiente. Se queda agotado. Y a pesar de ello, sus intensas ganas de recuperarse hacen que se prometa a sí mismo y a todos los que estamos aquí que el próximo día va a durar el doble de tiempo que hoy haciendo ejercicio.

Para acabar, le traen un sillón especial. Se lo preparan. Le ponen almohadas en el respaldo y en el asiento. Con escasos treinta kilos de peso, está literalmente en los huesos y todo le hace daño. Entre tres personas lo levantan de la cama y lo colocan suavemente en el sillón. ¡Qué bien! ¡Está sentado! ¡Está feliz! Llevaba un mes en posición horizontal sin salir de la cama. El proceso de sentarse ha sido un gran esfuerzo. E incluso permanecer así un par de minutos lo es. Sin embargo, merece la pena. Esta posición vertical le acerca a la posibilidad de volver a caminar. Está disfrutando de estos instantes. Está encantado ahí sentado.

Solo ha podido estar tres minutos. Sin embargo le han sabido a gloria. Es una lástima que los próximos días no vaya a poder realizar más sesiones de rehabilitación. Va a volver a estar en su cama inmovilizado. Tiene que entrar otra vez en el quirófano. Le van a practicar la «plicatura». Le van a sujetar la parte derecha del diafragma para que su pulmón pueda moverse mejor. Dicen que es algo rápido. Le abrirán por el costado derecho. Serán unos diez centímetros. ¡Otra cicatriz! Bueno, tienen que hacerlo. No queda otra. Hasta el último minuto he tenido la esperanza de que su diafragma volviera a funcionar correctamente. Incluso hemos hecho respiraciones juntos para ver si conseguíamos que se sincronizasen los dos lados del diafragma. Sin embargo, la última prueba confirma que tiene que pasar por quirófano.

Entran los dos cirujanos a saludar a Alan:

—Venga, Alan. Te vemos en unos minutos en el quirófano. Vamos a arreglarte ese diafragma —dice uno de los cirujanos.

—Vale —responde Alan tranquilo—. ¿Y me vais a dormir, verdad? No quiero sentir nada.

—Sí, claro: te vamos a sedar.

—Genial. Ahora estoy más tranquilo.

Está deseando que le hagan la cirugía. Quiere, de una vez por todas, que su cuerpo comience a funcionar bien. Él mismo nota que no respira en condiciones. Quiere tener bien los pulmones para coger fuerzas y valerse por sí solo. Todavía depende de todos para cualquier movimiento. Ahora mismo, en el proceso de cambiarle de la cama a la camilla, él no puede mover nada: ni un músculo. No puede con su cuerpo. Por eso, entre cuatro personas y con mucha delicadeza, consiguen pasarlo a la camilla. Él, a pesar del esfuerzo y la incomodidad que esto supone, no se queja de nada. Además, sigue contento. Le colocan todas las bombas de medicación y el monitor en la camilla. ¡Ya está listo! Solo falta su mascarilla para poder salir de la habitación. Los demás ya las tenemos puestas.

Salimos de la habitación. Acompañamos a la camilla por el pasillo de la UCI hasta el quirófano. Alan va muy contento. Gasta bromas porque es la primera vez que sale consciente de la UCI desde el trasplante. Y le gusta. Antes de entrar, se despide de nosotros feliz, como si fuera a divertirse. Levanta su mano y sigue saludando hasta que gira la camilla y dejamos de verlo.

Su padre y yo esperamos en la sala de fuera. No estamos nerviosos. Es una cirugía simple. Sin embargo, sí estamos un poco agobiados: las pequeñas complicaciones no están permitiendo avanzar. Con cada pensamiento negativo, buscamos otros tantos positivos. Es la mejor manera de animarnos. Y lo más positivo es que Alan está optimista y alegre. Las cosas van más hacia delante que hacia atrás. Avanzamos un par de pasos y atrasamos uno. Bueno, el balance es positivo. Así que es como para estar contentos.

Después de unas horas, Alan sale de quirófano. Está sedado. Intubado de nuevo. Le vemos un instante antes de entrar en la UCI. Le damos un beso y volvemos a esperar. Ahora tienen que estabilizarlo en su *box*. Serán unos largos minutos, aunque más llevaderos, porque lo más grave ya ha pasado.

Hace solo dos horas que Alan ha salido del quirófano. Y ya está despertando. ¡Qué bien! ¡Qué rápido! Le saludamos y nos ve. Nota el tubo. No dice nada. No se queja. Sabe cuál es el proceso. Además, lo habíamos hablado antes de la intervención: «*cuanto más tranquilo estés, mejor respirarás, y antes te lo quitarán*». Y así es. El médico ve que Alan está estupendo. Por eso le va a extubar ya. Salimos un momento del *box*. Va a tardar solo unos segundos. Por eso no hace falta que salgamos de la UCI. En unos instantes nos avisan: «*Ya está extubado. Podéis pasar*».

En cuanto entramos Alan dice «hola». ¡No ha tardado ni dos segundos en volver a hablar! La verdad es que no ha sido lo mismo que otras veces. Esta vez solo ha estado unas horas con el tubo. Y aunque habla bajito y despacio, lo hace bastante bien. Y nos dice que está estupendo. Sonríe y enseguida se fija en el médico que entra en la habitación. Alan, al verle, esboza una sonrisa picarona. Está maquinando algo:

—Hola, Alan. ¿Cómo te encuentras?

—Hola, J., estoy bien. ¡Perfecto! ¿Sabes qué día es hoy?

—¿Hoy? Sí, 30 de diciembre.

—Mañana las uvas. ¿Podré comer?

—Eh... bueno... eh... venga... sí. Aunque deberían ser peladas y sin pepitas.

—Las venden ya así en latas preparadas.

—Pues entonces las cortas en trocitos pequeños, ¿vale?.

—¡Vale, gracias!

¡¡¡Un *crack*!!! Él quería comer sus uvas y lo ha conseguido. Además sabe que no dejan introducir comida de fuera a la UCI. Con esta conversación ha conseguido el permiso para meter las uvas y comerlas con las campanadas. ¡Qué bueno! ¡Lo ha logrado! Lleva muchos días sin comer nada. Alrededor de un mes. Y su primera comida serán las uvas. ¡Es un *crack*! Además, las uvas de Nochevieja son importantes para él. Siempre hemos dicho que quien come las uvas tendrá un buen año. Y él quiere tener un buen año. ¡Qué bien! Ahora sí que sí. Empezará el año nuevo con buen pie. Y ya solo queda seguir avanzando en su recuperación. ¡Estupendo! ¡¡Genial!!

IX. Año nuevo, vida nueva

Uno de enero

Son casi las doce de la noche del 31 de diciembre. En breve empieza un nuevo año. ¡Con 365 días por delante! Enseguida arrancará lo que va a ser el resto de nuestras vidas. Ese instante es muy especial. En la UCI también se celebra este momento. Algunos del personal sanitario han traído unos objetos de *atrezzo*. R., el doctor residente, viene disfrazado con una peluca verde, un gorro y un matasuegras. Trae algunas cosas más para Alan y para mí. Alan sigue aislado y debido a la inmunosupresión necesita tener cuidado con todo lo que toca. Así que desinfectamos un sombrero para él. Está muy gracioso con él puesto. Me dice que me ponga todo lo demás, incluida la peluca de papel. Está muy contento. Ha llegado el momento de las uvas. No ha comido nada sólido en mucho tiempo. Tiene muchas ganas de comerlas. Sin embargo, es precavido. Él mismo ha decidido que va a compartirlas conmigo y que solo comerá la mitad. No sabe cómo le sentarán y no quiere correr riesgos. Ya tenemos todo organizado: él cogerá la uva de la primera campanada y nos iremos turnando. Varios doctores y enfermeras vienen al *box* a celebrarlo con nosotros. La tele está a tope de volumen. Y cada uno practica sus extrañas maniobras para comerse las uvas con la mascarilla puesta. ¡Han dado los cuartos! ¡Ya empiezan las campanadas! Con la primera campanada Alan se lleva a la boca una uva. Con buen ojo, coge una pequeña. Y sigue así. Está disfrutando de cada campanada y de cada uva. Quedan las últimas dos uvas. Coge la más grande. La más gorda. ¡Es el remate final y hay que celebrarlo a lo grande! ¡Ya estamos en el nuevo año! ¡¡¡Bien!!!

Es el momento de hacerse las promesas para este año que empieza:

—Alan, ¿qué deseas para el nuevo año?

—Salir pronto del hospital.

—¿Y qué más?

—Poder andar pronto.

—¡Qué bueno!

—¡Y que mi nuevo corazón vaya súper bien!

—¡Bien! Estupendo. ¿Alguna cosa más?

—Muchas cosas que ya iré pensando. Ahora las principales son esas.

—¡Muy bien!

—¡Ah! También pasarlo bien todo este año y dos cosas más: comer de todo y poder hacer deporte. ¡Ah! ¡También quiero ir a Roma a comer pizza y pasta! ¡Ah! También quiero una moto. ¡Ah, y también quiero ir a Canarias! ¡Y quiero terminar bachillerato para ir a la universidad! Por ahora eso. Ya pensaré más cosas. ¡Tengo todo el año por delante!

—¡Muy bien! ¡Genial! ¡Y seguro que las consigues todas!

Para Alan este año va a ser completamente diferente. Todo su cuerpo ha cambiado. Ahora todo es distinto a lo que ha vivido durante casi dieciocho años. Antes tenía una circulación y una respiración adaptadas a medio corazón. Ahora, lo que para otros es normal, para él es lo anormal. Su fuerza va a aumentar, su capacidad física va a crecer... ¡Toda su vida va a cambiar! Y espero que este nuevo año pueda cumplir sus deseos. Él siempre ha vivido plenamente. Sin embargo, no podía practicar deporte ni comer todo lo que le gustaba. Y es posible que pronto pueda comenzar a hacer todo eso que no ha podido hacer hasta ahora.

Una enfermera entra a felicitarnos el año: «*Os deseo feliz año nuevo. Y yo, para este año pido mucho amor*». Cuando sale del *box* me quedo dando vueltas a su frase: «¿Yo pido?...» ¿A quién se lo pedirá? Todo sale de nosotros. Así, si queremos amor, necesitaremos producir por dentro amor. Todo depende de cada uno de nosotros. Y sobre todo, depende de cómo pensamos y cómo vemos el mundo. He ido enseñando a mis hijos esto. Sin embargo, mis «bombardeos», como ellos los llaman, son menos potentes e insistentes que los «bombardeos» de quienes dicen que «esta vida es dura, y hay que luchar constantemente». Por eso les cuesta creerme cuando les digo que solo depende de uno lo que recibe en la vida. Que recogemos lo que sembramos. Y aquí siembran mucho amor. Y esta enfermera lo siembra a cada instante. Así que creo que va a ser fácil tener mucho amor este año también. Porque ella es una gran muestra de amor y es un lujo tenerla aquí. ¡A ver si consigo aprender un poco más de ella para este nuevo año que hoy comienza!

¡Tenía que haber dicho que no!

Hoy ha amanecido bien: animado. Ayer, primer día del año, fue un día estupendo y Alan recibió contento el año. Además tiene un montón de mensajes de felicitaciones que ayer no llegó a responder. Va lento con el móvil. Lo agarra ya bien; sin embargo mover los dedos le agota.

La doctora G. comienza ahora el turno y viene a felicitar a Alan. Enseguida llega a un punto crítico:

—Las seis uvas de ayer te han sentado bien, así que hoy vas a comer —dice contenta.

—¿Y qué me vais a dar?

—Bueno... ¿qué te gustaría?

—¡Chuletón! —contesta otra vez sonriendo Alan.

–¡Ya! Sabía que ibas a decir eso. Sin embargo, yo estaba pensando en algo más suave. Tal vez un puré o una sopita –dice entre risas la doctora.

–Vaya. Me preguntas que qué me gustaría y luego me dejas con las ganas –dice bromeando Alan.

Finalmente le han traído un puré. Alan se lo come con muchas ganas. Lo saborea como un delicioso manjar. No es solo la primera comida del año: es lo único sólido que ha ingerido –además de las seis uvas– desde hace tiempo. Y le sabe a gloria. Verle comer es emocionante: disfruta de cada cucharada. ¡Qué bien! ¡Qué suerte que ya empiece a comer! ¡Eso sí que es empezar bien el año! Está encantado. Y ya empieza a ver que esto avanza.

¡Año nuevo, enfermera nueva! Han vuelto a cambiar de *boxes*. M. es encantadora. Muy tranquila. Alan se encuentra algo mejor y le vacila con buen humor mientras ella le hace la cama. Al colocarle la almohada bajo la nuca le pregunta:

–Alan, ¿estás bien de la cabeza?

–Pues sí. No estoy tonto –le contesta aguantando la risa.

–Perdón. No he querido decir eso –responde apurada la enfermera.

Alan sonríe. La enfermera se da cuenta de que está bromeando. Y se echa a reír. No conoce todavía la bromas de Alan. Si le dejan la más mínima opción, hace una de las suyas. Se nota que está mejor. No había tenido fuerzas ni energía para bromear de esta manera hasta ahora. ¡Me encanta verle así!

Llega el lunes. Alan espera con ansia a la fisioterapeuta. Quiere que «le dé mucha caña». Hace varios días que no ha hecho nada y desea seguir avanzando. Quiere que llegue pronto el momento de volver a andar. Cuando van a empezar la sesión, Alan está en la cama. No puede levantarse. Sus piernas no le sujetan. Además, sigue con los drenajes del pecho en un lateral y tiene los puntos de la plicatura frescos. Su pulmón aún continúa mal: respira con dificultad y de forma superficial. Por eso todavía se cansa mucho. Y la tensión anda algo elevada. Su estado es delicado. No es su mejor momento.

Sin embargo, tiene ganas de trabajar con la fisio. El primer objetivo es ponerse de pie él solo. Está deseando que llegue ese momento. Por eso, en cuanto ella llega, se quita rápidamente la sábana para no perder ni un minuto de fisioterapia y comienza a trabajar. Los brazos, aunque despacito, van bien. Lo complicado son las extremidades inferiores. Se ha quedado sin musculatura: no tiene glúteos, y los muslos, las pantorrillas y los tobillos están muy débiles. Cuando le mueve la fisioterapeuta no hay problema. Sin embargo, a pesar de los esfuerzos, Alan no puede mover nada por sí mismo:

–¡Mi pierna no se levanta! No la puedo levantar.

–Bueno, tranquilo, Alan. Vamos a intentarlo de nuevo –dice ella cogiéndole una pierna y haciendo ella el movimiento.

–Sí. Cuando la mueves tú va bien. El problema es cuando la tengo que mover yo solo. ¡¡No va!! ¡No puedo levantarla!

–No te preocupes. Ya irá. ¡Solo es cuestión de tiempo!

–¿Tiempo? ¿Cuánto? ¿Unos días? ¿Una semana? ¿Un mes?

–¡Puede que algunos meses hasta que andes bien!

–¿Algunos meses? ¡¡¡Yo quiero andar ya!!!

Después de esta sesión, Alan se queda angustiado: sus músculos no le responden, no puede mover las piernas, los pies no los gira y además no puede levantar los glúteos de la cama. Esto le va a llevar más tiempo de lo que él esperaba. Y además, siente que no avanza nada. Está afligido y rabioso. No es lo que esperaba.

Cuando termina la sesión, llega L., la enfermera gestora de trasplantes sólidos. Alan se lleva muy bien con ella. Le gusta hablarle de sus ilusiones y sus preocupaciones. Sin embargo, hasta ahora Alan no había estado tan espabilado y hablador. Hoy viene en un momento en el que él se sube por las paredes.

—¿Cómo te encuentras, Alan?

—Mal. Esto que me pasa no es lo que me habían dicho.

—¿A qué te refieres?

—No me habían dicho que no iba a poder andar.

—Bueno, podrás andar, aunque tardarás un poco.

—¿Un poco? ¡Va a ser un mes o más! Tenía que haber dicho que NO —dice Alan soltando una frase bomba.

—¿No? ¿A qué?

—¡Al trasplante!

—¿Por qué dices eso?

—¡Porque ahora no puedo andar!

—Sí. Eso es ahora. En poco tiempo andarás. Ya lo verás.

—¿Me lo prometes?

—Sí. Te lo prometo. ¡Andarás seguro! Además, te vas a poner fuerte y en unos meses vas a estar encantado, ya verás.

Después de la conversación con L., Alan está más calmado. No se había hecho a la idea de que, después de llevar más de un mes postrado, su cuerpo iba a perder masa muscular hasta tal punto que apenas iba a poder moverse, que sus piernas no lo sujetarían y que iba a tener que volver a aprender a andar. No sabía todo esto. Más bien pensó que le abrirían y cerrarían el pecho ¡y ya! Y creyó que con un par de días de UCI y otro par en la planta bastaría. Y lo malo es que recuperar masa muscular y volver a andar, le va a costar mucho. Posiblemente, unos cuantos meses. Y eso es mucho. ¡A ver cómo lo va a llevar!

Ahora está muy cansado: los quince minutos de fisioterapia y la conversación con L. han sido mucho esfuerzo por hoy. Quiero animarlo. Por eso pienso qué podemos ver en el ordenador. Tal vez una de sus series favoritas, *Castle* o *Gym Tony*. Elige *Gym Tony*. En cuanto empieza el capítulo, comienza a sonreír. Se nota que poco a poco se está animando. Da gusto ver su capacidad para darle la vuelta y elegir estar bien en cada momento. Ya podíamos aprender todos a hacerlo. ¡Estaría genial!

Día de Reyes

Hoy es un día especial. El día de Reyes. Alan espera que hoy sea una jornada extraordinaria. Lleva toda la semana esforzándose mucho con los ejercicios, sentándose en el sillón y estando ahí el máximo tiempo posible. Ha ido progresando. Cada pequeño avance le cuesta mucho. Ya mueve un poquito los tobillos. ¡Toda una proeza! Ha comenzado a comer alguna cosa más: ya le traen cereales en el desayuno. Todos los días ha pasado la nutricionista. Con ella tiene sus más y sus menos; es un encanto. Sin embargo, sus restricciones son un suplicio para Alan. Estar inmunodeprimido supone tener medidas estrictas en las comidas. Por ejemplo, nada de crudos. Eso incluye la fruta. ¡Una pena! Además, hay que tener en cuenta todas sus complicaciones en los intestinos, que no acaban de ponerse bien. Esto también condiciona la alimentación. Con este tema Alan está también un poco desesperado. La nutricionista le pregunta qué quiere comer hoy:
—¡Pizza! ¿Puedo?
—¡NO!, Alan. Sabes que no puedes.
—Ya lo sé. Aunque yo sigo intentándolo...
Habla cada vez más. Aunque su voz no está bien del todo. Así que se ha propuesto recuperar sus cuerdas vocales con unos ejercicios. Los hace continuamente. Poder hablar bien es muy importante para él. También está muy compro-

metido con los ejercicios de respiración. Cada día viene la responsable de la fisioterapia respiratoria. Le ayuda a ir cogiendo fuerza en los pulmones. Ponen una botellita de agua en la que mete un tubo y realiza ejercicios de soplar. Después cogen «el aparatito de la bola» y aspira hasta que toque la parte superior. Poco a poco se nota que tiene más potencia y resistencia respiratoria.

Cuando realiza estos ejercicios, le duele el pecho y el costado. Sobre todo, el costado. Sin embargo, persiste. El deseo de subir a planta y salir de aquí es muy fuerte. Y eso le motiva.

La noche y el día de Reyes son importantes en un hospital pediátrico. También en esta UCI pediátrica. Han venido distintas visitas. Entre ellos, algunos jugadores famosos de primera división del Fútbol Club Barcelona. Aunque han pasado demasiado rápido, a todos los niños les ha hecho mucha ilusión recibir a sus ídolos del «Barça», como por ejemplo su capitán, Andrés Iniesta. Para los niños y jóvenes que están aquí, una visita como esta les alegra el día, e incluso la semana. ¡Y Alan estaba encantado conversando con alguien distinto al personal sanitario!

Hoy es día especial para todo. También para el desayuno. Ha conseguido saborear un trocito de roscón de Reyes. Le ha sabido a gloria. Esto también lo ha animado. Tanta sopa y purés... Hoy sabe que vienen de nuevo su hermano y su abuela. Mientras espera ansioso, decide que veamos otra vez alguna serie. Esta vez elige *Gym Tony*. De repente comienza a reír. No lo había hecho desde el trasplante. No había podido. No había tenido fuerzas para ello. Este es un gran avance. Y me ha emocionado. ¡Ha sido genial! ¡Qué bien! ¡Esto avanza!

Visualización para seguir

Alan lleva casi mes y medio en la UCI. Además, sin luz diurna, los días se hacen muy largos y pesados. Las cosas van más lentas de lo que él, y todos, deseamos. Para no pensar en ello, se distrae viendo algunos trozos de sus series favoritas o con alguna visualización que me pide para relajarse y descansar un poco. Sin embargo, es duro estar 24 horas al día postrado, sin nada que hacer. Todos los días pide a los médicos que lo suban a planta. Lo pide por favor. Está ya desesperado. Y se nota cómo esto le pesa cada vez más.

Su pulmón, aunque ha mejorado un poco, continúa con mucho líquido. A pesar del edema pulmonar, Alan insiste en que quiere subir ya a planta. No le importan los dolores de su costado o que su intestino siga con desarreglos. Él quiere subir. ¡Necesita subir ya!

Está muy agobiado por su falta de movilidad. Aún no puede sujetarse de pie o moverse por él mismo. Ha conseguido estar ya dos horas seguidas sentado en el sillón. ¡Todo un récord! Sin embargo, está cansado de que sus músculos no avancen con la rehabilitación diaria. Y está desilusionado de que su pulmón no consiga mejorar, a pesar de tantos ejercicios de respiración.

Además, estos días el agotamiento le puede. No solo físicamente, sino sobre todo emocionalmente. Sentir que no avanza le hunde. Hoy ha dicho «la frase» una vez más. La ha dicho con ganas, convencido profundamente. ¡Le está pasando factura todo este tiempo aquí encerrado! Esa frase nos duele a su padre y a mí cuando la oímos. Se nos revuelve todo. Ha estado esperando tanto tiempo y con tanta ilusión este momento, que nos hace daño oírla. Estaba deseando este trasplante. Significa para él una nueva vida. Significa libertad. Significa posibilidades. Y es duro escucharla. Y necesita sentirse muy mal para poder decir: «*Tenía que haber dicho que NO*».

Alan nos explica a su padre y a mí los motivos que tiene para sentirse así. Y tiene tantos motivos que se convierten en una carga difícil de llevar. Le entendemos. Es normal sentirse de esta manera cuando los avances apenas se notan y cuando la salida de la UCI parece aún lejana.

De repente, quiere saber cómo lo veo yo. Me pide que le explique qué pienso de la situación. Y quiere que, en esta ocasión, no sea la persona optimista y positiva de siempre. Me ruega que hoy sea «normal» y que le diga lo que opino desde la «normalidad». ¡Ya lo siento! No puedo ser, como él dice, «normal». Mi función, igual que la de su padre, es animarle. Es mantenerle positivo. Es ayudarle a que, en los momentos así, de flaqueza, por suerte escasos y esporádicos, no se derrumbe. Y «normal» aquí tal vez sería aceptar que esto es duro, difícil, pesado, doloroso, fuerte, agotador, insufrible o incluso tormentoso. Sin embargo, no es una opción para mí pensar de esta forma. Soy optimista y positiva por naturaleza y estoy convencida de que todo esto, pronto, quedará como una singular anécdota en la vida de Alan.

Después de escucharme, él mismo cambia su perspectiva. Ve que solo está a un paso de estar mejor. Y sabe que necesita levantar su ánimo. En ese momento le da la vuelta. Rápidamente se siente bien y recuerda todas las cosas que quiere hacer y ser cuando se ponga bien. Y por sorpresa suelta otra frase rotunda:

—Estoy orgulloso de mí.

—¡Qué bueno! ¿Y en qué estás pensando cuando dices eso?

—En que estoy muy orgulloso de haber dado el gran paso: el paso para hacerme el trasplante.

—¡Genial!

–Y en que ya llevo mes y medio en la UCI y estoy animado.

–¡Bien!

–Y también pienso en que esto, aunque tarde un poco, se va a pasar y voy a poder hacer un montón de cosas.

–¡Exacto!

–Y además me doy cuenta de que es cuestión de tiempo el que me ponga bueno.

–¡Claro!

–Y pienso en que yo siempre consigo todo lo que me propongo. Así que ahora me propongo salir pronto de la UCI. Y sé que en unos días esto va a pasar. Si me lo propongo, lo consigo. ¡Sí!

Es cierto. A él y a su hermano les hemos enseñado que el primer paso para conseguir algo es creer que puedes. Que se puede conseguir lo que uno quiere. Y a Alan le suele resultar relativamente fácil alcanzar lo que se propone. Y en esta ocasión no tiene por qué ser de otra forma.

–Amá, hazme una visualización.

–Vale. ¿Cuál quieres hoy, Alan?

–Una para conseguir mi objetivo

–¡Hecho!

Los mandalas

Ya lleva dos meses en la UCI. Hace unos días le dijeron que iba a subir a planta. Se puso muy contento. Sin embargo, ese día se ha ido retrasando. Ha estado con fiebre los últimos días y así no puede subir. Además se encontraba muy mareado. Todo se ha juntado. Y aunque ya ve más cerca el día de subir, parece que no llega.

A pesar de ello, quiere comenzar a pintar sus mandalas. Le relaja. Y confía en que así el tiempo se le pasará más rápido. Le preparamos la mesita, le subimos el respaldo de la cama. Y lo incorporamos un poco con la ayuda del enfermero. Posicionarlo para pintar es toda una odisea. Como no puede moverse por sí mismo, es necesario ir situándolo poco a poco y preguntarle cómo se encuentra antes del siguiente movimiento. Así hasta que consigue encontrar una postura cómoda para pintar.

El cuaderno que ha comprado tiene 365 mandalas, uno para cada día del año. Lo primero que hace es preguntar en qué día estamos. No lo sabe. Y busca el mandala de hoy. Sin embargo, cuando va a coger la primera pintura, llega el obstáculo: no puede sujetar el lapicero con sus dedos. Pesa menos que el móvil. Sin embargo, es más difícil que agarrar. Además, necesita fuerza para dejar color en el dibujo. No le resulta sencillo. Por otro lado, la plicatura está en el lado derecho y el simple movimiento que realiza con el brazo le produce dolor. Enseguida se para. Ya se ha agotado. ¡Solo un minuto pintando y no puede más! ¡Vaya!

En ese momento llega la cardióloga: «*Alan, ¿quieres ir a planta? Prepárate porque te vas*». Alan se pone pletórico. Justo lo que esperaba. Está feliz. Su padre está feliz. No sé quién de los dos lo está más. ¡Por fin ha llegado el día! Sin embargo, yo no lo estoy tanto. No veo a Alan lo suficientemente fuerte como para estar en planta. No se mueve apenas, hay que ayudarlo con el tema de evacuar, con las comidas, con todo. Y en la planta no pueden estar tan pendientes de él como lo están en la UCI.

La doctora nos hace salir para informarnos: «*Sabemos que aún tenemos muchos frentes abiertos. Tenemos sobre todo el pulmón que, a pesar de la plicatura, todavía no está bien. Tampoco el intestino funciona correctamente. Además está su falta de fuerza muscular. Aunque, estoy segura de que su musculatura mejorará radicalmente. Por otro lado, está ya emocionalmente sobrepasado. Necesita un cambio. Y en la planta va a dar un cambio tremendo. Ya lo veréis».*

Eso me relaja un poquito. Si, como dice la doctora, el cambio va a ser tan importante en la planta, estoy deseando ir. Además, vamos a planta sí o sí. Así que voy a animarme y a contagiarme de la alegría que desprenden Alan y su padre con la noticia.

X. ¡A la planta!

¡Por fin!

Alan está revolucionado. ¡Va a salir de la UCI y va a la planta! Llevaba mucho tiempo esperando este momento. Va a ser emocionante. ¡Parecía que nunca iba a llegar! No camina todavía, no se tiene de pie y, como decía la cardióloga, *«aún hay muchos frentes abiertos»*. ¡No importa! Tiene muy claro que aquí no aguanta más. Y este paso lo acerca más a salir definitivamente del hospital. ¡Eso es lo que cuenta!

En la UCI, el personal se ha enterado de que se va. Se acercan por grupos a despedirse de él. Y él agradece a todos lo bien que lo han cuidado. Además, promete que irá a visitarlos y que lo hará caminando por sí mismo. Está emocionado. ¡Da gusto verlo!

Tres personas son necesarias para pasarlo a la camilla. No es nada cómodo para él este movimiento. Sin embargo no se queja. No quiere que nada estropee este momento. Por el pasillo de la UCI va despidiéndose de todos. Y aunque lleva mascarilla protectora, se intuye su gran sonrisa y su felicidad.

Va a la segunda planta. La que llaman «nefro», de Nefrología. Ahí llevan a los niños y niñas trasplantados. En cuanto llega ve caras familiares: conoce a los enfermeros y enfermeras, a los auxiliares, también a las que reparten la comida, a los celadores, a las de la limpieza... ¡¡los conoce a todos!! ¡Y están esperándolo! Lo reciben encantados. Ilusionados de que haya salido de la UCI. Todos conocen su situación: ha pasado algunas temporadas en estas camas durante estos diecisiete años. ¡Está feliz al ver tantas personas conocidas!

Lo llevan a la habitación. *«¡Luz de día! ¡Qué bueno!»*. Es lo primero que dice. Después de tanto tiempo en el sótano, sin luz natural, la valora especialmente. Solo en situaciones como esta, en la que se ha vivido privado de luz diurna tanto tiempo, uno la aprecia realmente. Está encantado mirando el cielo. *«¡Y estoy en una habitación para mí solo!»* se sorprende. Es la primera vez que le pasa. Hasta hoy, en cada ingreso había compartido habitación. Sin embargo, ahora tiene que ir a una individual sigue aislado. Y se nota cómo respira contento: está fuera de la UCI. ¡Está feliz!

En «nefro» hay once habitaciones. Algunas individuales (para aislados) y otras dobles. Suele haber entre quince y veinte niños en la planta. Hay algunos niños trasplantados de riñón, de pulmón… o de corazón, como Alan. Además, hay algunos crónicos que ingresan con cada recaída.

Lo instalan rápidamente en su nueva habitación. Y enseguida pide que enchufemos su radio. ¡Ya ha creado su ambiente! Está en la gloria: luz natural, música y una habitación tranquila. *«¡Y además tiene baño!»*, comenta. Después de tanto tiempo en la UCI, es un gran lujo para él. ¡Y está muy agradecido de tener la suerte de poder disfrutar de todo esto! ¡Qué bien!

Pide su cuaderno de mandalas. Quiere seguir aumentando el tiempo que aguanta pintando. De no poder coger las pinturas hace unos días a estar ahora unos cinco minutos pintando. ¡Todo un avance!

De repente se da cuenta de que son las 16:00 h de la tarde. Hora de *Hawaii 5.0* en la televisión. Sin embargo, aquí la tele es de pago. Le extraña. No lo recordaba. Tanto tiempo con la tele gratis en Intensivos, que aquí se le hace raro. Es más, no le parece nada bien.

Igual que en la UCI, aquí hay que ponerse la bata y la mascarilla y lavarse y desinfectarse las manos antes de entrar. Hay un sillón azul de escay abatible igual que en el *box* de la UCI. Igual de incómodo, igual de duro e igual de pesado de abrir y cerrar. Sin embargo, por las noches, aunque cueste coger la postura, se agradece no tener que dormir en vertical en una silla.

Ya instalado, Alan se muestra positivo y motivado. Incluso hace sus previsiones: «*En cinco días... me veo en casa. Así que me voy a poner las pilas con todos los ejercicios... Quiero salir pronto de aquí*». Bueno, a su padre y a mí, cinco días nos parece demasiado optimista. Quizá veinte o treinta días... sea más probable. Lo comentamos con él y lo entiende. Y marca su fecha límite: su cumpleaños, en mes y medio. En esa fecha quiere estar, sí o sí, en casa.

Está contento en planta. Además, le han quitado la restricción de líquidos. ¡Puede beber todo el agua que quiera! Parece que ya no tiene líquido en el pulmón. ¡Otro gran paso! No quiere ni pensar en las restricciones que ha sufrido y en lo desesperado que ha estado. Así que aquí todo va genial.

Todos estamos muy contentos con este cambio. Además, mañana es luna llena. A ver si la vemos desde aquí y podemos disfrutar también de una gran noche.

La fatídica llamada

Alan no ha dormido bien. Estaba muy alterado por haber subido a planta. Muy emocionado. Y se ha despertado muchas veces. Yo, como siempre, he pasado la noche durmiendo a trozos. Moviéndome constantemente en el sillón para encontrar la posición que nunca es cómoda. Aprovecho que Alan está estabilizado y que ha llegado Fernando para ir a desayunar algo. Después, iré a donar sangre.

En la cafetería ya me conocen. Les doy mi termo y me preparan un té con leche. Después pido algo para comer. Mientras el pan se hace en la plancha, veo que tengo al lado el periódico. No quiero mirarlo. Nada me interesa en estos momentos. Lo que pasa fuera, en el mundo, no nos importa demasiado a quienes estamos en una situación como esta. Aquí, lo que pasa en el mundo exterior se relativiza. Salgo con el bocadillo caliente de atún con tomate al pasillo, a los bancos de madera que están al sol. Aunque resultan un poco incómodos, disfruto de mi desayuno, relajada después de estar toda la noche en el sillón. Este bocadillo me sabe a gloria hoy. ¡Estoy de lujo! Cojo fuerzas y me voy ya a donar sangre.

Hoy la sala de donaciones está concurrida. Me alegro de que muchas personas se animen a venir. ¡Esta sangre que donamos salva vidas! A Alan le han hecho varias transfusiones que han sido decisivas. Todas han sido clave para que siga viviendo. ¡Es muy importante hacer esto!

Cuando termino y vuelvo a la habitación, Alan sigue comentando lo encantado que está en su nueva ubicación. Me alegro de que siga tan contento. En ese momento Fernando recibe una llamada. No sé quién es. Solo sé que Fernando me mira con cara afligida mientras habla. Yo también le miro, sorprendida por su expresión. Aquí todo va bien, así que no sé qué noticia le están dando. Está serio, muy serio. Estoy expectante. Solo le oigo hablar a él: «*Bien. Entiendo. Vale. Bien. Ok*».

Cuando cuelga, me mira fijamente y me pide que salgamos al pasillo. Allí me suelta el bombazo: «*Me incorporo a trabajar en veinte días*». ¡Menuda noticia! ¡Vaya! ¡Qué mal! Fernando lleva unos meses de excedencia. Este periodo tenía que acabar cuando Alan cumpliera la mayoría de edad. Para eso aún falta un mes y medio. Y yo esperaba que se incorporara después del cumpleaños. Sin embargo, entiendo que los embarques son en ciertos días y que las fechas no dependen de lo que uno quiere. Así que no queda otra que aceptar la fecha que le han dado para volver a embarcar. ¡Una lástima! Aunque dentro de lo malo, este es el mejor momento posible porque Alan ya está en planta.

Fernando está muy afectado con la noticia. Embarcar para cuatro meses, a miles de kilómetros de aquí, en alta mar, no es fácil. Además, nosotros no le podemos llamar. Es únicamente él quien puede realizar las llamadas de teléfono por satélite. Esta falta de comunicación puede ser muy difícil para todos. Sobre todo para él, solo recibiendo información por *mail*, sin poder hablar directamente con los médicos e informarse en primera persona. Y sobre todo, sin poder ver a Alan, darle besos o animarlo. Difícil. Muy difícil.

Para Alan también va a ser duro. ¡A ver cómo se lo toma! Su padre y él son uña y carne. Y mucho más en el último año. Espero que, como ya va mejor, lo digiera bien y lo entienda. También para Eric va a ser difícil. Hasta ahora Fernando y yo nos turnábamos en el hospital y en casa. Eso ya no va a ser posible. Ahora se va a encontrar más solo. Y para mí también: ¡me voy a encontrar sola en esta situación! Bueno, menos mal que todo está yendo mejor y que parece que ya se ve el final. A ver si con suerte, antes de que su padre se vaya Alan sale del hospital y podemos celebrarlo los cuatro juntos en casa.

—Alan, en veinte días me tengo que reincorporar a trabajar.

—¿Ya? ¿No te puedes quedar hasta que salga del hospital?

—¡Ojalá! Si sales en veinte días, entonces me espero.

—Sí. ¡Ojalá! ¿Y te pierdes mi cumpleaños? ¡Qué mal!

—Sí, campeón. Una pena.

—¿Y cuándo vuelves?

—En cuatro meses. Como siempre. Llego para verano.

—¡Vale! Para verano. Estará genial. Lo único es que... ¡también te pierdes el cumple de Eric! —dice acordándose de su hermano.

–Sí. Me da mucha pena. Me lo voy a volver a perder.

–Bueno, los celebraremos cuando vuelvas.

–Hecho.

Alan acepta que su padre se vaya. No protesta. Aunque no le hace ninguna gracia. Es más resignación que otra cosa. Bueno, en momentos así mejor pensar en positivo. Es mejor creer que lo que pasa es lo mejor que puede pasar, y que el momento en el que ocurre es el mejor momento en el que puede ocurrir. Es una filosofía que nos hace ser optimistas a todos.

Las cosas se tuercen

Llevamos ya dos días en planta. Alan pensaba que en solo estos dos días iba a notar una gran mejoría. Y no ha sido así. Además, ahora tiene mala cara. Se siente mal. Tiene algunas décimas de fiebre. Esto no es bueno. Podría tener alguna infección. Y cuando llega la analítica lo confirma: tiene una infección. Alguna bacteria o algún virus. Alan tiene las defensas muy bajas para evitar el rechazo. Así que esto es un gran reto. La cardióloga nos informa: «*Comienza el tratamiento para la infección. Además, vuelve a tener líquido en el pulmón. Tiene un derrame pleural. Debemos comenzar con la restricción de agua. Vamos a ver cómo evoluciona las primeras 24 horas*».

Vaya varapalo. Alan tiene que volver a la restricción. ¿Cómo se lo va a tomar? Aquí estaba feliz: ¡podía beber agua sin límite! Había dejado atrás la jeringuilla que medía cada 10 ml. Ahora «era libre», como decía él. Sin embargo, con esta mala noticia deberá volver a lo que él llamaba «la tortura» de pasar sed y desesperarse por unas gotas de agua. Y lo malo es que no se sabe cuántos días va a durar. ¡Qué palo! ¡No quiero ni pensar cómo van a ser las próximas horas! Solo espero que las restricciones anteriores nos hayan servido a todos de experiencia y esta vez lo podamos llevar mejor.

La infección preocupa a los médicos. Y mucho. Aún no saben de dónde proviene. Van a realizar más pruebas. Sospechan que está en el pulmón o en la sangre. Fernando y yo cruzamos los dedos para que sea la menos agresiva, la que antes se solucione, la que menos repercusiones tenga. Ahora solo queda esperar los resultados y estar lo más tranquilos posible.

Han pasado ya 24 horas. Y Alan sigue con derrame pleural. La restricción de agua le está creando mucha angustia. Lo está pasando muy mal. Está comenzando a tener ansiedad. Y los nervios le están alterando bastante. Dice que no puede aguantar más sin beber agua. Está muy tenso. «*Agua, por favor! Necesito beber un poco de agua, por favor*», repite constantemente. Lo malo es que no podemos dársela. Tomar un poco de agua podría significar dañar aún más el pulmón. Él lo entiende. Sin embargo, la sed le puede. Y la ansiedad también. Hasta ahora había dominado todas las situaciones. Ahora es al revés: la situación lo domina a él. Es un drama verlo así. ¡Que tenga que sufrir esto...! ¡Es duro que lo esté pasando tan mal!

Su situación es tan crítica que la cardióloga ha decidido que esta noche volverá a la UCI. ¡Definitivamente! Creen que en Intensivos será algo más llevadero. O, al menos, estará más controlado. Bien. Aunque... ¡qué mala pata! ¡Con lo bien que iba todo! Había dado ya un gran paso hacia delante saliendo de la UCI. ¡Y ahora vuelve para atrás!

La noticia de bajar a Intensivos alegra mucho a Alan. ¡Qué bien que se lo tome así! Él quiere respirar mejor y cree que esto le va a ayudar. Nota que sus pulmones están mal: al respirar no puede coger apenas aire. Y está optimista: deja bien claro que en pocos días piensa ponerse bien y volver a la planta. ¡Qué positividad! ¡Es genial!

XI. Vuelta a empezar

¿Un buen día? No

Hoy, un buen día de enero, Alan ha vuelto a amanecer en la UCI. Lleva aquí todo el fin de semana. Y ya está estabilizado. ¡Eso es estupendo! ¡Qué grandes profesionales! ¡Estamos muy contentos! La suite estaba ocupada, así que está en un *box* más pequeño y más estrecho. El sillón para los padres apenas cabe en un lateral, detrás de la puerta, frente a la cama. ¡Qué diferencia con la suite! Desde que volvió aquí, ha ido recibiendo la visita de todo el personal. Por un lado se alegraban de verlo, aunque a ninguno le ha gustado que volviera en estas circunstancias. Alan está encantado con tantas visitas. Y les deja claro una cosa: «*solo estoy de paso. En unos días voy a volver a la planta recuperado o incluso mejor*». ¡Está muy optimista! Eso es bueno. Y todos deseamos que tenga razón en sus planes. ¡Ojalá sea cuestión de unos días el que le encuentren la infección, se reduzca el líquido del pulmón y se ponga bien!

Alan se está haciendo a la nueva situación en este *box*. Esta noche solo hemos tenido un susto en un momento, cuando dormía. Ha pronunciado una especie de gruñidos. Parecía que tenía una pesadilla. Lo estaba pasando mal, angustiado. Tal vez estaba reviviendo su mala experiencia con el tema del agua. Por suerte ha pasado rápidamente.

Es lunes. Se despierta temprano. Enseguida pide que suba el volumen de la música. A las 6:00 h de la mañana comienza uno de sus programas favoritos: *Las mañanas Kiss*.

Tranquilamente se pone a escuchar. Puede tomar un poco de líquido por boca, así que está contento. Le dejan tomar solo 300 ml al día. Es algo más que un vaso de agua para 24 horas. ¡Y hay que dosificarlo! Calcula continuamente cuánto ha bebido y cuánto le queda, y distribuye con un estricto sistema de racionamiento cada gota. Se siente abrumado con tanto control. Además, muchas veces tiene los labios secos y la boca acartonada. Por eso, cada vez que llega alguna jeringa con jarabe, aunque tenga mal gusto la saborea como si fuera un manjar exquisito. ¡En estos momentos no puede desperdiciar ningún líquido! ¡Es terrible sentir tanta sed y no poder beber lo que el cuerpo te pide! Además, le pesan su cansancio y su debilidad, que lo obligan a estar postrado inmóvil en la cama. No puede levantarse a la butaca ni realizar los ejercicios de rehabilitación. Esto está siendo duro. A veces incluso se lamenta de todo lo que está viviendo y se desespera.

A pesar de todo esto, su ánimo es sorprendente. Hoy tiene ganas de pasar un buen día. ¡Lo ha dejado bien claro! Como todos los lunes, vuelven las rutinarias revisiones médicas con los distintos aparatos: ecocardiograma, electrocardiograma, la máquina de rayos X... Y también vienen los cirujanos para ver la evolución de las cicatrices. Todos le dicen que va mejorando. ¡Eso es bueno! La alegría de saber que avanza es inmensa. Y hay incluso ganas de bromear. Hoy Alan está contento y así todos estamos contentos.

A media mañana toca limpieza. Al no poder levantarse, no puede darse una ducha o un baño, como él quisiera. Aquí es «esponjita y palangana». A veces le gusta y otras veces no. Depende de la temperatura que tengan el agua, la habitación y su cuerpo en ese momento: cuando él está caliente, le apetece que lo «remojen» para estar después fresquito. Sin embargo, cuando tiene frío no quiere que lo destapen, y mucho menos que lo mojen. El proceso de lavado es muy laborioso porque él no puede apenas ayudar: hay que pasar la esponja por todo el cuerpo, hay que moverlo continuamente para cambiar todas las sábanas de la cama que se mojan con la limpieza, y hay que volver a hacer la cama. ¡Y todo con Alan sobre ella! Todo un arte que enfermeras y auxiliares realizan como si de un baile perfectamente sincronizado se tratara.

Después de comer le ha entrado sueño. Es extraño porque hoy ha dormido bien. Duerme durante hora y media. Al despertar ya es la hora de una de sus series favoritas. Pone la tele y a los quince minutos vuelve a quedarse dormido. ¡Qué raro! Después de otra hora se vuelve a despertar muy cansado, casi agotado. La fiebre le ha estado rondando todo el día. Por la noche la ha tenido muy alta y parece que ahora lleva el mismo camino.

De repente me dice: «*Amá, me encuentro mal. Mareado. Me estoy yendo*». Y sin esperar a que yo responda, voltea los ojos y se marea. «*¡Alan, Alan! ¡Dime algo!*», le digo nerviosa. Él no responde. Durante unos tres minutos está inconsciente. Después, de repente, abre los ojos. ¡Qué susto! He tenido de nuevo el corazón en un puño. Y el estómago también. ¡Terrible! Ahora ya está bien. ¡Habrá sido una tontería! ¡Ojalá! Me voy relajando poco a poco. Aunque no del todo. ¡No después de aquel otro día! ¡¡Aquel tremendo día de la pérdida de consciencia durante cincuenta minutos!! Aquel momento fue angustioso. Y, sumados a los otros cuatro desmayos de la otra noche y al de la mañana, hacen que no me pueda relajar totalmente. Y me digo: «tranquila, aquello fue distinto. Ahora no ha sido nada. El desmayo de ahora ya ha pasado. Habrá sido por la medicación o la fiebre. No ha sido nada grave».

No pasan ni dos minutos cuando, mientras me agarra la mano, dice: «*Ama, me voy, me voy*». De repente, otra vez los ojos vueltos. Lo llamo y no responde. Lo llamo varias veces: «*Alan, por favor, abre los ojos. ¡Alan! ¿Me oyes? ¡Alan, cariño!*». Pulso el botón de llamada y aparece la enfermera. No necesita preguntar. Ve la situación. Y llama corriendo a la médico de guardia. «*Alan, precioso, abre los ojos, ¡Alan*», sigo insistiendo. No hay reacción por su parte.

Viene E., la doctora de guardia. Llega corriendo. No ha tardado ni veinte segundos en aparecer. Se acerca a tocar y a hablar a Alan: «*¡Alan! Hola, Alan. ¿Me oyes? ¡Alan! ¡Abre los ojos! ¡Alan!*».

Alan no responde. No se mueve. Lleva ya cinco minutos sin moverse. Yo continúo hablándole. Mantengo la calma como puedo. No quiero que me note preocupada y se agobie. Para controlar la tensión no quiero pensar en nada negativo. Quiero estar fuerte. Quiero pensar que Alan va a «volver» de un momento a otro y me necesita calmada.

La doctora le abre los ojos con sus dedos. Los tiene totalmente «vueltos». Incluso el iris no parece responder. Le mete el dedo en el ojo derecho y no responde. Le mete el dedo en el ojo izquierdo y tampoco responde. Eso es muy preocupante. Mi estómago se encoge. Y mi cabeza se acuerda de S., que hace unos días sufrió muerte cerebral. Sus pupilas no reaccionaron con esta misma prueba. ¿Es eso lo que le está pasando a Alan?

¡Por favor, que no sea así! No quiero ni pensar que eso es lo que le está pasando a Alan. Y comienzo a darme argumentos para convencerme de que eso no le sucede a él: «el niño que falleció estaba sedado desde hacía tiempo y Alan no»; «Alan solo está mareado profundamente y es eso todo»; «le ha hecho la prueba del iris demasiado rápido y no le ha dado tiempo a reaccionar». Y vuelvo a calmarme un poquito porque sé que Alan me necesita tranquila. Además, si me pongo nerviosa me van a invitar a que salga de la UCI; no quieren que interfiera o contagie los nervios al personal. Así que me tranquilizo mirando su monitor: las constantes están bien y respira bien. Y busco alguna explicación más. No la encuentro. ¿Tal vez solo sea la tensión? No lo sé. Me centro en hablarle tranquila a Alan. Pongo ahí todo mi foco. Le hablo con cariño: «*Alan, Alan, precioso. Abre los ojos. Cariño, abre los ojos, por favor*». Alan sigue sin abrir los ojos ni reaccionar.

Marcaban las 21:05 h de la noche en el reloj de la habitación cuando Alan ha dicho: «*Me voy. Adiós*». Ahora son las 21:10 h. ¡Qué cinco minutos tan largos! M., la enfermera, tenía que haberse ido a las 21:00 h y sin embargo, no es capaz de irse. Está al pie de la cama confiando en que Alan abrirá los ojos. Todos estamos deseando que vuelva en sí, tal y como sucedió en su desmayo anterior.

Alan sigue sin abrir los ojos. La doctora sigue haciendo pruebas: le toca las manos y le dice que apriete. Alan no responde: no aprieta. Le pellizca y no reacciona. Tiene la mano como muerta. Le aprieta en distintas partes de la cara y la frente. Sigue sin reaccionar. Veo la cara de la doctora: se nota que las cosas no van bien. La noto preocupada. ¡Normal! Alan no reacciona a lo que le hace. Eso es inquietante.

Ya lleva más de diez minutos así. Y lo peor es que no hay ninguna reacción por su parte. Quiero seguir manteniendo la calma. No quiero dejar que mi «Pepito grillo» interior me coma la cabeza. Así que pongo toda mi atención en la forma de hablarle: en ser suave y agradable. Y pienso en preguntas que pueda responder con un simple movimiento de cabeza, por si eso es lo único que él puede hacer para comunicarse: «*Alan, ¿me oyes?... Alan, ¿puedes abrir los ojos, cariño?... Alan, ¿te pongo la radio?*».

Ya lleva quince minutos. Y sigue inconsciente. «*Vamos a pedir un TAC ahora mismo para ver qué pasa* –dice la doctora E.–. *No está respondiendo a lo que le hago y eso... eso... ¡Uf! ¡Eso no es lo que debería pasar! No está reaccionando. ¡No lo sé!*», me dice mientras vuelve a meterle el dedo en el ojo, esperando alguna reacción. Y sin embargo, Alan no realiza ningún movimiento.

La habitación está llena de enfermeras. Todas expectantes y con ganas de ayudar a que Alan despierte. «*Necesito unos gases y glucemia*» dice la doctora. Rápidamente las enfermeras se ponen manos a la obra y le sacan unas gotas de sangre. Yo estoy a lo mío: hablándole para ver si me oye y se despierta. Ya lleva mucho rato así. Un rato demasiado largo. Demasiado tiempo desmayado y sin responder. ¡Esto está siendo muy angustioso!

La doctora no se da por vencida: vuelve a meter el dedo en su ojo. Y nada: sin respuesta. Pide un paquete de gasas a la enfermera. Saca una gasa y la coge por una esquina. La enrosca con los dedos hasta crear una punta con la gasa. Tiene aproximadamente un centímetro. Lo está haciendo con mucha premura, mirando la cara de Alan. Me temo que se la quiere meter en el ojo a ver si reacciona. Espero que de verdad funcione. ¡Quiero que se despierte ya! Lleva veinte minutos inconsciente y sin reaccionar a nada. ¡Eso es mucho tiempo!

La doctora coge un párpado y vuelve a levantarlo. Le mete la esquina de gasa dentro. ¡Eso tiene que doler! Y aún así, Alan sigue sin reaccionar. ¿Qué pasa? ¿Por qué no reacciona? No sé qué pensar. Alan está totalmente ido. Está como en otra dimensión. Ahora mete la punta de la gasa en el otro ojo. «¡Por favor, Alan, reacciona!», pienso. «¡Por favor, despierta!». Y de repente, en ese instante, Alan reacciona. Mueve los párpados. Sin embargo, no termina de abrir los ojos. Está como si se estuviera despertando de una larga siesta y le costara terminar de espabilarse. Todavía sigue como dormido. Y vuelve a relajarse profundamente. Su mano vuelve a estar como muerta cuando se la cojo. No pone ninguna resistencia ni para subirla ni al bajarla. La doctora y yo le seguimos hablando: «*¡Alan! ¡Despierta! ¡Abre los ojos! ¿Me oyes, Alan?*». Y Alan sigue sin responder.

La doctora le aprieta por segunda vez en el pecho. En la primera, unos minutos atrás, no hubo reacción. En esta ocasión, a pesar de que eso debe doler mucho, Alan hace un leve gesto de dolor. Le vuelve a apretar el pecho en distintas zonas. Y por fin consigue que abra los ojos y se queje. ¡¡¡Bien!!! Aunque no quiero que le duela, me alegro mucho de oír ese sonido de queja. ¡Qué bien volver a verle con los ojos abiertos! ¡¡¡Bien!!! ¡Alan ha reaccionado!

Sin embargo, solo está despierto unos escasos dos segundos. Después vuelve a quedarse inconsciente. Profundamente inconsciente. Estoy desconcertada. ¿Por qué ha vuelto a irse? Aunque también estoy contenta porque se ha despertado, aunque sea un instante. Otra vez las dudas se apoderan de mí. No quiero pensar qué significa todo esto. No voy a pensar. No estoy dispuesta a angustiarme y a irme al lado negativo. Me vuelvo a centrar en hablar a Alan. Entonces llegan otras dos doctoras: LG. y S. También hacen sus pruebas tocando a Alan, mirando sus pupilas, las manos. Y nada: no reacciona. Sigue igual: tendido en la cama, sin reaccionar y profundamente inconsciente. *«Si no reacciona, igual hay que intubarlo»*, dice la doctora E. ¿Cómo? ¿Intubarlo? ¿Si no reacciona? Lo que oigo no me gusta nada. No quiero que le vuelvan a intubar. Aunque es el menor de los males ahora. Lo principal es que se despierte y esté bien.

Ya lleva treinta y cinco minutos. Y sigue sin reaccionar. Esto es demasiado largo. Comienzan a venirme pensamientos que no deseo a la cabeza. Me quito rápidamente esas ideas centrándome en hablarle bien. Por otro lado, en el monitor todo está correcto. Y me pregunto… ¿dónde tengo que mirar para ver qué anda mal? ¿Qué puede significar todo esto? No tengo ninguna respuesta. Lo único que sé es que todos en la habitación están muy pendientes y preocupados. Y a pesar de la incertidumbre, todos aquí confían en que despierte de un momento a otro.

La vez anterior, en la que estuvo cincuenta minutos, no le hicieron todas estas pruebas. Fue diferente. Esto ya es muy serio. Y confío en que en breve va a reaccionar y a abrir los ojos sin problemas. Alan es un luchador. Es un «*achiever*». Así que estoy segura de que se va a despertar enseguida, y que esto va a quedar en un susto. Y quiero que sea ¡ya!

Las doctoras siguen haciendo todo lo que pueden. De repente, cuando LG. le da otro golpe en el pecho un poco más fuerte, Alan reacciona. Se queja de manera evidente del dolor que le ha producido. «*¡Ay! ¡Eso me ha hecho daño!*», dice. No le ha gustado nada ese golpe en el pecho. Sin embargo, ha hecho su efecto. ¡¡¡Genial!!! Después vuelven a tocarle las pupilas y reacciona. ¡Por fin abre los ojos! ¡Qué alegría! ¡Qué bien que se ha despertado! Y lo ha hecho como si nada hubiese pasado, como si solo hubiesen pasado unos segundos desde que cerró los ojos ¡Qué ilusión! ¡Ya está despierto! Sus ojos recorren las caras de quienes estamos a su alrededor, como buscando a la persona causante de su dolor en el pecho.

¡Qué bien! Y no solo ha abierto sus ojos; ¡también ha hablado! Parece que todo está bien. Y aunque noto mi estómago todavía encogido después de treinta y cinco tensos minutos, una inmensa alegría recorre todo mi cuerpo.

—Alan! ¿Cómo estás? —dice la doctora LG.

—Bien, raro —responde él, sorprendido de que hubiese tantas personas mirándole a la cara.

—¿Cómo raro?

—No sé. Raro.

—Has estado mareado unos minutos. Vamos a ir a hacerte una tomografía: un TAC. ¿Vale, Alan? —le dice E.

—Vale —responde tranquilo él.

La preparación se hace larga. Necesita llevar con él todas las bombas que le infunden su medicación y también hay que llevar el monitor de constantes. Lo que más cuesta ajustar es el oxígeno de alto flujo.

Mientras lo preparan, Alan dice que no necesita que le hagan ninguna prueba: «*Por favor, dejadme dormir. Solo quiero dormir. Estoy bien. No hace falta que me llevéis a ningún sitio. No necesito ninguna prueba. Ya os digo yo que estoy bien*». La doctora le explica que lo necesitan y que solo tardará un minuto. Alan acepta: «*Vale. Y quiero ir tapado, que tengo mucho frío. Y esta vez quiero cubrirme los pies*».

Ya en la camilla vuelve a pedir que le cubran los pies y que se le incorpore un poco el respaldo, porque si no se le hace difícil respirar. Por el pasillo pregunta:

—Mi madre, ¿dónde está mi madre?

—Aquí estoy, Alan. Voy en todo momento aquí detrás de la camilla.

—¿Ahora te puedes poner a mi lado? —dice nada más entrar en el ascensor.

—Claro. Aquí estoy, a tu lado.

Fuera del TAC

Alan acaba de entrar en la sala del TAC. Espero junto a la puerta y cojo el teléfono para llamar a Fernando. En ese momento aparece la doctora E.: «*Queremos descartar que el virus haya afectado a su cerebro. No tiene por qué haberlo hecho. Normalmente afecta al pulmón y a otras zonas. Sin embargo, hay que descartarlo. No sabemos qué le pasa o por qué tiene estos episodios. Es necesario hacer todas las pruebas para que nos den alguna pista de qué le puede estar pasando. Posiblemente no sea más que un efecto basal de la fuerza que ha estado haciendo toda esta tarde con sus deposiciones. Han sido muchas, en mucha cantidad, y él se quedaba muy cansado después de cada una. Tal vez sea eso.*

Vamos a ver. ¿Tienes alguna duda?». Las tengo todas. ¡Esto es desconcertante! Sin embargo, esperaremos a que salga el resultado para hablar.

Mi estómago está encogido. Lo ha estado durante toda la conversación con la doctora. No quiero que le pasen ciertas cosas como tener algún hongo o algún virus en el cerebro. Y tampoco en ningún otro sitio. No se lo merece. Tiene ya encima cinco operaciones de corazón: ¡cinco agresivas aperturas de tórax! Y ahora esto. ¡No es posible!

No quiero preguntar mucho. Ni quiero pensar. No quiero que mi imaginación explore posibilidades de algún desenlace negativo. Además, sé que en tan solo unos minutos, cuando salga del TAC tendremos algún indicio de qué es. Así que voy a centrarme en algo positivo. Por ejemplo, voy a pensar en la suerte que siempre tiene Alan. ¡Es cierto! Siempre la tiene cuando se trata de superar cualquier obstáculo que surge. A él siempre le sale todo bien. Pasa por los baches como si nada. Alan es fuerte. Además, en este caso ha venido consciente y lúcido por los pasillos. Eso es buena señal. Muy buena. Esto son mareos por el cansancio de hoy. ¡Seguro! ¡Todo va a salir bien!

Vuelvo a coger el teléfono para llamar a Fernando. En ese momento abren la puerta del TAC: *«Ya hemos acabado. Todo correcto. Ha salido perfecto. No tiene nada»*, dice asomando la cabeza S., la doctora neuro-pediatra que lo ha acompañado al TAC. ¡Qué bien! Les doy las gracias tremendamente contenta y respiro profundamente. ¡Qué gran alivio que no tenga nada en el cerebro! No sé, ni quiero saber, de qué forma podría haberle afectado algo así al cerebro. ¡Qué bien! De repente noto cómo la energía recorre mi cuerpo y me inunda de felicidad. ¡Bien! ¡¡¡Genial!!!

Por fin puedo llamar a Fernando. Está en casa con Eric. Al responder a la llamada, su preocupación se nota. Está lejos y no sabe qué está pasando por aquí. Le gustaría estar al lado de Alan. El no hacerlo le duele. Sin embargo, lo tranquilizo rápidamente con las buenas noticias de última hora. Aunque enseguida comenta: «*Vaya. Con lo bien que iba. ¿Y del virus? ¿Qué han dicho? Y del pulmón izquierdo y el hongo que le salió, ¿han dicho algo?*». «*No. Aún no. Espero que mañana digan algo las analíticas*».

Ya en la UCI, lo acomodan en su cama. Ha sido cuestión de segundos que se haya quedado dormido. Sin embargo, su temperatura es muy alta y eso es grave en estos delicados momentos. También la tensión es muy alta y su respiración comienza a ser pronunciada y entrecortada, con un ritmo muy rápido, igual que su frecuencia cardíaca. Le aplican más medicación para bajar la tensión y reducir la fiebre. Empieza a hablar en sueños. A veces pronuncia escuetas frases coherentes. Otras son incongruentes. Parece que sueña con algo que le está agobiando. No sé con qué. Habitualmente sueña cosas agradables. Y suele esbozar sonrisas e incluso le he oído breves carcajadas. Sin embargo, esta vez no se parece en nada a lo normal en él, sino todo lo contrario. Además, se despierta a cada rato, intranquilo y sudoroso.

¡Desmayos!

La noche ha sido larga, pesada, con muchas irregularidades en todos sus niveles. Lo bueno es que ahora, por la mañana, está ya sin fiebre. Y también la tensión está normalizada. ¡Bien! ¡Vamos bien! Alan se despierta contento. ¡Así es normalmente como se levanta! Hoy es un nuevo día y vamos a empezarlo con buen pie. Yo también estoy contenta. Después del susto de ayer y de toda la noche pendiente, estoy convencida de que hoy va a ser un gran día.

De repente, Alan grita:

—Amá. Me voy. Me voy.

—No te vayas. Quédate aquí conmigo, Alan. Mírame a los ojos y quédate.

Y de repente, vuelve a quedarse inconsciente. Vuelve a pasar lo mismo que ayer. Y comienzo otra vez a hablarle para que vuelva lo antes posible: *«Por favor, vuelve, Alan. Escúchame y dime si me escuchas»*. Alan no responde. No mueve la cabeza ni me agarra fuerte la mano. *«Alan, cariño. Abre los ojos, apriétame la mano»*.

Alan sigue sin responder. Empiezo otra vez a angustiarme. Está inconsciente. Lleva ya tres minutos. No sé cuánto va a durar. Yo quiero que vuelva ya y él no me oye. ¿Qué pasa? ¿Por qué le vuelve a pasar esto? ¿Va a ser así a partir de ahora? ¿Qué le pasa? Ayer el escáner salió perfecto. No pensé que esto pudiera volver a pasar.

Ya lleva inconsciente diez minutos. ¡Vaya diez minutos más tensos! Le doy besos, le hablo, le acaricio… y mantengo la calma pensando que esto es debido al cansancio tras casi dos meses en la UCI.

De repente, Alan vuelve.

—¡Alan, precioso! ¿Cómo estás?

—Bien.

—Te habías ido. Por favor, no te vayas más. Quédate conmigo, con los ojos abiertos.

—Vale. Lo intento. Es que cuando no me encuentro bien me voy.

—¿Y qué sientes cuando notas que te vas?

—Que no tengo líquido en la cabeza.

—En el TAC de ayer salió todo normal. Tu cabeza tiene el líquido normal.

—Bueno, eso es lo que siento.

—Cuando tengas otra vez esa sensación me miras. Estaremos juntos, con los ojos abiertos y nos quedaremos aquí los dos. ¿Vale?

—Vale.

El médico que estaba con nosotros, el doctor D., comprueba de nuevo todo y me pide que salga de la habitación para informarme: «*Todas las pruebas que hemos hecho nos dicen que en la cabeza todo está normal. Sin embargo, seguiremos mirándolo y nos reuniremos para valorarlo. Por otro lado, la parte derecha del pulmón está mal: sigue con la misma cantidad de líquido. Además, la ligadura que realizamos para que el diafragma estuviera más bajo no le está sirviendo mucho. Por eso sigue respirando mal. Y lo peor es que el pulmón que estaba más fuerte, el izquierdo, tiene neumonía*». ¿Cómo? ¿Ahora tienen un problema en el otro pulmón? ¿Neumonía? ¡Cómo puede ser! No puedo creer que esto esté pasando. Y continúa el doctor: «*esto puede pasar con pacientes como Alan, que está inmunodeprimido de manera más intensa. Le hemos puesto antibiótico. Y lo peor de todo es que hoy debe seguir con la restricción de agua*».

¡Vaya noticias! ¡Qué mal! ¡Y además otra vez con racionamiento de agua! Alan quería subir en unos días a planta. Me parece que no va a ser posible. Necesita al menos otros siete días para mejorar esa parte del pulmón. Esto va a durar más de lo que hubiésemos querido. ¡Hay tantos frentes abiertos! Alan va a necesitar mucha fuerza para avanzar. Y sin embargo, está más débil que nunca. Además, todo su cuerpo necesita adaptarse a la nueva situación. Su cuerpo funcionaba de modo diferente a un cuerpo con un corazón normal. Por su medio corazón, tenía un «sistema cerrado de circulación» con un solo circuito, en el que los pulmones trabajaban ayudando a su corazón. Algo muy extraño. Con su trasplante, el corazón tiene que funcionar por su lado y el pulmón por el suyo. Como sucede en el resto de las personas. Y todo este cambio necesita una adaptación de su cuerpo, que va a ser progresiva y lenta.

La presión que sentimos ahora es tremenda. Por un lado, con las malas noticias de sus pulmones. ¡Los dos están mal! Y por otro, Alan está angustiado por la limitación de agua. Le explicamos sencilla y positivamente cómo están sus pulmones. Sin embargo, está tan agobiado por la restricción que todo lo demás le parece secundario. Posiblemente no es —o no quiere ser— consciente de todo lo que le está pasando. Quizá es mejor así en este momento. Esperemos que se pase pronto y vengan días mejores.

La UCI se nos echa encima

Hace ya cuatro días que le hicieron el TAC (Tomografía Axial Computarizada). También le han hecho otro encefalograma. Los resultados son normales. Aún así, han sido días muy tensos. Durante estos últimos cuatro días, Alan «se ha ido» en algunas ocasiones. Avisa con un «me voy» y se desmaya. Normalmente han sido escasos segundos, aunque en alguna ocasión ha llegado también a largos minutos. Cada vez que esto pasa, la situación es terrible. Incluso en alguna ocasión me ha invadido un nerviosismo descontrolado.

No quiero revivir los cincuenta o los treinta y cinco largos minutos de hace unos días. No quiero que haya ningún riesgo neuronal o sufrimiento en su cerebro. No quiero que nada malo le pase. ¡No se lo merece! Es un luchador que lleva ya dos meses en la UCI, a veces desesperado y angustiado. Otras, por el contrario, muy feliz e ilusionado. ¡No se merece que le pase nada negativo más!

En uno de esos desmayos estaba su hermano en la habitación. Eric se apuró mucho. No sabía qué estaba pasando. Veía a todo el personal nervioso y corriendo. Y ponía los ojos como platos cuando Alan no reaccionaba a los pellizcos en los mofletes o a los golpecitos en el pecho. Eric estaba encogido. Y supongo que también con miedo. ¡Normal! ¡Es su hermano! ¡Es duro! Cuando Alan volvió a despertar, todo se tranquilizó en la habitación. Después de unos minutos, Eric, un poco más repuesto, se acercó a preguntarme:

—¿Por qué se desmaya Alan?

—No se sabe. Se queda inconsciente y le cuesta reaccionar.

—No me gusta ver así a Alan —me dice mientras baja la cabeza muy triste.

—A mí tampoco, cariño. A mí tampoco.

La verdad es que es desconcertante ver cómo Alan se desmaya. Mi mayor miedo es que algún día, después de que me diga «me voy», se vaya de verdad y no se vuelva a despertar. Y ese miedo se está haciendo más fuerte con cada desmayo. De hecho, la enfermera me ha dicho que me ha visto muy angustiada en la última ocasión en la que Alan se ha mareado. Bueno, voy a pensar que hasta ahora siempre se ha despertado. Además, en algunas ocasiones le miro y no sé si está desmayado o simplemente dormido. Esto me tensa: «¿Qué hago? ¿Lo despierto? ¿Lo dejo dormir? ¿Y si le dejo y en realidad está mareado y le tengo que despertar?». He decidido dejarle dormir porque, aunque esté mareado, se despierta siempre; así que mejor que descanse.

Sin embargo, cuando emite sonidos... se me encoge el estómago. A veces grita. Eso impacta mucho. El sufrimiento que demuestra es muy grande. Y se me hace muy duro. Emite sonidos de queja y realiza movimientos de la cabeza hacia los lados. No sé qué estará soñando. Solo sé que está pasándolo mal. Esto me produce impotencia y rabia al mismo tiempo porque no puedo hacer nada para ayudarlo.

Pruebas críticas

Alan lleva ya dos semanas en la UCI desde que bajó de planta. Va mejorando poco a poco. Muy poco a poco. Por eso su optimismo está bajando. Le parece que no avanza. Además, en algunos aspectos ha ido un poco para atrás: en los ejercicios de respiración, en la rehabilitación de sus músculos... como consecuencia de todo este tiempo encamado. El tratamiento es muy fuerte y se siente débil. De vez en cuando se anima y recupera la ilusión. ¡Menos mal! Sin embargo, los días se hacen muy largos y pesados. ¡Tanto tiempo aquí le está empezando a pasar factura!

Las diarreas se han incrementado. Lo que sale es todo líquido. Entre cinco y siete litros diarios. Un día llegó a evacuar diez litros. ¡Excesivo! Alan sabe que hasta que esa cantidad no se reduzca, no podrá subir a planta. Ese es su objetivo a corto plazo. Algunos días, cuando ve que esto no mejora, se queda abatido. Sin embargo, el abatimiento solo dura unos minutos porque él mismo se anima diciendo: «*Ya parará. Yo me encuentro bien. Es cuestión de unos días, seguro*».

Alan no puede continuar así. Todo esto le debilita aún más. La comida que le entra por la vena, la parenteral, no va a ser suficiente para compensar todo lo que sale. Mañana le van a realizar una colonoscopia y unas biopsias. No lo van a intubar, solo sedar. Eso nos anima, aunque es una técnica que puede causar alguna hemorragia, y la última se complicó.

—No quiero ninguna otra prueba. Además, tengo miedo.

—El miedo es opcional, ya lo sabes. Puedes fijarte en que los médicos van a saber qué hacer a partir de los resultados y el miedo desaparece.

—Ya lo sé, amá. El *coaching* de fijarse en lo positivo.

—Sí. Depende de ti.

–Vale. Me voy a fijar en que van a saber cómo quitarme la diarrea.

–Estupendo.

–Sí. Ya me siento más contento. Y tengo ganas de que lo hagan ya y avanzar.

¡Uf! ¡Qué cambio de actitud tan rápido! ¡Me encanta! La verdad es que se nota que me ha escuchado todos estos años, cuando le hablaba de cómo funciona nuestra mente. ¡Qué bueno!

Desde las 4:30 h se queda sin comer ni beber. Consciente de que no puede, se le hace cuesta arriba y él mismo quiere animarse:

–Voy a pensar esto: no bebo agua porque con la prueba me ayudarán a no tener más diarreas.

–Pon la frase en positivo. Acuérdate de que el problema no tiene que aparecer en lo que deseas.

–¡Uf! Es verdad, está en negativo y hablo de lo que no quiero –Alan ya sabe mucho de esto y enseguida reacciona–. En positivo sería así: estoy en ayunas y estoy bien; tengo ganas de hacer la prueba para ponerme bien y subir pronto a planta –dice contento.

Ya es la hora de la prueba. Llega todo el equipo a la habitación y nos hacen salir a Fernando y a mí.

–Finalmente, no lo llevamos a quirófano. Vamos a hacerle todo en la habitación. Preferimos no moverlo. Además, hemos decidido que lo vamos a intubar.

–¿Cómo? ¿No se le iba a sedar nada más? –preguntamos inquietos.

–Creemos que es mejor para Alan, con menos riesgos después de todo lo que ha pasado estos días.

–Está bien. –¡Qué vamos a decir! Solo nos queda confiar en el equipo médico.

¡Intubar otra vez! ¡Vaya! Estoy perdida. No entiendo los procedimientos médicos ni sus repercusiones. Los médicos son encantadores y cercanos. Me dan todo tipo de explicaciones, con detalles y con paciencia. Sin embargo, ¡me faltan tantos datos! Y eso me angustia y me frustra. De ahí que desborde con preguntas. A veces me repiten lo mismo varias veces, como si se dieran cuenta de que no lo he entendido. Y tienen razón. Entiendo las palabras y necesito además comprenderlas, contextualizarlas, referenciarlas y dar respuestas. Y esto no lo consigo. Lo único que me queda es confiar.

Nos han dicho que la prueba durará unos cuarenta minutos en total. Ha pasado una hora y no sale nadie a informarnos. Sabemos que los tiempos aquí son relativos. Y cualquier cosita hace que vayan más lentos. No tiene por qué haber ningún problema. De repente salen los doctores: *«Todo ha ido bien. Como estaba sedado hemos aprovechado para realizarle más pruebas. Además, hemos cogido algunos trocitos para biopsia. Y ahora vamos a llevarlo a hacerle un nuevo TAC de los pulmones y un escáner cerebral».*

Vaya, cuatro pruebas intensas en el mismo día. ¡Qué ganas de que esas pruebas den buenas noticias sobre cómo está el líquido del pulmón derecho y la neumonía del pulmón izquierdo! Porque siento que todo esto se está extendiendo demasiado. ¡Ya llevamos dos meses! Y eso es mucho tiempo en la UCI. Todo se está alargando con virus, bacterias y mil complicaciones más.

Al salir del TAC nos avisan. Vamos con ganas de oír buenas noticias: *«Alan tiene los pulmones llenos de un hongo. La situación está mal. Por eso le cuesta tanto respirar y se nota más cansado»*, nos dice la doctora E. La noticia nos sienta como una bomba. Nos afecta mucho. ¿Cómo puede ser? ¿Los pulmones llenos de hongos? ¿Qué? ¿Qué significa eso? Nos surgen mil y una preguntas. Y explotamos con dos: *«¿Por qué coge virus y hongos?». «¿Se pueden curar?».* La doctora contesta tranquilizándonos: *«Con las defensas bajas, los virus –que el cuerpo tiene dormidos en su interior–*

salen. En una persona con fuerzas normales, estos virus hubiesen suscitado una reacción más suave. En cambio, en Alan, al estar inmunodeprimido, ha provocado mucho más. Lo bueno es que ya estaba con el fungicida. Además, mañana le haremos un lavado bronquio-alveolar».

Vaya. Una prueba más. Me alegro de que esté intubado. No se va a enterar de nada. ¡Como él quería! Quienes nos enteramos somos nosotros. ¡No puede ser que le pasen tantas cosas! Estamos bastante desconcertados. Y al menos a mí, esto me ha dejado hecha polvo. En este momento no puedo rescatar ningún pensamiento positivo. ¡Esto es demasiado!

¡Vaya noticias!

Ayer, la noticia de que Alan tenía los pulmones llenos de hongos fue un mazazo. Fernando y yo nos hemos ido recomponiendo como hemos podido. Mientras Alan esté en el hospital no es momento de decaer.

Fernando está muy agobiado. En unos días se va. Y las cosas no están igual que cuando lo llamaron para incorporarse al trabajo. No es lo mismo. Nada es lo mismo. No es igual ni para Fernando, ni para los demás. Para nadie. Incluso Alan va a necesitar más comprensión ahora. El ir para atrás posiblemente le afecte: ahora está de nuevo en la UCI, sedado e intubado. Espero que lo despierten pronto y pueda estar estos últimos días bien con su padre. Por otro lado, Eric también necesita mucho apoyo. No está siendo fácil para él. A mí también me va a afectar. No es lo mismo estar en planta que en la UCI. Además, no se sabe cuánto tiempo pasará Alan aquí antes de volver a subir a planta.

Son las 14:00 h de la tarde. Ya han terminado su lavado bronquio-alveolar. Queremos estar a su lado ahora que empieza a despertarse. Lo primero que nota es el tubo en su boca, la sonda en la nariz y que vuelve a estar atado. Con gestos nos dice que lo soltemos. Lo hacemos. Además, le corre prisa que le quiten todo. Aunque sabe que para eso tiene que esperar.

Nos llaman a la sala de información. ¿Qué será ahora? Si nos hacen ir para allá es que hay algo importante: «*Los resultados del último análisis de sangre indican que tiene bajos los glóbulos rojos. Necesita una transfusión*», nos dice la doctora E. ¿Cómo? ¡Más cosas! ¡No puede ser! Esto está siendo demasiado. ¿Cuándo tendremos una noticia buena?

Volvemos a la habitación. Alan sigue con gestos pidiendo que por favor le quiten el tubo. Ya lleva un rato despierto y su desesperación se está incrementando poco a poco. La doctora E., al verle, sale rápidamente de la habitación. En pocos minutos vuelve a entrar:

—Alan, finalmente te vamos a extubar hoy. Esta tarde. Necesitamos que estés tranquilo —le dice—. Y vamos a ir poco a poco. ¿Vale, Alan? Yo tenía que irme ahora, a las 15:00 h de la tarde. Sin embargo me he organizado para quedarme lo que haga falta para extubarte yo misma —le dice la doctora tocándolo en el hombro con su mano a través del guante de látex.

Alan hace el gesto de OK con la mano y se relaja.

Le agradecemos que siga ahí, al lado de Alan. No tenía por qué hacerlo. Sin embargo, ella, igual que todos aquí en la UCI, está muy comprometida con la evolución de sus pacientes.

Las dos horas que pasan hasta que le quitan el tubo se le hacen eternas. Cuando se le extuba, Alan está feliz. A pesar de que lleva varios días con él en la tráquea, en cuanto se lo han quitado ha comenzado a hablar. No se ha resistido. Lo hace susurrando y bajito porque sus cuerdas vocales no le permiten hablar mejor. Y lo primero que dice es gracias a la doctora.

Después de unos minutos, Alan se encuentra mejor: *«¿Puedo jugar a la Play?»*, pregunta, al ver la *«Play»* en su *box*. Su padre y yo estamos sorprendidos: solo hace unas pocas horas que le han realizado el lavado y media hora desde que lo han extubado y... ¿ya está repuesto? ¡Qué bien! Parece que este lavado de pulmones le ha sentado de maravilla. ¡Y está ya pensando en jugar! Muchas veces no me gusta que juegue a la *«Play»*. Sin embargo, en este momento me encanta su propuesta. *«Claro que sí, Alan»*, le decimos. Le preparamos todo y se pone a ello. Sin embargo, enseguida se cansa. Bueno, aunque sea un poquito, se ha divertido y entretenido. ¡Ha estado bien!

¡La gran reunión!

Por la mañana, los médicos quieren volver a reunirse con nosotros. Otra vez tenemos el corazón en un puño. Cuando llegamos a la sala de reuniones hay tres personas: la doctora E., la cardióloga y la enfermera de trasplantes. ¡Qué raro! ¿Las tres juntas aquí? Están sentadas alrededor de la mesa, frente a la puerta. Dos sillas más quedaban libres. Nos sentamos. Y cruzamos los dedos para que sean buenas noticias. Estamos deseando que por fin lleguen.

Frente a nosotros hay dos cajas de pañuelos de papel. Eso me da mala sensación. En ese momento comienza a hablar la cardióloga: *«Queremos informaros sobre el estado de los pulmones de Alan. Es muy grave. Sus pulmones, como os dijimos, están llenos de hongos»*, nos explica ante nuestra incredulidad. Nos cuenta en detalle su extrema situación, el tratamiento para paliarlo, las alternativas, los riesgos, las precauciones que están tomando, los imprevistos que pueden ocurrir... *«En resumen* —termina diciendo—, *hay que reducir el inmunosupresor. Y eso aumenta el riesgo de rechazo».*

Esto es otra bomba. El estómago se me encoge. Miro a Fernando. Está pálido y tenso. Salimos de la sala para digerirlo. Alan está ahora, mucho más que antes, en la cuerda floja. Ahí surgen muchos miedos: miedo a que esto tampoco funcione, miedo a que tal vez el pulmón no se recupere, miedo al rechazo... Y lloramos. Los dos. Creo que por primera vez. Llevamos ya dos meses en la UCI y ya entramos en un estado de desgaste tal que cualquier obstáculo parece un gran muro. Y este obstáculo no solo lo parece, sino que además es muy grave.

Aunque dentro de mí está rondando el miedo, no quiero invitarlo a mantener una conversación conmigo. Tampoco quiero mantener un diálogo con la esperanza. Prefiero más la conversación de la experiencia, la que sabe que Alan ha salido airoso de todas las circunstancias hospitalarias hasta ahora, aunque tuviera todas las papeletas en contra. En cada intervención ha roto expectativas y ha tornado la balanza hacia los resultados positivos, incluso mejores de los esperados.

Y recuerdo algunas veces que esto sucedió. La primera vez fue a la semana de nacer, en su primera operación. Había nacido con una cardiopatía extremadamente compleja y hasta entonces en este hospital habían fallecido el cien por cien de los niños que habían nacido igual que él. Algunos no llegaron a la mesa de operaciones y otros murieron en ella. Sin embargo, él fue el primero en salir adelante. Y después de él, gracias a todos los adelantos médicos, han superado la situación la gran mayoría. La segunda fue en la intervención que tuvo al año de vida. Y la tercera a los seis años. Esta vez, a los diecisiete años, ocurrirá lo mismo. Todo va a salir bien. Estoy segura.

Tenemos que volver a la habitación. Alan nos está esperando. Sabe que teníamos reunión. A mí se me nota en la cara que he llorado. Tengo que lavármela bien antes de entrar. Aunque nunca le mentimos, le decimos las cosas de forma que él pueda asimilarlas y desde un punto de vista positivo. Lo bueno es que Alan, por sí solo, se encarga de ver lo positivo de cada situación:

—¿Qué os han dicho en la reunión? —pregunta en cuanto entramos.

—Dicen que tus pulmones tienen que limpiarse aún más. Siguen teniendo hongos.

—Bien. Pues que me los limpien más.

—Ya. Limpiaron ayer lo que pudieron. Hay zonas a las que no se puede llegar. Ahora depende de cómo actúe la medicación.

—Pues actuará bien. A mí siempre me funciona bien la medicación —responde.

—Sí. Seguro. Para ello van a bajar algunos fármacos. Entre ellos el inmunosupresor.

—Bien. Dijeron que tienen que ir bajándolo para que pueda ir a planta y después a casa. ¿Y qué más os han dicho?

—*Grosso* modo, nada más.

—Vale. Pues entonces todo bien, ¿no?

—Visto así, sí.

—Vale. ¿Vemos una peli?

—¿Eh? —balbuceo sorprendida ante tanta dosis de positividad—. Bien. ¿Cuál te apetece?

—*Ocho Apellidos Vascos* —dice con gran seguridad y entusiasmo.

—Estupendo. Buena elección. Venga, vamos a reírnos un rato.

Ponemos la película y disfrutamos con ella. La hemos visto muchas veces, y Alan, entre sonrisas y risas, suelta algunos diálogos que sabe de memoria. Me voy tranquilizando. Es genial ver cómo se toma el hecho de que aún tiene hongos en sus pulmones. Siempre me sorprende con su positividad y sus ganas de seguir mirando hacia delante sin preocuparse de las «pequeñas» trabas del camino. Nos está dando a todos un ejemplo de optimismo y superación. Cualquier obstáculo lo ve como un reto que va a superar sin problema. Está muy animado. Parece como si los dos meses que lleva aquí hubiesen sido para él coser y cantar. Además, está convencido de que saldrá airoso. Da gusto verlo tan optimista, tan feliz y tan contento. ¡Da gusto!

Entonces llega Eric.

—¿Viendo otra vez *Ocho Apellidos Vascos*? Sois unos viciados —dice riéndose.

—Sí, lo sabemos —le decimos mirándonos y riendo.

Solo quedan unos minutos para que acabe, así que Eric espera. Y en cuanto lo hace, se apresura a preguntar:

—¡Qué! ¿Jugamos a la *Play*?

—Sí. Vale —responde Alan rápidamente.

Mientras ellos juegan, yo pienso. Estoy gratamente sorprendida con Alan. ¡Qué facilidad para no preocuparse ni dar importancia a ciertas noticias! Y es en este momento cuando me doy cuenta de que yo hoy estaba haciendo justo lo contrario: me estaba preocupando en lugar de ocuparme. Ellos, Alan y Eric, se están ocupando de estar bien. Y lo hacen jugando. En cuanto he sido consciente de esto, he decidido relajarme y disfrutar también del momento. Otro aprendizaje más que me muestra Alan. ¡Qué grande! ¡Vamos a disfrutar todos! ¡Gracias, Alan!

Miedo en la UCI

Hoy Alan ha pasado una noche tranquila. Ayer jugó mucho con su hermano y se divirtió. Eso le ha permitido dormir bien. Ahora, al despertar, toca hacer la cura de las úlceras de la espalda. Se le han creado por estar tanto tiempo encamado. En la columna, varias vértebras están con heridas. Y eso le produce dolor. Le ponen apósitos acolchados con medicación. Por desgracia, hasta que no consiga estar la mayor parte del tiempo fuera de la cama, estas úlceras permanecerán ahí. ¡Qué lástima!

Aprovecho este momento de la cura para salir al baño. Antes de llegar, me encuentro con los padres de M., una niña ingresada en la UCI. Conversamos un momento, y de repente, la madre me dice: «*Quiero saber tu opinión sobre una cosa: ¿Cómo crees que quedará mi hija cuando salga de todo esto? ¿Podemos hablar de esto?*».

Ante semejante pregunta me quedo pasmada. No sé exactamente a qué se refiere. La niña ha sufrido un accidente muy grave. El 85% de su cuerpo está con quemaduras de segundo grado profundo. Le habían dado 24 horas de vida. Sin embargo, ya lleva más de un mes en el hospital. Hace unos días vi a sus padres llorando muy agobiados: la niña había cogido una neumonía. Estaban destrozados de nuevo. Por segunda vez pensaron que perdían a su hija. Sin embargo, ella se repuso de aquello. Esta vez no estaban llorando. Estaban con una cara distinta. ¿Qué estaba pasando ahora para que me hicieran esa pregunta? Y, continúa comentando afligida: «*Tengo miedo de lo que pase con mi hija cuando salga. Miedo a que le queden secuelas, marcas en la cara y en el cuerpo. Tengo miedo a cómo la vayan a tratar en el cole, a que la miren mal por la calle. Y tengo miedo de que se vea como un bicho raro. Hasta ahora, me sentía hundida y mal por el accidente. Me sentía culpable de todo lo que pasó. Ahora, además, me preocupa qué pasará después*», añade.

Ella sabe que aquí ofrecen apoyo psicológico, tanto para ella y su marido como para su hija. Sin embargo, quiere hablar de ello conmigo, como madre. Me comenta el accidente, el daño que le causa recordarlo, cómo se quedó en *shock* y casi paralizada cuando ocurrió... Hablamos de muchas cosas. Aunque, sobre todo, después del tiempo que lleva en la UCI, el accidente ha pasado a un segundo plano, y su cabeza ya está pensando en el momento en el que salga de aquí. Imagina todas las operaciones de reconstrucción que va a necesitar, el aspecto que va a tener, los meses de rehabilitación que requerirá para volver a andar, en su estado emocional y mental… Hablamos también de los miedos que ella tiene y de los miedos que puede tener su hija. O los que ella le puede transmitir aún sin quererlo.

La niña vivió plenamente el accidente: estaba consciente cuando se estaba quemando. Y llegó también consciente al hospital. Así que cree que eso seguramente se habrá quedado grabado en la memoria de la niña. Por eso, mil y una preguntas asaltan a la madre: ¿Cómo le va a afectar lo sucedido? ¿Va a tener miedo a partir de ahora? ¿Cómo se va a comportar? ¿Podrá ser una niña normal? ¿Podrá tener una vida normalizada? ¿Cómo va a vivir con todas esas marcas físicas? ¿Le quedarán secuelas emocionales además de las físicas? ¿Qué va a pasar ahora con ella?…

Hablamos de todo esto: de los miedos, de dónde proceden, de cómo gestionarlos, de cómo los padres se los «contagiamos» a los hijos… Lamentablemente estos miedos son frecuentes en la cabeza de los padres que tenemos hijos en la UCI. Y además de la preocupación por las secuelas físicas, está el miedo a que le cambie negativamente el carácter, a que salga con traumas… Y está el «súper gran miedo»: el miedo a que un hijo no vuelva a ser el mismo cuando salga de la UCI.

Después de nuestra tremenda conversación, la madre de M. se queda más tranquila. Me confiesa que este paso por la UCI pediátrica «está siendo muy, muy duro para ella» y que «va a ser difícil olvidar algo así». Además, se ha dado cuenta de que tiene muchos miedos y que está anticipando muchos efectos negativos para su hija. Le ha gustado que hayamos hablado y la idea de elegir algo positivo en lo que fijarse para animarse. Le he explicado que notará inmediatamente cómo su emoción se vuelve positiva, porque de ella depende cómo sentirse.

Por otro lado, tras esta conversación, yo también me planteo muchas cosas. Me doy cuenta de que daba por hecho que después de esta experiencia cada familia y cada niño iba a celebrar la vida y cada instante con mucha alegría y disfrute. Cada vez que Alan salió del hospital en las otras tres cirugías, no se me había ocurrido pensar en las consecuencias negativas de sus días de ingreso. Pensaba que, una vez fuera, la vida ya iba a ser de color de rosa. Sin embargo, la angustia de esta madre y la conversación me han hecho pensar.

Rápidamente me doy cuenta de que realmente, en el fondo, estoy convencida de que cuando todo esto pase, todo va a ser maravilloso. No va a haber secuelas negativas. Quizá tengo la tranquilidad de que Alan tiene muchas herramientas para ser positivo. Esto me permite mantenerme optimista. ¿Demasiado optimista? A veces me lo cuestiono. Sin embargo, prefiero estar así, extremadamente positiva que pesimista. ¡Esta es mi opción deliberada!

XII. Buenos y malos acontecimientos

La hija de Narcisa

Hoy es la presentación del libro *Un mundo de Historias. Cardiopatías congénitas* en Barcelona. En él hay veintitrés historias de niños con cardiopatías. Una es la de Alan. Lo presenta la Asociación de Cardiopatías Congénitas Cor Barcelona, y el doctor, cirujano cardíaco, Raúl Abella.

A las 48 horas del trasplante de Alan publiqué en mi blog un artículo narrando cómo habían sido esas primeras horas. El artículo se movió en Internet y llegó a Narcisa, la madre de otra niña con cardiopatía. Al leerlo me llamó de inmediato. Se había emocionado tremendamente con el texto. Incluso había llorado. En aquella llamada me contó, con toda la dulzura y el amor del mundo —aunque también con todo el pesar de una madre—, que a su hija le diagnosticaron una malformación en el corazón. Y lo habían hecho dos meses antes de que saliera de su tripa. ¡Tremendo! ¿Puede haber algo peor que la noticia de que tu hija va a nacer con una malformación y no saber si va a sobrevivir? Cuando lo supo, lloraba por la noche y se atormentaba por el día. Estaba hundida, con miedos, con gran preocupación y un profundo e intenso dolor. No entendía qué estaba pasando y por qué.

Su hija nació y pensó que aquellos meses iban a ser lo más difícil que viviría. Sin embargo, llegó otro momento casi tan duro o más que el anterior: durante una intervención, el corazón de su hija se paró. Cuando le dieron la noticia, la conmoción fue tremenda. Entró en *shock*. Se angustió. No podía ni quería creerlo. Sabía que en el quirófano, los cirujanos aún estaban con ella, haciendo todo lo que podían para revertir la situación. Ella confiaba en que sucediese un milagro. Y esperaba que volvieran a decirle que su hija estaba otra vez con pulso. Y de repente, después de treinta y nueve minutos en los que los médicos no tiraron la toalla, el corazón de su hija volvió a moverse. ¡Lo consiguieron! ¡Se produjo el milagro! ¡Increíble!

Cuando el cirujano, el doctor RA. —el mismo que operó a Alan—, le dio la buena nueva, la alegría fue desbordante. Fue toda una celebración. Todo un cúmulo de buenas emociones. Su hija volvió a la vida después de estar treinta y nueve minutos en parada cardíaca. ¡Treinta y nueve minutos con el corazón sin latir! ¡Uf! No sé qué puede pasar por la cabeza de una madre durante treinta y nueve largos minutos. ¡Tremendo!

Lo que me estaba contando era tremendo. Seguimos hablando solo unos minutos más. Yo tenía que volver a la UCI. Además, en aquel momento no estaba como para oír algo así, tan duro, tan dramático. Así que, cuando me estaba despidiendo me pidió permiso para incluir la historia de Alan en el libro. Su objetivo era ayudar a que otros padres no se sintieran solos ante semejante noticia.

Es verdad que muchos padres en la UCI han comentado que, cuando les informaron de lo que le sucedía a su hijo, se habían sentido solos. Y todos, aunque recibieron información o apoyo desde el hospital, destacaban la sensación de angustia y soledad.

Sé, por experiencia, que es tremendo y frustrante recibir una mala noticia de este tipo. Nadie lo espera. Nadie lo quiere. Y cuando te llega, te descuadra por completo. Te saca de tu zona de confort y te mete de lleno en la zona de pánico. Allí, el temor y la preocupación te invaden y te desbordan.

De cada 10.000 nacimientos, seis lo hacen con algún tipo de cardiopatía congénita: con alguna malformación en su corazón. Algunas gravísimas necesitan cirugía paliativa. Otras más suaves son solventadas con una intervención quirúrgica relativamente sencilla. Y todas ellas conllevan riesgos debido a la dimensión tan reducida del corazón de un recién nacido. Así que seis de cada 10.000 familias reciben un *shock* tremendo ante semejante noticia.

Alan aún estaba sedado. Sin embargo, como el libro iba ya a imprimirse, accedí. Me pareció muy importante el objetivo. Y estaba segura de que Alan, cuando despertase, iba a estar totalmente de acuerdo con hacerlo.

Un mundo de historias

Hoy es la presentación del libro en Barcelona. Cuando llego, la sala está llena. Estamos más de 200 personas. Todas familias con niños con cardiopatías congénitas. Todos con ganas de ver el libro, de tenerlo y leerlo. El texto de Alan va acompañado de una foto que realizó mi amigo Iván Cámara. La imagen se publicó en el diario *El Mundo*, junto a la noticia de que Alan estaba esperando su trasplante de corazón. Alan está ahí tal y como es: guapísimo, picarón y sonriente. ¡Qué va a decir de su hijo una madre!

Aquí todos estamos emocionados y contentos. Muchos son los motivos: por reunirnos, por conocernos, porque en tan solo quince días se han vendido más de mil ejemplares… por todo. Y por una cosa más. Porque hay muchos doctores en la sala. ¡Me encanta! Conozco a unos cuantos. En los diecisiete años de vida de Alan hemos conocido a muchos: a los que han empezado en la especialidad y a los que ya se han jubilado. Me alegra que haya tantos médicos presentes. Cada vez más, el facultativo deja de estar alejado del paciente y conecta más con él y su familia. No se trata solo de una profesión. Se trata de la tarea de cuidar, interesarse y prestar atención al otro.

Y aunque estamos aquí felices, muchos de los relatos que se presentan son desgarradores. En ellos se refleja la angustia de ciertas situaciones. Se palpa la entereza de unos padres que desean superar con éxito los duros momentos. Se siente la serenidad para afrontar las malas noticias. Se observan actitudes de tremenda fortaleza, de sufrimiento emotivo, de esperanzas ilusionantes, de incertidumbres constantes... Es decir, veintitrés grandes e impactantes historias.

Además, celebramos que el avance de la medicina y de la ciencia en general hayan reducido drásticamente la mortalidad infantil. Sin embargo, los adultos parece que no le prestamos mucho caso al corazón. No llevamos una vida saludable para cuidarlo. Al menos eso demuestran las estadísticas: en España, uno de cada tres fallecidos lo hace por algún motivo cardíaco. ¡Es la causa de mortalidad más alta! Incluso supera a los fallecimientos por algún cáncer. Y es treinta veces superior incluso al número de fallecidos en accidentes de tráfico. ¡Tremendo!

En medio de toda esta fiesta, falta algo. ¡Falta Alan! Se ha quedado con Fernando en la UCI. Me ha pedido que le cuente todo a la vuelta. Le hubiese encantado estar aquí, conmigo. ¡Ojala que ya hubiese salido del hospital y que las primeras 48 horas que se narran en el libro hubieran sido agua pasada! Se hubiese sentido feliz. Y qué más quiere una madre que su hijo se sienta bien y feliz.

Adiós a su padre

Son las cinco de la mañana. Hoy Fernando tiene que irse. Alan ha estado estos días muy disgustado y molesto con nosotros: con su padre porque se va y conmigo por dejarle marchar. Y ha llorado frecuentemente. Dice que se siente abandonado. Y es que es muy doloroso para él que su padre se vaya. Lo necesita aquí, a su lado. Y no va a tenerlo en mucho tiempo: en cuatro meses. Siente que le va a faltar su apoyo. Y ahora necesita todo el apoyo posible. Él solito se suele animar y poner optimista. Sin embargo, todo es más fácil con el apoyo de los seres queridos.

También será duro para Eric y para mí. Para Eric porque esto va a suponer más soledad, puesto que yo tendré que estar continuamente en el hospital. Y eso le va a afectar tremendamente. Y para mí porque en este momento salen todos mis miedos y mi rabia. ¿Por qué tiene que irse? ¿Por qué no puede estar hasta que esto pase? Entiendo que tiene que incorporarse a trabajar. No puede perder su trabajo. Sin embargo, va a ser muy duro para mí llevar sola todo esto, y además, estar las 24 horas en la UCI, sin relevo, es complicado.

Y por supuesto, va a ser muy, muy duro para él, para Fernando. A él le gusta cuidar a Alan y en casa siempre le hace las curas, le pone la medicación, la alimentación parenteral… Y estos días —y durante sus ingresos anteriores— siempre está junto a Alan mientras le hacen cualquier cosa. Le gustaría seguir cuidando de él. Además, sería bonito estar todos cuando Alan deje el hospital y poder celebrarlo juntos. Sé que su dolor es tremendo: tiene que dejar a Alan en la UCI. Y se va sin saber cómo va a evolucionar todo esto. Además, está el tema de las llamadas: donde va no puede recibirlas y sólo él puede llamar. Todo esto complica aún más las cosas. Así que, aunque no quiere mostrarlo, intuyo que en estos últimos días han salido toda su rabia y todos sus miedos. Se ve que lo está pasando muy mal. Estar durante cuatro meses alejado de Alan y de nosotros va a ser difícil. ¡Pobre!

A las 5:05 h de la mañana Fernando aparece en la UCI. Viene a despedirse de él. Con todo el dolor de su corazón le da unos besos y abrazos a Alan, que aún duerme. Le dice *«hasta pronto, campeón»*. Alan se despierta un segundo, y en medio del sueño, responde: *«vale, aitá, sí»*. Fernando aguanta su dolor y sus lágrimas. Alan se vuelve a dormir y salimos de la habitación en silencio. Y en silencio cogemos el coche. Voy a llevarlo al aeropuerto. Hablamos poco por el camino. Hay mucha angustia en una parte y mucha presión en la otra. En él porque se tiene que ir 120 días fuera, en medio de la nada, en medio de todo el océano Atlántico. Y en mí porque me quedo sola con todo, sin su apoyo. ¡Muy duro para todos!

Resiliencia

Vuelvo del aeropuerto. Alan ya está despierto. A punto de desayunar. ¡No sé cómo va a pasar hoy el día! Sorprendentemente está muy animado.

–Hola, Alan, buenos días. ¿Cómo estás?

–Muy bien. Muy contento.

–Me alegro. ¿Y por qué estás tan contento?

–Porque me he propuesto estar bien para cuando vuelva el aitá. Vuelve en cuatro meses. Para verano. ¡Para entonces voy a estar súper bien! Y podré hacer muchas cosas con él.

–¡Estupendo!

–Sí. Te cuento mis objetivos: en unos días voy a subir a planta y en unos pocos días más saldré del hospital. Luego, como aún me quedará tiempo, me pondré «cachas» para cuando él vuelva. ¡Ya verás cómo voy a estar! Quiero hacer muchas cosas en verano. Quiero ir a Roma en agosto, a la audiencia del Papa y a comer mucha, mucha pizza. Y mucha, mucha pasta. También quiero bañarme en el mar todos los días. Además, ya no me cansaré ni pasaré frío como me ocurría antes. También practicaré *paddle surf* con los del club —ya he quedado con ellos— y... ¡y más cosas!

—¡Buenos planes!

—Sí, ¿verdad? En cuanto me dejen, voy a ponerme a tope con los ejercicios. ¡A tope! Y quiero que me hagas muchas visualizaciones. ¿Puedes hacérmelas todos los días?

—Claro. Eso está hecho.

—¡Genial!

Está radiante. Lo tiene todo calculado. Ojalá sea como lo ha planeado. No tiene por qué ser de otra manera. Además, esta energía positiva y este optimismo es lo que le van a ayudar a que todo eso sea posible. Así, cuando viene la rehabilitadora pulmonar, trabaja como nunca: dándolo todo. Después viene la fisioterapeuta. Y aunque hace tiempo que no ha hecho nada, se ha propuesto estar de pie. Es un gran reto. ¡Y lo consigue! Aunque solo han sido unos segundos.

Le ha traído una bicicleta estática. Con dificultad lo suben a ella. Llega justito a los pedales. La bici siempre le ha gustado. A pesar de tener una cardiopatía severa, en verano cogía su bicicleta todos los días. ¡Hacía algún kilómetro! Tranquilo y a su ritmo. Así que, tener una bicicleta aquí le motiva. Empieza a pedalear como puede. Hay varios médicos en la habitación. Están sorprendidos con la motivación y el compromiso de Alan. Además, no calla mientras pedalea.

—¡Uf! ¡Qué bien estoy! ¿Cuánto llevo ya?

—Puedes parar si quieres. Llevas ya mucho —dice la doctora LG.

—¿Mucho? ¿Cuánto es eso?

—¡Casi un kilómetro! Llevas 700 metros.

—¿700? ¡Me faltan solo 300 para el kilómetro!

—No hace falta que llegues al kilómetro.

—¿Cómo que no? ¡Allá voy!

Alan sigue hasta el kilómetro. Al completarlo se siente contento y realizado. Además recibe el aplauso de las cinco personas que estamos allí. ¡Menuda satisfacción! Lástima que Fernando no lo haya podido ver. Si nos llama antes de embarcar se lo podemos contar. Estoy muy contenta: la bicicleta ha sido un gran avance. Además, los resultados de los análisis dicen que ha mejorado un poco. Los niveles están mejor. Eso es bueno. Ya se le nota. Aunque sigue débil, tiene algo más de energía. Y eso es un gran cambio. Los médicos dicen que si sigue con esta progresión, en unos días podría subir ya a planta. Eso le pone a Alan como una moto, porque ese es uno de sus objetivos. ¡Esta mañana está que se sale!

Lleva todo el día pletórico. Se nota que está animado. ¡Qué bueno! ¡Qué capacidad de resiliencia! Echa de menos a su padre. Normal, son uña y carne. Sin embargo, no puede hacer nada para que él esté aquí. Así que le ha dado la vuelta. Ha visto que lo mejor que puede hacer es enfocarse en mejorar su salud para estar bien para cuando vuelva. ¡Ese es su objetivo! Y la verdad es que se ha puesto en marcha con muchas ganas. Está preparándose mentalmente para conseguirlo. ¡Y a este paso lo va a lograr! Está optimista y feliz. ¡Qué bueno! Ahora, con algo más de energía, por fin, vuelve a ser el verdadero Alan. ¡Me encanta!

XIII. Avance

En un plis plas

Hace diez días que se fue Fernando. Y ha habido de todo: unos días muy animados, otros desesperados, algunos con desconsuelo, e incluso días en los que parecía que Alan se iba a comer el mundo. ¡De todo! Lo peor es que el pulmón de Alan sigue lleno de líquido. Por eso ha ido perdiendo energía. Le cuesta respirar y está más cansado. Ya no se puede mover de la cama. Incluso le cuesta hablar: lo hace a trompicones, sin pronunciar bien cada palabra. Sin embargo, ha hecho un gran esfuerzo para hacerlo hoy con la doctora LG:

—Alan, tienes mucho líquido en el pulmón y no se reabsorbe. Hemos decidido extraerte el líquido.

—Vale —dice con dificultad—. Cuando queráis —añade después de una gran pausa.

—Será dentro de un ratito. Lo extraeremos con una jeringuilla.

—¿Me va a doler? —pregunta con mala cara ante esta posibilidad.

—No. Te vamos a sedar un poco. Lo justo para que no lo notes.

—¿Y después?... —dice antes de parar y respirar—. ¿Me sentiré mejor? —cuestiona esperanzado.

—Esa es la idea.

–Bien. Pues… adelante… con la extracción –dice con media sonrisa, sin poder poner una entera debido al esfuerzo.

–Estupendo –dice la doctora.

–¿Me lleváis… a quirófano?

–No. La haremos aquí. En la habitación.

–¡Mejor! Así solo me muevo… para subir a la planta…. en pocos días –comenta débilmente aunque con ilusión.

Ha comprendido que quitarle el líquido de la pleura le va a acercar a ir a la planta. ¡Qué bueno! ¡Tiene tantas ganas! Ya hace casi tres meses que estamos en la UCI. ¡Esto es muy pesado! Y a pesar de eso, es genial que se tome todo con tanta positividad.

Han tardado menos de una hora en el procedimiento de la extracción. Le han sacado mucho líquido que tenía acumulado en la pleura. ¡Genial! Y tan solo unos minutos después, Alan ha despertado. Ha sido una sedación suave. Enseguida se ha puesto a hablar: «*Me siento muy bien. Puedo respirar mejor. Estoy ya preparado para que me subáis a planta*», es lo primero que pronuncia débilmente al despertar. ¡Uf! Se nota que está con muchas ganas. Y aunque aún habla mal, parece que tiene algo más de energía. ¡A ver si ahora es la definitiva!

Ha dormido bien después de la extracción. Hoy se encuentra mejor. Y por eso está muy contento. Como siempre, temprano en la UCI, es el momento de la placa, la radiografías de rayos X. Después llega la ecografía abdominal. Alan observa cómo se ve su estómago en la pantalla de blanco y negro. Le parece muy interesante lo que está viendo. Por eso engatusa a la doctora para hacer un experimento: ver cómo baja el líquido por su aparato digestivo. Coge un poco de agua y se la traga. En ese mismo instante ve en el ecógrafo cómo va entrando y desplazándose por todo su estómago. Se divierte mucho y la doctora también. Ha sido muy ilustrativo porque la doctora ha ido explicándole todo lo que veía. Se nota que está mejor.

Llega la doctora LG. junto al médico responsable de la UCI, el doctor JB. Le vuelven a mirar los pulmones.

—Estás mucho mejor —dice la doctora LG—. Solo tienes un poquito de líquido en el pulmón derecho. No es preocupante. Se irá reabsorbiendo.

—¡Qué bien! Y entonces... ¿cuándo voy a planta? —cuestiona suavemente Alan, con la esperanza de que en algún momento, después de haberlo preguntado tantas veces, llegue por fin la respuesta deseada.

—¡Hoy! ¿Qué te parece? —responde la doctora LG. con una gran sonrisa, sabiendo que la noticia le va a encantar a Alan.

—¿Sí? ¿Hoy? ¿De verdad? ¿No es broma? ¿Me puedo ir a planta —pregunta Alan entre ilusionado e incrédulo.

—Sí. Hoy. No es broma —responde seriamente el doctor JB., a quien veo sonreír por primera vez en estos meses, contagiado por el entusiasmo de Alan.

—¡¡¡Bien!!! —grita varias veces—. ¡Amá!, me voy a planta hoy! —me dice contento, como si necesitara repetirlo para confirmarlo—. ¿Y a qué hora subo? —pregunta ansioso.

—Ahora. En cuanto te organicemos el traslado y recojáis vuestras cosas —le informa la doctora.

—¡¡¡Bien!!! ¡Amá, prepara todo! —dice de inmediato. Y añade...— doctora, mi madre lo recoge todo en un plis plas. Así que ya podemos ir organizándolo todo para irnos —añade rápidamente Alan, con ganas de que se active el protocolo para el traslado.

—Muy bien, Alan. Pues en un plis plas nos vamos —repite riendo la doctora.

Realmente recogemos todo rápido. Nosotros nuestras cosas, y el equipo médico organiza los monitores, el oxígeno y todo lo necesario para el traslado. Y en un plis plas estamos de camino a planta. ¡Qué bien! ¡Vamos a la planta! Esto es un gran avance! Y esta vez sí veo más fuerte a Alan. Sigue respirando de forma entrecortada, rápida y superficial porque sus pulmones están todavía muy afectados; sin embargo, eso no le impide ir bromeando con las enfermeras. Sobre todo con B., con quien ha coincidido mucho a lo largo del último año en Urgencias y en la UCI. Además, va saludando a todos a su paso. ¡Aunque agotado por la emoción, está radiante de alegría! ¡Es genial verlo así!

Despedida de la UCI

En planta ya le estaban esperando. Esta vez lo ingresan al fondo del pasillo. Parece que la habitación tiene incluso más luz. Una vez instalado, se apacigua un poco. A pesar de que sigue sin poder moverse, la excitación ha sido tal que está muy fatigado.

Aprovecho el momento de las curas para bajar a la UCI. Estoy contenta por llevarme todo lo que me queda allí. Sin embargo, esa ilusión se trunca cuando veo con lágrimas y cabizbajos a los padres de otra niña que lleva dos meses en la UCI:

—La niña está mal. La han vuelto a intubar y a sedar. Otra vez para atrás con eso. ¡Ha cogido neumonía! ¡Con lo bien que iba! No entiendo nada —dice con gran rabia y dolor la madre mientras rompe a llorar.

—Yo estoy con el corazón encogido —añade el padre desconsolado con los ojos rojos.

Las duras y angustiosas palabras permiten sentir su desesperación. Las lágrimas dejan ver su dolor. Y el abatimiento de sus cuerpos muestra su impotencia porque el pequeño cuerpo de su hija tiene ahora una carga adicional.

Escenas así, de dolor y desconcierto, de rabia y enojo de los padres en ciertos momentos, se mezclan todos los días con la alegría, la euforia y la ilusión de otros a los que les anuncian que dejan la UCI. Las emociones están siempre cerca de los extremos de la paleta. Muy arriba o muy abajo. Aquí la acumulación de estrés pesa en las espaldas de papás y mamás que quieren con locura a sus hijos. Solo hay término medio cuando llega el cansancio consecuencia del paso de los días o en algunos momentos de las ajetreadas y ruidosas noches, en las que los padres nos recostamos en el sillón azul de escay reclinable sin apenas poder dormir.

Hablamos durante un rato. Consiguen tranquilizarse un poco y coger fuerzas para entrar más positivos y calmados a ver a su hija. Su ánimo ha cambiado. La madre se queda convencida de que su hija va a reponerse del todo. Está segura. El padre solo dice que entiende que su hija tiene que verle positivo.

Estos niños y niñas son fuertes, son valientes, son positivos y tienen una gran resiliencia. Aunque a veces tengan momentos de flaqueza y de «bajón», esas son pequeñas brechas entre la gran positividad y las ganas de vivir que muestran y contagian a diario.

«Cuando ves a un niño o niña pasar por algo así, se te quitan las tonterías y se relativiza todo. Las pequeñas incidencias del día a día son peccata-minuta comparadas con esto», decía una de las pediatras de Alan, la doctora EA., a la que aprecio y quiero profundamente.

Preciosa luz natural

Hemos pasado la primera noche en planta. En esta habitación, aunque pequeña, hay dos camas. Una es para mí. ¡Qué lujo! ¡Llevo tanto tiempo en ese sillón anti-ergonómico que ha sido extraño dormir hoy en ella! Igual que en la UCI, me he acostado con la bata verde y la mascarilla puestas. Sin embargo, aquí me he levantado muchas más veces. En la UCI, el personal de enfermería estaba muy cerca y llegaba en unos segundos cuando avisaba cualquier máquina. Aquí, por el contrario, cuando una bomba suena, hay que avisar al control de enfermería llamando a un timbre. Después, desde el control preguntan por la megafonía de la habitación qué ocurre. Esto hace que tenga que levantarme, hablar y después esperar a que vengan a apagar la máquina. Y mientras tanto, durante todo ese tiempo, el pitido continúa. Esto sucede como mínimo cuatro veces cada noche. Además, ahora estamos en la habitación situada al fondo del pasillo, con lo que tardan más en llegar. Por suerte, algunas enfermeras se ponen alarmas para anticiparse al aviso de finalización de la infusión de la medicación. Eso es todo un lujo. Cuando lo hacen, duermo sin apenas enterarme. Una maravilla.

Alan no se entera de ningún sonido ni de ninguna manipulación que realizan en las vías que van a sus venas. Ya está acostumbrado. ¡Qué suerte! Ojalá pudiera acostumbrarme igual que él. Aunque eso no creo que vaya a ocurrir. Cada vez que suena una bomba, miro el monitor, a ver cómo están sus constantes. Solo cuando compruebo que el corazón late bien, la respiración está normal y la tensión estupenda, consigo relajarme. A ver si, como dice Alan, estamos aquí solo unos días y no necesito habituarme a nada de esto.

Ya por la mañana, volvemos a disfrutar de la luz natural. Y eso le hace feliz a Alan. ¡Es una maravilla ver el cielo azul y las nubes! ¡Qué bueno! Se dice que no se aprecia algo hasta que se pierde. Es cierto. ¡Esto es un regalo! Alan mira continuamente hacia el exterior: le encanta girar la cabeza para ver a través de la ventana. Y aunque seguimos en el hospital, este cambio ha hecho que estemos muchísimo mejor en todos los sentidos. Los primeros análisis en planta, el primer inmunosupresor de la mañana, el primer rayo de luz, el cielo iluminado… todo, sea lo que sea, sabe a gloria aquí.

Llega JM., el enfermero con el que Alan siempre ha tenido muy buen rollo. Había ido a visitarlo a la UCI, como muchos otros enfermeros y enfermeras con los que ha coincidido. Cuando lo ve entrar en la habitación por la mañana, Alan da un brinco de alegría. Como solo puede mover las manos, las agita con mucha ilusión:

—¡¡JM.!! ¡Qué bien! ¡Estás conmigo, para cuidarme!

—Sí, Alan. ¡Qué bien! Te voy a cuidar. Y claro, tú también te vas a cuidar, ¿verdad?.

—Claro —dice con cara burlona.

—Súper bien. Entonces esto va a ser pan comido, Alan.

—No me hables de comida, que a ver qué me traen hoy en la bandeja… —dice él rápidamente.

Los dos se ríen con el comentario. La comida es muy importante para Alan. Disfruta con ella. Y le gusta comer abundante. Sin embargo, sus ganas de comer se han reducido en gran medida. Normal: está conectado durante 24 horas a la alimentación parenteral que le infunden por vena. Lo bueno es que poco a poco necesita incrementar su ingesta por boca para fortalecer su sistema digestivo. Así podrá eliminar la alimentación parenteral que ha necesitado durante los últimos meses antes del trasplante, que le tenía conectado a una bomba entre ocho y doce horas todos los días, y que ahora mantiene de manera constante.

La dietista viene a verlo. Para Alan, es una de las visitas más esperadas. Después de una larga conversación sobre los gustos y los efectos de los alimentos, pactan una dieta. Hay muchos alimentos que no puede comer. Y ambos terminan con cierta resignación: sus necesidades básicas de nutrición estarán cubiertas, aunque no así sus gustos y deseos. Sin embargo, Alan entiende que hay una buena intención y gran coordinación de todos para que su comida sea la mejor posible. Por eso acepta sin muchas objeciones. Sobre todo, porque está convencido de que en pocos días estará en casa. Pensar eso lo anima y le permite aceptar con mejor ánimo una dieta que no le gusta. Está claro que uno se puede amargar o estar feliz, dependiendo de en qué parte de la vida se fije.

Las madres y los padres en la planta

En la planta, la zona común para padres es diferente. Hay un microondas para todos, igual que en la UCI. Sin embargo, aquí cada cama tiene una neverita asignada. Esto es un lujo. En la UCI había un frigorífico pequeño para dieciséis familias. Aquí, en cambio, puedo meter lo que sea. ¡Qué bien! ¡Creo que podré comer mejor! Hasta ahora me he alimentado de bollos, sopas de sobre y comida instantánea. Y sobre todo, del rico bocata de atún con tomate caliente de la cafetería de Pediatría. Y estoy un poco harta de comer durante más de tres meses lo mismo. Además, tantos días comiendo mal pueden pasar factura.

He oído de los desarreglos que provocan en los familiares las largas estancias hospitalarias. No sé cómo me organicé las veces anteriores. Lo he olvidado. Esta vez he comprobado que la comida de los padres es algo crítico. Comemos lo que está a nuestro alcance y en el momento que podemos. Muchas veces no hay tiempo para comer. Es fácil oír a alguna madre decir: «*Ayer ni comí. No pude salir de la habitación ni un momento*». Y muchas veces, por el poco tiempo disponible, echamos mano de comida poco saludable. Por suerte, de vez en cuando sobra alguna bandeja de comida, porque algún niño está en ayunas o ha habido un alta y me ofrecen un cuenco de sopa caliente. Lo agradezco muchísimo. ¡Y me sabe deliciosa!

La mayoría de los acompañantes que estamos con los niños somos madres. Casi todas comemos muchos bocadillos y alimentos precocinados. Y aunque alguna madre tiene la suerte de comer bien porque algún familiar le trae comida a diario, no es lo habitual. Además, dicen que el estrés y la preocupación quitan el hambre. A mí, al revés. En ocasiones puntuales me entra un hambre insaciable. El cuerpo me pide azúcar, y devoro todo lo que pillo. Es la ansiedad.

Perder el equilibrio emocional es fácil. Aquí todo resulta tenso y desestabilizador, los nervios extremos son frecuentes, los sustos continuados, la incertidumbre constante y los miedos asoman sin cesar. Así, la ansiedad tiene buen caldo de cultivo. En ocasiones llega a alcanzar niveles traumáticos: hay quien pasa por estados de depresión, de pasividad o incluso de agresividad. Y estos se agravan aún más si la estancia en el hospital es larga, pudiendo llegar a la angustia. Las madres y los padres, con nuestros desequilibrios emocionales, podemos influir negativamente en los hijos y por ende, en su recuperación. Afortunadamente, para ese estrés de los niños existen buenas iniciativas en el hospital. Por ejemplo, hay grupos de doctores y voluntarios que siguen el ejemplo del doctor Patch Adams, «el médico de la risoterapia». Adams sabía que «jugar, ser feliz y tener buen humor promueve la salud». Aún hoy sueña con convertir los hospitales en lugares amistosos y alegres, donde «curar sea un intercambio de amor y no una transacción económica», ya que, como él afirma, «el amor es la herramienta más poderosa del mundo para lograr cambios profundos en las personas». Además, entiende que la salud de una persona está íntimamente unida a la salud de la familia, de la comunidad y de todo el mundo. Y eso tiene mucho sentido, sobre todo en el área de Pediatría. Recibir la visita de los «doctores payasos» les encanta a todos los niños. He visto cómo han sacado hermosas sonrisas y contagiosas risas a muchos pequeños. ¡Y eso es oro!

Malas noticias

Hace solo unos días que hemos subido a planta. Aquí el ambiente es muy diferente: nuevas caras y nuevas situaciones familiares. La UCI ha quedado atrás. Sin embargo, me llega un trágico mensaje desde la UCI: «Sg. ha fallecido». Un fuerte golpe sacude mi pecho. Tenía dieciséis años. Y los últimos tres habrá estado «*luchando* –como decía su madre– *contra su enfermedad. Era un luchador*».

Otro niño nos ha dejado. ¡Vaya dolor! Que un niño fallezca siempre es una posibilidad en la UCI. Y cuando ocurre, es un gran drama para una familia. ¡Una desdicha! Ha ocurrido de madrugada. Y a esta hora toda su familia está ya de camino a su ciudad natal, a unos 500 km de aquí. Me hubiese gustado darles mis condolencias en persona. Llevábamos mucho tiempo compartiendo el espacio destinado a los padres. Además, su madre era muy sociable. Y era acogedora con las nuevas familias. Ella sabía mejor que nadie lo duro que es para unos padres tener un hijo en la UCI. Los tres últimos años había estado más tiempo en la UCI que fuera. Conocía a todos. Y todos la conocían. Ella era muy positiva y alegre. Y a pesar de ello, también tenía días en los que la tristeza la inundaba. La última semana la noté muy hundida. Me quise acercar varias veces. Sin embargo, siempre estaba hablando con alguien del equipo médico con tristeza, o estaba al teléfono con lágrimas en los ojos. También estaba triste la abuela: había estado todos los días aquí, junto a su nieto. Esos días entendí que su hijo estaba otra vez, como tantas otras, en un momento crítico. No supe ver que este era «el momento crítico». No intuí que Sg. se iba.

Ayer tuvo muchas visitas familiares. ¡Qué bueno que se hubieran acercado a verlo! Ya estaba sedado para que no sufriera, y a pesar de eso estoy segura de que se sintió querido y arropado hasta el último minuto. También lo estaba por todo el personal sanitario. «*Sg. era un niño que te tocaba el alma*», me comenta un enfermero con tristeza y ojos húmedos. La noticia de que Sg. ha fallecido se nota en la UCI. Hoy no se ven las sonrisas habituales. Y hay conversaciones más serias en los corrillos del personal.

Todos los padres y madres que llevan cierto tiempo ingresados se han enterado del suceso. Y comienzan a comentar: «*No hay derecho. Después de todo lo que ha pasado, se merecía vivir*», «*su madre nunca perdió la esperanza de poder volver con él ya curado a su casa*», «*pobre MS. (su madre) y toda la familia*», «*esto no es justo*», «*insufrible para unos padres*»…

Es muy doloroso que un niño muera en la UCI o en el hospital. Nadie encuentra justificación a semejante drama. Nadie piensa que eso le va a suceder a su hijo o a su hija. Todas y cada una de las dieciséis familias que están en la UCI pediátrica de este hospital esperan que eso no les ocurra nunca. Todos quieren que sus hijos se curen rápido y sin secuelas. Y confían ciegamente en los profesionales que aquí trabajan para que así sea. Es frustrante para los padres, y también para los profesionales, vivir un momento en el que no se puede hacer nada por una personita que tiene toda una vida por delante: sueños que cumplir, risas que emitir, comidas que preparar y degustar, lugares que visitar, mil cosas que aprender. Una personita con muchas experiencias que vivir y con momentos para amar, llorar, crecer y compartir.

En este caso se ha ido Sg. y ha dejado un gran vacío. Tanto en su familia como en todos los que lo han conocido durante estos años. Y lo malo es que ese vacío se llenará de fuerte dolor. Su madre me comenta que se le hacía duro y extraño volver a casa sin él. Dicen que la pérdida de un hijo o una hija es el peor de los dolores. No quiero sentirlo ni por un momento. Ni tan siquiera quiero imaginarlo. Y qué horrible sensación entrar en el hogar sabiendo que su niño nunca va a volver a su cuarto. ¡Es muy duro!

Regreso a la habitación después de hablar con varios padres.

—¿Qué ha pasado, Amá? —me pregunta Alan intuyendo algo.

—Ha fallecido un niño —le comento suavemente.

—¿Cómo? ¿Que un niño ha muerto? —pregunta muy sorprendido, como si en su cabeza nunca hubiese existido esa posibilidad—. ¿Quién era? ¿Lo conocía yo?

—Sí. Ha sido Sg.

—¡Sí! ¡Me acuerdo de él! Salía después de mí en el programa de televisión. Es el que iba a preparar patatas a la riojana. ¿Y por qué se ha tenido que morir? —pregunta extrañado e indignado.

Curiosa forma de hacer la pregunta. «Por qué se HA TENIDO que morir».

—Estaba muy malito —le explico.

—Vaya. Llevo aquí casi tres meses y ya ha muerto un niño. ¡Qué mal! ¡Qué pasada! —comenta triste.

En realidad, Alan no sabe que por desgracia han fallecido más niños en este periodo. Cuando falleció S., aunque Alan lo conocía muy bien, no le dije nada. Aquel no era el momento para decírselo y ahora que se ha quedado muy afectado por la muerte de Sg., tampoco.

—¿Qué mal, no? —vuelve a decir Alan, indigestado por la desgraciada noticia—. ¿Conocías a su madre? —pregunta mirándome, como entendiendo el dolor que el hecho produce en una madre. Le explico de qué la conocía. No me pregunta nada más durante unos minutos. Y sin embargo, sé que está pensando en ello. De vez en cuando deja oír un suspiro, como si volviera a pensar en la tragedia y en cómo ha afectado a sus seres queridos.

Consigo contactar con la madre de Sg. Está hundida. ¡Normal! Me cuenta cómo se siente. Realiza largos silencios en los que aprovecha para respirar profundamente. No quiero interrumpirla. Escucho mientras me habla con dolor de todo lo que pasa por su cabeza en este momento: *«Me cuesta mucho aceptar que ya no esté aquí y que no volveré a verlo más. Es como un mal sueño». «No estaba preparada para esto». «Cuando yo desfallecía, él me animaba diciendo que todo iba a salir bien». «Nunca se quejó de nada. Solo se preguntaba por qué le pasaba eso a él. Por qué le tocó vivir eso a él». «Estoy muy orgullosa de él. De cómo ha vivido...». «Aunque sabía que esto podía llegar, nunca quise pensar que llegaría algún día...». «Era un niño tan dulce... tan lleno de vida y de ganas de vivir...». «Era un amor de niño. Era todo cariño». «Un angelito; era un angelito». «Tenía tantas ganas de vivir...».*

No importa qué le pasaba exactamente a Sg. No importa cuál era el motivo por el que estaba en la UCI o de qué murió. Lo que importa es que era un niño. Y como todos los niños, tenía mucha vida por delante. Tenía una familia que deseaba tenerlo en casa. Tenía muchas experiencias por vivir. Muchos sueños que cumplir... Además, tanto tiempo visitando el hospital y frecuentando la UCI había hecho que Sg. valorara mucho más la vida. Le hizo apreciar cada instante en toda su esencia. Pasó tres años de continuas tensiones. De desplazamientos desde su ciudad, a cinco horas de viaje, hasta este hospital que hoy lo despedía. Tenía una gran familia que lo arropaba y que confiaba en su fortaleza para afrontar con éxito cualquier situación. Una familia orgullosa de su hijo. Y él era un hijo orgulloso de su familia.

Esta muerte provoca el mismo el dolor, con la misma intensidad, que la que vivimos con S. hace algo más de dos meses. Sin embargo, para cada familia es un dolor nuevo, profundo, insufrible. Un dolor que tal vez no se supere. Un dolor tan tremendo que machaca las vidas de quienes se quedan sin esa persona que se ha ido. ¡Pobre madre, pobre padre, pobre abuela, pobre familia!

El peso

Ya llevamos una semana en planta. Aquí todo va muy despacio. Incluso más que en la UCI. Los días comienzan a pesar demasiado. Y la monotonía se hace cargante: la analítica de la mañana, la nebulización tres veces al día, la limpieza del cuerpo con esponjas, la fisioterapia, la rehabilitación, las visitas médicas… Alan comienza a desesperarse. Y lo peor es que parece que no avanzamos.

Está muy desanimado. Y uno de sus placeres, la comida, está creando mayor tensión. Sus restricciones dejan poca variedad a los platos. Y el que tengan que ser cocinados sin grasas ni salsas, los hacen a veces poco apetitosos.

Además, según dicen por aquí, los corticoides que toma le producen gran desánimo y malestar emocional. Así, lleva unos días que se enfada fácilmente. Se enfada cuando traen la comida: *«¡Otra vez lo mismo!»*. Se enfada cuando llega la rehabilitación respiratoria: *«¡No adelanto nada!»*. Se enfada cuando le hacen daño al moverlo para el aseo personal: *«¡No quiero moverme!»*. Y está cansado de la cuña de plástico que dolorosamente le colocamos para evacuar. Le molesta incluso que lo despierten y levanten por la mañana y no le dejen dormir hasta cuando le pide el cuerpo, hasta las once de la mañana.

Y de todo, lo más desgarrador es el momento de pesarlo. El proceso de pasar de la cama a la «silla-peso» es, como él dice, «una tortura». Lo tienen que hacer algunos días de la semana y es un proceso muy doloroso y agotador para él. Como su cuerpo no tiene fuerza, está sin masa muscular y no puede sujetarse sobre sus pies, tenemos que ayudarlo entre tres personas. Primero lo sentamos en un lateral de la cama. Después se agarra a mi cuello con las manos. Y yo lo levanto suavemente hasta posarlo en la silla. En cuanto esta indica el peso, hay que volverlo a levantar rápidamente. Muchos días le brotan lágrimas de dolor, que aguanta como puede para hacerse el valiente. Para volver a la cama, se coge otra vez a mi cuello mientras yo lo sujeto por los lados. Tengo mucho cuidado. No quiero rozarle la cicatriz de la plicatura de un costado porque aún le duele. Tampoco quiero tocarle el aparato por donde le infunden la alimentación parenteral, que le sobresale en el otro. Y lo vuelvo a colocar sentado en un lateral de la cama. Después, otra vez, las tres personas lo ayudamos a colocarse en el centro de la cama y a recostarse. Cuando termina el proceso, respira profundamente. Lo profundamente que le dejan sus pulmones que aún no están bien. Y por fin se queda tranquilo. Lo tranquilo que puede después de unos movimientos que le han causado gran fatiga.

Lo que más le motiva es la fisioterapia. Quiere ir cogiendo fuerzas en sus músculos y andar pronto. Sin embargo, hoy han descubierto que le falta calcio y no le dejan ponerse de pie para evitar roturas de huesos. Eso es un gran batacazo: su recuperación física se va a atascar. Por eso algunas veces piensa que no volverá a andar nunca más. Y eso le hace sentirse mal. Cree que tal vez se va a quedar en cama para siempre. Lleva ya muchos meses y eso le está pasando factura, tanto a su cuerpo como a sus emociones. Y el miedo a seguir en esta situación le está haciendo mucho daño. Sus emociones están a flor de piel. Podría afectarle muy negativamente que la situación continuara así. Todos lo vemos. De hecho, su cardióloga lo tiene muy claro: «*Necesita alguna forma de levantar el ánimo*».

Además, en pocos días es su cumpleaños. Y para esa fecha él pensaba estar en casa. Quería celebrar su dieciocho cumpleaños fuera de aquí. Y sin embargo, parece que no va a llegar nunca el día de dejar el hospital. Alan está en un momento crítico. Puede llegar a hundirse. ¡Necesitamos idear algo para que esto no ocurra!

XIV. El cumpleaños de Alan

Preparativos secretos

¡En solo dos días Alan cumple dieciocho años! ¡Quién lo hubiese pensado cuando nació! En aquel momento le daban casi por muerto. Nacer con una cardiopatía tan grave significaba pocas posibilidades de vivir. Y a pesar de todos los diagnósticos, está aquí en este mundo. ¡Y bastante bien dentro de lo que cabe!

Él quería celebrar su cumpleaños fuera del hospital. Sin embargo, está temiendo que no va a ser así. Además, no puede caminar, está con mucho oxígeno, con alimentación por vena dieciocho horas diarias, con los pulmones en malas condiciones, con inhalaciones tres veces al día, con curas de las úlceras, sin masa muscular, sin poder ponerse de pie o dar un paso…. y no cree que por un tiempo le dejen ir a casa, ni por unas horas.

Mi tarea durante estos días es que no se derrumbe. Y a veces empieza a hacerlo y comenta: «los dieciocho no se cumplen cualquier año. Es un momento especial. Y yo quiero celebrarlo de una manera especial, no en un hospital», «*¡no es justo! ¡Yo quería haber salido ya!*» «*¡yo quiero celebrar mi cumple a lo grande, con mis amigos, con un buen regalo y haciendo algo que me guste. No aquí aislado!*»; «*¡si al menos tuviera una súper comida! Una rica, que me guste. ¡Y no la misma aburrida comida que llevo comiendo dos meses en el hospital…!*».

La verdad es que el tema de la comida es muy importante para él. Cada vez que llega la bandeja de comida a la habitación, Alan entra en conflicto. Cada día desea levantar la tapa y encontrar una grata sorpresa. Sin embargo, una vez abierta, observa con desasosiego que es lo mismo de siempre: el mismo pescado o el mismo filete de pollo, el mismo puré o la misma sopa. Dice que ya no le gusta nada: ¡ni la compota de postre que saboreaba con gran placer en la UCI! Y cada día hace un gran esfuerzo mental por reenfocar la situación y fijarse en lo bueno de la bandeja. Se recuerda a sí mismo que con esa comida su cuerpo va mejorando. Aunque con este tema de la comida, muchas veces la pataleta y la desilusión son inevitables.

Cada semana, cuando ve aparecer por la puerta a la nutricionista o a la gastroenteróloga, comienza a camelárselas para que le dejen incorporar algo distinto a su dieta:

—Doctora RN., ¿qué te parece si... para mi cumpleaños... como día especial... como excepción... solo por un día... y solo un poco... qué te parece... si me dejaras... eh... una... una pizza? —dice suavemente entre pausas cameladoras.

—Alan, ya sabes que yo quiero dejarte comer una pizza —dice la doctora.

—Bien, estupendo —se apresura a decir él de manera picarona—. Tú quieres dejarme comer pizza, y yo quiero comer pizza. Estamos los dos de acuerdo. ¡Entonces hay pizza! ¡Bien! —dice rápidamente tratando de convencer a la doctora para que acepte su petición.

—Ya, Alan. Lo que pasa es que... —continúa la doctora.

—Tranquila, RN. Será solo un día. El de mi cumple. Y he pensado que puede llevar queso sin lactosa y jamón de pavo.

—Bueno, Alan. Déjame que lo vea y te digo algo, ¿vale? —dice ella.

—¡Claro! ¡Bien! —responde de inmediato Alan, feliz ante la posibilidad remota de que se acepte esta excepción.

La doctora casi se ha dejado convencer. Tiene en cuenta la parte emocional de Alan. Entiende que está en un momento crítico. Que esa fecha es muy importante. Y sabe que negarle eso puede tener un efecto negativo en él, posiblemente mucho más dañino que el efecto de un trozo de pizza.

Un par de horas más tarde, me envía un mensaje: «*la pizza de Alan no se puede hacer en el hospital. Preferiría no introducir ningún alimento externo en la habitación. Sin embargo, como no es posible hacerlo de otra manera, puedes encargarla. Ten en cuenta los alimentos señalados y todos los condicionantes debido a la inmunosupresión de Alan*».

Ningún problema. En la pizzería cercana al hospital están encantados de poder hacer una especial para Alan. Extremarán, o más bien exagerarán, todas sus medidas de higiene para este pedido excepcional. La masa la harán sobre una tabla nueva, el queso sin lactosa, el jamón de pavo y un tomate natural que van a preparar sin aceite y sin semillas. Entienden la situación y desean poner su granito de arena en este cumpleaños tan especial. ¡Y Alan aún no sabe nada!

Estoy a tope con los preparativos de su cumpleaños. Desde Atención al Usuario contactan con «Pequeño Deseo». ¡Es la ONG ideal para conseguir que el cumpleaños de Alan sea muy especial! Ellos ayudan a hacer realidad los deseos de los niños hospitalizados en días señalados. Por otra parte, también la cardióloga, viendo la importancia que tiene para Alan este día, contacta con esta ONG. Teme que, si no lo vive como un gran día, Alan puede verse afectado muy negativamente. Lleva ya casi tres meses en el hospital y comienza a sentir el peso del tiempo que lleva encerrado. Además, que le falte uno de sus pilares, su padre, añade mayor dureza. Mucho más en el día en que cumple su mayoría de edad. Por eso, una celebración en la que pueda disfrutar es muy importante. De no tenerla, posiblemente se desespere y se hunda. Y las consecuencias pueden ser muy caras. Por eso todos estamos poniendo mucha energía para conseguir que ese día sea especial.

La responsable de «Pequeño Deseo» en esta zona, Ester, viene en cuanto recibe la noticia del cumpleaños. Siempre se informa en persona de lo que quieren los niños, de sus sueños y de lo que les entusiasma. Y lo hace sin desvelar el motivo y la sorpresa. Después mueve todos sus contactos para que el niño tenga su gran día. En cuanto habla con Alan le surgen fantásticas ideas. Para realizarlas necesita mi colaboración. Y como el cumpleaños es en tan solo día y medio, me pongo a ello con muchas ganas. ¡La maquinaria está ya en marcha!

¡Dieciocho años!

Ya ha llegado el día de su cumpleaños. A las 00:00 h en punto entran en la habitación todas las enfermeras de la planta del turno de noche. ¡Vaya sorpresa! ¡La primera del día! Vienen ya preparadas con las batas y las máscaras indispensables para entrar en la habitación. Se ponen a cantar. Lo hacen —o tratan de hacerlo— bajito: no quieren despertar a los que duermen. Son los primeros minutos del nuevo día. Alan se emociona mucho. ¡Ya tiene dieciocho! «*¡Gracias! ¡Gracias a todas por esta sorpresa! ¡Por fin ha llegado!*», dice contento. «*¡Ya tengo dieciocho! ¡¡¡Ya soy mayor de edad!!! ¡¡¡Y ya puedo conducir la moto que me gusta!!!*», dice mirándome, como sugiriendo que ese sería un buen regalo de cumpleaños.

Ha aguantado despierto hasta las doce de la noche esperando estrenar el día de su cumpleaños. Sin embargo, enseguida cae rendido de sueño.

A las ocho de la mañana subo el volumen de su radio. Le despierta. Como cada día, se engancha rápido al humor mañanero de la emisora. Le espera otra sorpresa. De repente se sobresalta. ¡Xavi Rodríguez, presentador del programa, le ha felicitado por la radio! ¡Y además le dedica la canción de *Tiempo divertido*! ¡Se queda impresionado! «*¿Cómo? ¿Me ha felicitado a mí? ¿A mí? ¡Ha dicho mi nombre y mi apellido! ¿Y eso? ¿Cómo sabían que hoy…?*», dice sorprendido. Se queda pensativo un par de segundos y vuelve a preguntar: «*Amá, ¿cómo lo has hecho?*». No hace falta responder. Me río y le doy muchos besos, feliz por la ilusión que le ha generado esa sorpresa.

Llaman a la puerta. Es la Amoña, su abuela. Se acerca y le da besos por toda la cara a través de su máscara. Está emocionada de verlo con dieciocho años. Vuelve a abrirse la puerta. ¡Otra sorpresa! Aparecen Jessy y su hija Aina, de ocho años, en lista de espera para su tercer trasplante de riñón. Traen un bizcocho. Lleva dos velas con el número dieciocho. Las encienden. Alan se emociona aún más. Rápidamente las sopla y las apaga. Lo ha hecho tan rápido que no ha dado tiempo ni a decir «¡piensa un deseo!». ¡Parece que el soplar las velas ha inaugurado oficialmente la celebración de su cumpleaños!

Durante toda la mañana se suceden las visitas. Algunas rigurosamente médicas y otras puramente de «celebración cumpleañera». Las enfermeras y los médicos que se acercan entonan distintos cantos y portan improvisados globos hechos de guantes hospitalarios de látex. ¡Alan está encantado!

Llega su primo Noan. ¡No le esperaba! Hasta ahora no había podido tener visitas. Hoy sigue aislado. Sin embargo, se han extremado las medidas y le han permitido tener «invitados». ¡Se pone enormemente contento! ¡Bien! Además… ¡por fin alguien joven con quien hablar! Media hora más tarde, llega otra gran sorpresa: ¡Lucas, su amigo, aparece por la puerta! ¡Ha viajado 500 km solo para verle unas horas! La fundación «Pequeño Deseo» ha hecho que esto sea posible. Sabían que Alan iba a estar feliz con la visita de un amigo. Se queda boquiabierto y balbucea:

—¿Lucas? ¿Tú? ¿Qué haces aquí?

No puede creer que su amigo esté hoy aquí, frente a él, en su habitación del hospital, en Barcelona. Está realmente ilusionado. Da gusto verlo así. Llega también el *au pair* mexicano, Diego, que está todos los días con Eric. Ya tiene tres personas jóvenes con las que hablar. ¡Está muy, muy contento!

Ya son las dos de la tarde. ¡Llega la pizza! ¡Qué gran sorpresa! ¡Una más! Alan no sabía que la doctora había aprobado este menú. ¡No da crédito a lo que ve! Abre con ganas la caja de la pizza. La quiere ver, la quiere oler. Y su sonrisa vuelve a aparecer de forma radiante. Coge rápidamente sin pensarlo una porción y se la lleva a la boca con deseo. Ese primer bocado lo degusta con gran placer. Disfruta de cada mordisco y de cada masticada como si fuese su primera pizza y se sorprendiera gratamente por su exquisito sabor.

—¡¡¡Ummmhhhhh!!! ¡Qué rica! ¡Está deliciosa! ¡Qué buena! —repite constantemente.

Después de un cuarto de pizza, se siente lleno. La alimentación diaria que recibe por vena no le permite comer más. Así que se ve obligado a cerrar la caja.

Justo en ese momento entra un grupo de jóvenes muy animados. Todos van con batas y máscaras. Saludan y felicitan a Alan. Y sin decir nada más, comienzan a decorar la habitación con muchos globos de colores. Alan se sorprende. No saben quiénes son. Yo sí: son los voluntarios de «Pequeño Deseo».

Enseguida llega otro grupo de personas. Son los médicos: la cardióloga, los cirujanos, los de la UCI, algunos de Urgencias, la dietista, las de «gastro»... Bueno, muchos,

muchos médicos. ¡Más de veinte! Alan se sorprende de la actitud distendida con la que entran. Los ve por primera ve sin la seriedad profesional que normalmente los caracteriza. Están celebrando la fiesta porque para ellos es también un cumpleaños especial. Alan está aquí gracias a todos ellos. ¡Y es también parte de sus vidas!

Alan está feliz. Cada facultativo en la habitación se acerca a él, le felicita y le dice algo al oído. Es emocionante. Y sin esperarlo, de la nada sale una gran caja de regalo.

—¿Un regalo? —dice muy sorprendido—. ¡No esperaba nada!

—¡Sí. Para ti! —dice la cardióloga.

—¿Para mí? ¡Qué guay! ¡Y qué grande es! —dice emocionado.

—Ya te lo abrimos —dice la cardióloga.

—¡Un *Laser-Space*! ¡¡Qué chulo!! ¡¡¡Qué bien!!! ¡Podré proyectar el universo en el techo de esta habitación! ¡¡¡¡GRACIAS!!!! —dice a todos, aunque mira claramente a la cardióloga, que es la persona que lo ha tratado todo este tiempo y a la que se siente más próximo emocionalmente.

—¿Lo puedo probar? ¡Quiero ver lo «espectra-cular» que es! —dice en un juego de palabras que denota su ilusión.

Rápidamente nos organizamos: un médico baja la cortina de la ventana, otro enchufa el aparato a la electricidad y entre dos investigan la forma de encenderlo. ¡Ya está! ¡¡¡Qué bonito!!! ¡Se ve todo el cielo, el firmamento, la galaxia y parte del universo! Y aquí estamos todos, a oscuras en la habitación, «embobados» disfrutando de la maravillosa escena. Alan está tremendamente emocionado. ¡No esperaba semejante regalo! ¡Y le encanta! Está disfrutando como nunca de la gran fiesta, del regalo y de todas las vistas.

Y de repente, Alan interrumpe:

—Y ahora que estáis todos aquí, es el momento de... ¡la sidra!

Es su bebida favorita. Abrimos la botella de sidra sin alcohol que habíamos traído. El cirujano se encarga de hacer los honores e ir llenando los vasos. El primero a Alan, claro. Después se unen todos en el brindis:

—¡Por Alan! ¡Por Alan!

Todo está siendo todo muy emocionante. Y Alan está disfrutando como nunca.

Lágrimas desconsoladas

¡Da gusto ver todo esto! En el hospital los cumpleaños se celebran lo mejor que se puede. Todos entienden que estar aquí no es agradable. Así que, en estos días excepcionales, el cariño de los cuidados diarios se une a la diversión, a la sorpresa y a los regalos.

Cuando los médicos salen de la habitación, comienzan a entrar enfermeras y enfermeros de distintas áreas de Pediatría. Todas las que Alan ha visitado estos años. ¡Hay mucha ilusión compartida entre todos! ¡Es genial! Después, comienzan a venir otras visitas inesperadas de personas a las que Alan quiere y admira: Ione y Fermín Muguruza, cantante al que él conoce y sigue; David Fernández «Chiquilicuatre», el actor con el que disfruta en una serie de TV... Y todos vienen con divertidos regalos. ¡Está entusiasmado!

En ese momento aparece Eric. Ahí Alan se inunda de alegría. Está feliz por verlo y le cuenta todo lo que ha sido el día. Y... de repente, cuando parece que no tiene que haber nada más, se presenta la Legión 501 de *Star Wars*. Entran siete de sus miembros: Kylo Ren, tres Stormtroopers de metal blanco impoluto, un caballero Jedi, un piloto imperial y un piloto rebelde. Están impresionantemente bien caracterizados. Alan se queda paralizado al verlos. ¿Personajes de *Star Wars*, una de sus sagas favoritas, están entrando por la puerta? No se lo puede creer. ¿Qué es esto? ¿De dónde han salido? Está alucinado. Y se emociona intensamente. La «Legión 501» es otra de las asociaciones y grupos de voluntarios que animan a niños en estas situaciones. Los ha llamado Ester, de «Pequeño Deseo», y no han dudado en presentarse hoy aquí. ¡Menudo espectáculo!

Durante un rato, Alan se queda mirándolos. Los observa impresionado. Los mira de arriba abajo, sin decir nada. Uno de ellos se le acerca. Trae algo en la mano. Algo de color negro con rayas rojas y blancas. Alan, al reconocer qué es, se queda boquiabierto: ¡Es una chaqueta motera! «¡*Justo lo que quería!*», dice incrédulo. Está confuso: no sabe qué le impresiona más: la asombrosa Legión 501 o la deslumbrante chaqueta. ¡No sabe qué hacer! Así que solo dice: «*¡gracias, gracias, gracias a todos!*».

Después se acerca otro miembro de la Legión: «*Te hago entrega de un instrumento venido de la galaxia, con información importante*». Es un *pendrive*. Lo conecta con curiosidad a su ordenador. Comienza a oírse la música de *La Guerra de las Galaxias*. Y de repente, en la pantalla aparece una foto de nuestra familia. Estamos los cuatro. En ese momento, comienza a oír la voz de su padre felicitándolo. Alan se emociona y rompe a llorar. Y lo hace durante unos minutos. Le echa mucho de menos. Fernando está en este momento en el otro lado del mundo, en Cabo Verde. Las dos semanas que lleva lejos de él se le han hecho muy largas a Alan. Y ahora, al oírle en la grabación, no ha podido contener las lágrimas desconsoladas.

Siguen más mensajes: familiares, amigos, el grupo de orquesta de Atrilia (con quienes ha compartido muchas horas de ensayos con el violín), compañeros, médicos, enfermeras... y también mensajes de músicos que él admira, como Fermín Muguruza, La Oreja de Van Gogh, Alex Ubago, Alfredo de Barricada, Iker de Dikers...; actores como David

Fernández –Chiquilicuatre- y otros de la serie Gym Tony, como David Amor, Adam Jezierski, Santi Rodríguez y Miriam Cabeza; jugadores de fútbol del Osasuna, su equipo favorito, y deportistas que él admira como Miguel Induráin, Itsaso Fagoaga o Benito Ross... entre otros. Alan está muy emocionado viendo en el vídeo a tantos amigos y personas que lo quieren, felicitándole de distintas formas y desde distintos lugares del mundo. Esta ha sido la guinda para un día fantástico.

De repente, se gira hacia mí: «Gracias Amá, porque ha sido un gran día de cumpleaños». Le explico que ese agradecimiento es para todos. Que cada uno de los que hoy han estado aquí y los que no, han puesto mucho de su parte. Por ejemplo, la cardióloga, con su empeño en que este fuese un gran día y con su regalo; los otros médicos que han venido a brindar con él; Ester, de «Pequeño Deseo», que ha organizado la fiesta y ha montado el vídeo con todas las felicitaciones y ha encargado la cazadora; la Legión 501 de *Star Wars*... ¡todos! «Pues lo han hecho genial. ¡Porque ha sido una pasada! ¡Y gracias a todos por venir, por acordaros de mí, por apoyarme y por darme este día tan alucinante! ¡¡Gracias!! ¡¡¡Muchas gracias!!!».

Y aunque, por su puesto, el mayor regalo llegó unos días atrás, con el nuevo corazón, hoy ha sido un día lleno de fuertes emociones y grandes sorpresas. ¡Hoy ha sido una gran fiesta! Y Alan no ha parado de agradécerselo a todos y cada uno de los que han colaborado en que esta jornada haya sido muy especial. Definitivamente, ¡hoy ha sido un gran día!

XV. Nuevos momentos

Su anterior corazón

Desde su cumpleaños, hace ya dos semanas, Alan está más animado. Como la fecha límite que tenía para salir del hospital ya se ha pasado, se ha planteado nuevas metas. Ahora su objetivo es estar bien para cuando llegue su padre en unos tres meses. Y todos pensamos que esta meta es más fácil de conseguir.

Hoy es domingo. No hay tanto ajetreo de visitas médicas. Así que se pone a pintar sus mandalas. De repente, tras estar un momento pensativo, comenta:

—¿Sabes qué han hecho con mi anterior corazón? ¿Ha servido para otro niño?

—No creo. Además, era medio corazón y para otro trasplante necesitarán un corazón con las dos partes.

—Ya. ¿Y se podría saber qué ha pasado con él? Es que me ha dado pena desprenderme de él. Ha estado conmigo casi dieciocho años. Siempre habíamos estado juntos —dice, ahora bromeando.

—Bueno, ya había cumplido su función.

—Ya. Lo había hecho muy bien. Y sé que no podía más. Sin embargo, me da mucha pena haberme desprendido de él. Me he acordado de él muchas veces estos días. Me ha permitido llegar hasta aquí. Y por eso le doy las gracias. Se las he dado muchas veces y ya me había despedido de él.

—Ya no podía estar más en tu cuerpo. Y solo hay sitio para un corazón.

—Ya. Y estoy muy contento con este nuevo corazón. Estoy feliz por todo lo que voy a poder hacer con él. Le doy las gracias por estar dentro de mí y por permitirme comenzar una nueva vida. Además, estoy agradecido a quien me lo dio porque gracias a él o a ella lo tengo.

Me emociono después de esta conversación. Es impresionante oír cómo le ha dado las gracias a su anterior corazón por todo lo que hizo y al nuevo por todo lo que le va a permitir hacer. ¡Qué bueno! Y también es emocionante que siga acordándose de dar las gracias al donante y a su familia. ¡Qué grande!

Se queda ensimismado en sus pensamientos mientras esboza una sonrisa. Se le ve feliz y optimista. Alan siempre lo ha sido. Además, sabe gestionar muy bien su cabeza para sacar lo mejor de cada situación. Su expresión me lleva a pensar que está saboreando la idea de que aquello ya pasó y que ahora es el inicio de su nueva vida con este nuevo y gran corazón, como el héroe que recuerda con satisfacción la batalla ganada y el largo camino hasta haberlo conseguido.

De repente, abre la puerta la cardióloga, la doctora A. Aunque es domingo, ella siempre está pendiente de todos sus pacientes. En cuanto la cardióloga está frente a él aprovecha para seguir apretando con el tema de que se acerca el momento de dejar el hospital.

—Sabes que yo ya estoy bien, ¿no? —dice Alan contento.

—Yo te veo muy bien. Además vengo a decirte que la analítica está mejor. Y ya tienes el calcio normalizado.

—¿Sí? Así que… ¿ya puedo comenzar a andar? —pregunta alegre.

—Claro, podrás empezar a ponerte de pie y después a caminar. Aunque poquito a poco —aclara la cardióloga, pues conoce bien a Alan y su deseo de acelerar las cosas.

—¡¡¡Bien!!! —dice él, feliz, con una sonrisa gigante.

–Y el siguiente paso es ir bajando poco a poco el oxígeno. Aunque… ¿sabes que seguramente estarás unos cuantos meses, casi las 24 horas, con la máscara de oxígeno, ¿verdad?.

–Sí. No me importa. ¿Podré irme a casa con esto?

–Sí. Te llevarás este nuevo aparato de oxígeno a casa.

–¿Entonces? ¿Me podré ir pronto a casa?

–Bueno, todavía te queda un poco aquí. Estamos pensando en que tal vez de aquí a tres semanas puedas irte unas horas a tu casa: salir por la mañana y volver aquí a la tarde.

En ese momento Alan solo puede soltar algunas lágrimas de felicidad. ¡No esperaba esta gran noticia! Y aunque la doctora está hablando de salir solo unas horas dentro de tres semanas, eso es ilusionante.

–Y antes, ¿podré salir algún rato al parque? ¿Qué te parece? –aprieta Alan.

–Bueno, quizá el domingo que viene puedas salir una hora al parque –responde la doctora.

–¿Sí? ¡Sí! ¡Por favor! Aunque sea una hora, ¡¡¡sí!!!

En esos instantes Alan es un hombre feliz. Y al verle tan contento, yo también me emociono. De repente se pone a cantar. En la radio suena una canción que le encanta: *Verano 20-16*, de La Oreja de Van Gogh. Sube el volumen y comienza a tararearla con alegría. Lo hace con ganas, a pesar de que la máscara nasal que lleva para el oxígeno no le deja hacerlo muy bien. Además no tiene fuerzas para poder cantar como quisiera. Sin embargo, eso no le impide emitir los pocos sonidos que puede y mostrar su gran alegría. Y de vez en cuando interrumpe con un «¡Qué bien! ¡A lo mejor salgo un poco el domingo que viene! ¡Y puede que dentro de tres semanas me vaya unas horas a casa! ¡Qué bien!». ¡Alan está feliz! Y todos vemos la salida un poco más cercana.

Aire puro

Ya ha llegado el domingo. Desde primera hora de la mañana Alan está emocionado con su salida al exterior. Hay mil cosas que quiere hacer. Lo primero es acercarse al pequeño parque del hospital construido por la Fundación Messi. Lo ve desde la ventana de su habitación. Y ha estado observando a los niños pequeños cómo disfrutan. Veía el tobogán azul (al que nosotros llamamos Txirristra), el balancín doble con muelle, el panel rojo de tres metros —que no causa especial sensación entre los pequeños— y, su preferida, la banqueta roja giratoria, donde los niños se entusiasman y dan vueltas sin parar. Y le resulta sorprendente ver cómo algunos terminan desorientados, e incluso más de uno acaba en el suelo debido al mareo. Alan está deseando acercarse y disfrutarlo de cerca.

Por fin va a cambiar la música de la radio que le ha acompañado sin parar todos estos días por la música natural del exterior: el canto de los pájaros, el sonido del viento, los niños jugando, las risas, la alegría de los padres que salen con un niño recién nacido en sus brazos, las abuelas que están por aquí de paseo o que vienen a visitar a sus nietos... Es emocionante.

Está con muchas ganas. ¡Normal! Son más de 100 días los que lleva dentro del hospital. ¡Y esos son muchos días! Después de tanto tiempo encerrado va a ser toda una experiencia. Está nervioso ante ese momento. En la habitación no se puede abrir la ventana y él está deseando sentir el aire fresco y puro del exterior. Y aunque debe llevar la máscara protectora y el oxígeno, también quiere respirarlo.

Ya están preparando la silla de ruedas (al estar inmunodeprimido tiene que estar muy bien desinfectada). Como sigue en los huesos, le dejan una silla especial muy acolchada que le permitirá cambiar continuamente la postura del respaldo para evitar el dolor de espalda. ¡No consigue estar más de diez minutos quieto sin que le duela! Además tiene que llevar el monitor portátil para medir las constantes y la saturación en todo momento. También un tanque de oxígeno. Por suerte, como los pulmones están mejor, durante algunas horas le cambian la máscara de presión, que empuja el oxígeno para llenar automáticamente sus pulmones, por unas gafitas en las fosas nasales sin presión. ¡Eso es un gran avance!

Y ahora viene lo más complicado: vestirle para la ocasión. Hace frío fuera, así que le «envolvemos» en una bata estéril gruesa, le ponemos sus botines para que le sujeten los débiles tobillos y le cubrimos con algunas sábanas. La enfermera nos ayuda con esto. Y aunque tiene mucha maña, todo este proceso nos ha llevado un buen rato. Solo falta una cosa: su mascarilla para filtrar el aire y protegerlo de una posible infección. Necesita llevarla puesta en todo momento. Por fin está todo listo para salir de la habitación y dirigirnos al exterior. Alan está tan emocionado que no quiere esperar ni un minuto más.

Avanzamos con cuidado por los veinte metros de pasillo. No queremos que las ruedas se enganchen con alguno de los cables del monitor de las constantes o con los tubos del oxígeno. Todos en la planta conocen la noticia y salen emocionados a saludarlo. Ver que los pacientes van avanzando, que van mejorando y que están cada vez más cerca de su total recuperación es realmente emocionante. Alan saluda a todos. Parece una estrella. Y en realidad lo es. Se siente querido. Yo me emociono: es tanta la alegría en el pasillo, que vuelvo a sentir un cosquilleo en el estómago. Estamos felices de vivir este momento. Porque parecía que no llegaría nunca el día en el que, aunque fuera por una hora, dejaríamos la habitación aislada del hospital. Al llegar al ascensor, Alan pregunta:

—¿Puedo ir a hacer una visita?

—¿Y dónde quieres ir? —le contesta la enfermera.

—A la UCI, a ver a los médicos y a los enfermeros; al hospital de día a ver a M., la enfermera de crónicos…

—No puede ser, Alan. Hay que salir directamente a la calle.

—Vaya. Qué pena. Yo quería ver a todos —responde él algo decepcionado.

Por fin llegamos a la calle. Allí lo espera su abuela (la Amoña).

—¿Qué tal, Alan? —le pregunta su abuela.

—Muy bien. ¡Estoy genial! ¡Ahora no me duele nada! Y además me encanta sentir el aire fresco de la calle. ¡Súper bien! —dice emocionado.

Alan está muy contento. Mira todo a su alrededor. Luce un cielo precioso en Barcelona, con unas nubes espléndidas, con distintos tonos entre el blanco luminoso y el gris claro sobre un azul intenso. ¡Le encanta! Nos dirigimos hacia los columpios. Sin embargo, por el camino ve algo más interesante, algo que no alcanzaba a ver desde la ventana de su habitación: ¡el *parking* de motos!

Mira con deseo cada una de las más de cincuenta motocicletas aparcadas en la explanada. Mirarlas tranquilamente es un deleite para Alan. También es un dolor para ambos: él quiere comprar una cuando salga del hospital. Y yo no quiero ni hablar del tema. En esto no nos entendemos. Tenemos deseos enfrentados. Lo malo es que cuando le digo que no quiero que vaya en moto, él me recuerda mi pasado motero y con eso me desmonta. Sin embargo, por ahora no hace falta discutir el asunto. Aún no puede coger ninguna moto, así que ese tema, cada vez que sale, lo pospongo automáticamente.

En la plaza, saluda a las enfermeras que pasan. Estamos en Pediatría, y en mayor o menor medida, por suerte o por desgracia, Alan conoce a muchas de las que trabajan aquí. Y casi todas lo conocen a él. Se acercan a saludarlo y a conversar. Están interesadas por su situación. Y se alegran de verlo fuera de la habitación. Está muy a gusto. Sin embargo, se nos ha terminado el tiempo. Hay que volver a la habitación para comenzar con la alimentación parenteral de nuevo.

Alan ha estado disfrutando de la luz del día y del aire fresco. Ha estado feliz y muy animado. Lo único que ha añorado es haber compartido este momento, no solo conmigo y con su abuela, sino también con su hermano y con su padre. Les ha echado de menos. Le hubiese gustado haber hablado de motos con su padre y haber volado el dron con su hermano. No ha podido ser. Sin embargo, a pesar de eso, ha sido un gran día. Hoy le ha vuelto el entusiasmo. Y eso es indispensable para alcanzar su objetivo de ponerse bien pronto. Además, días así que le suben el ánimo le hacen estar más cerca de salir de aquí definitivamente.

XVI. Montaña rusa de emociones

El duro momento del peso

Después del primer día de salida se ha animado mucho. Se ha vuelto a poner las pilas con su recuperación física y ya está cogiendo algo de fuerza en las piernas. Los pedales con los que practica en su cama le están ayudando. Su necesidad de oxígeno también ha bajado un poco. Está algo mejor. Aunque no todo lo que quisiera. Ni avanza al ritmo que desearía. Eso le hace estar constantemente en una montaña rusa de emociones, con puntos álgidos de buen ánimo y momentos difíciles en los que se hunde.

Esta semana lo cuida JM., un enfermero que le pone las pilas. Le «mete caña»: «*Alan, estate el mayor tiempo que puedas sentado en el sillón. La cama es tu peor enemigo*», le dice constantemente. Estar con JM. le motiva mucho. Y ha comenzado desde primera hora a trabajar. Lo primero, los ejercicios de respiración. Se ayuda de un artilugio de plástico con una bolita roja. Se llama «inspirómetro incentivado». Los médicos pretenden que sus pulmones ventilen mejor, se movilicen y eliminen toda la mucosidad que le impide respirar con normalidad.

Coge el inspirómetro con la mano, pone la boquilla entre los dientes e inspira por la boca con toda la fuerza posible. Solo aguanta un par de segundos inspirando. Cuando consigue llegar a tres o cuatro segundos lo celebramos por todo lo alto. Este ejercicio es excesivamente fácil para cualquiera. Sin embargo, para Alan, en su situación, resulta duro y agotador. Aunque eso no es lo más difícil del día: lo peor es pesarse. Empezaron a hacerlo varios días a la semana, desde hace ya quince días. Sin embargo ahora hay que hacerlo todos los días. Y el proceso para obtener su peso resulta complicado. Alan sigue sin poder moverse. Estos movimientos le resultan tortuosos. Con dificultad, entre JM. y yo lo colocamos en el borde de la cama. Esta operación, a priori sencilla, cuesta mucho. Tiene que hacer tanta fuerza con todos los músculos de los brazos que su debilidad resulta dolorosa. Le ponemos suavemente las piernas colgando. Entonces viene lo más complicado: pasarlo de la cama a la silla de pesar. Agarrarlo sin hacerle daño es difícil. Tiene cicatrices en el costado derecho y en el izquierdo le sobresale en la piel el aparato por donde le infunden la alimentación parenteral. Además, los brazos los tiene tan débiles que agarrarlo y levantarlo de ellos resulta inviable.

Entre los dos lo levantamos y lo posamos en la silla. Enseguida comienza a llorar en silencio por el dolor. Se ha hecho mucho daño. Este simple movimiento requiere tanta intensidad física por su parte que le ha salido una erupción cutánea. Todo el antebrazo izquierdo y la mitad del pecho se han llenado de puntitos rojos. Son pequeños vasos sanguíneos que se le han roto, causando derrames vasculares. Son «petequias de esfuerzo».

Ya sentado, y aunque está llorando de dolor, necesita esperar unos segundos hasta que la silla ofrezca su peso. La silla es dura y rígida. A pesar de que hemos puesto almohadas en el asiento y en el respaldo, se hace bastante daño. El led nos indica 32 kg. Igual que ayer. Muy poco. Está en los huesos. Ya se le ve. Rápidamente, aunque con suavidad, comenzamos el proceso contrario de llevarlo a la cama. Esta parte también resulta difícil y dolorosa. Sin embargo, sabe que después va a descansar un rato, tranquilo en su cama, con lo que aguanta más la «tortura», tal y como describe él este momento.

Vivir esto me resulta desgarrador. Sufre mucho. Y todos los que estamos alrededor suyo también. Entiendo que necesitan conocer su peso constantemente para ver cómo evoluciona su masa muscular y cuánto va absorbiendo de alimentación. Sin embargo, es un duro esfuerzo para él. El proceso de pesarse puede parecer a simple vista insignificante, sencillo, sin complicaciones y sin necesidad de esfuerzo. Sin embargo, además de la intensidad física, requiere ánimo, aliento, arranque, nervio, energía, voluntad, ahínco, esmero, afán, empeño, firmeza, ímpetu, coraje, decisión, determinación y mil capacidades y habilidades mentales y emocionales del más alto nivel para conseguir realizarlo en una situación como en la que él se encuentra.

Además, después de pesarse necesita un buen rato para recuperarse. Y sin embargo, a pesar del sobresfuerzo, de la erupción cutánea debida a la tensión del movimiento y a su gran cansancio, Alan está muy animado. Cuando recupera el aliento, se pone incluso a cantar. Y lo hace lo mejor que puede con la máscara de oxígeno en la nariz. Me quito el sombrero ante él. Es genial. Y sigue sorprendiéndome su enorme capacidad de resiliencia. Es increíble.

Primeros pasos

Después de un rato, JM. vuelve a la habitación. Ve a Alan aún animado, así que se atreve a preguntarle:

—Alan, te veo cansado. Sin embargo... ¿te apetece probar a dar unos pasitos? —propone anticipando una respuesta negativa.

—¡Pues claro que me apetece! ¡Estoy deseando! —responde él con entusiasmo a pesar del gran cansancio.

En la UCI, a los dos meses del trasplante se puso un momento de pie unos escasos segundos. Le costó mucho esfuerzo y no llegó a dar ningún paso. Después la situación se complicó y no ha podido volver a levantarse otra vez. Así que, en estos tres meses y medio hasta hoy, no ha caminado todavía.

Siguiendo las instrucciones del enfermero, entre los dos lo levantamos. Sin embargo, no está erguido. Y aunque hace esfuerzos para estirarse, su espalda es un semicírculo. Además, sus piernas siguen muy dobladas, su cadera se queda atrás y no consigue enderezarse. Los pies hace meses que no sujetan su cuerpo y no tienen fuerza. Se le van hacia los lados, creando un ángulo de casi 180º. Lleva mucho tiempo encamado y estos son algunos de los efectos. Con esta postura y musculatura, si lo soltáramos, se caería de inmediato. Sin embargo, le echa agallas y se pone de pie. Por un instante sujeta todo su peso con sus pies. En este momento se emociona y suelta una lágrima, ahora de alegría.

—¡Bien!¡ Estoy de pie! Y ahora voy a mover los pies —exclama.

—Adelante, campeón —le decimos.

—Lo estoy intentando. No me van.

—Bueno, sigue así. Nosotros te sujetamos. Tranquilo.

—¡Mirad, ya empieza a moverse! —dice cuando su pie únicamente ha temblado.

—¡Sí! ¡Ya empieza!

—¡Mira, ya va! —vuelve a decir cuando ha conseguido arrastrar el pie un escaso centímetro—. Voy a mover el otro.

—¡Venga, campeón!

—¡Ya va! —dice emocionado cuando su otro pie apenas se mueve un centímetro.

—Eso es campeón. ¡Muy bien!

—¡Sí! ¡Lo he conseguido! ¡He andado! ¡Amá! ¿Has visto? —dice eufórico.

—¡Sí! ¡Lo he visto! Eres un campeón, Alan.

Claro que lo había visto. Estaba allí. Tan emocionada como él. Tan eufórica como él. Me siento súper orgullosa. Se ha empeñado en andar, ¡y lo ha hecho! Y a pesar del cansancio, se le notaba muy feliz. Solo ha arrastrado los pies un par de centímetros, sin apenas levantarlos del suelo. Sin embargo, este es un gran logro. Un gran avance. Toda una proeza. ¡Ha sido una pasada!

La alegría le dura solamente unos minutos. De repente, se hunde un poco:

—¡Me queda tanto todavía para llegar a andar bien! Y lo malo es que no sé si va a llegar ese momento. Esto va demasiado lento.

—Ya. Bueno, aunque avance lento, esto avanza.

—Sí. Y cada vez que paso un día en la cama, mis músculos se atrofian más. Y no avanzo.

—Hoy has avanzado mucho.

—Hoy sí. Sin embargo, no sé si voy a volver a andar normal, erguido y derecho.

—Todo el mundo que ha pasado por esta situación ha podido. Y tú también.

—Sí, lo sé —dice pensativo. Y después de unos instantes añade—: Además, yo consigo todo lo que quiero. Y ahora quiero andar. Así que lo voy a conseguir. ¡Sí! —exclama animado, dándole la vuelta de nuevo a la situación.

Sabe que es cuestión de tener metas claras, confianza y perseverancia. Lo hemos hablado muchas veces. Las metas las tiene claras. La confianza en sí mismo también. Y solo le falta la perseverancia. Y para esto estoy yo aquí, para echarle una mano.

Consciente de las malas noticias

Cada vez que entra alguien en la habitación, Alan le cuenta con entusiasmo su gran hazaña. Ahora ha venido la enfermera gestora de casos de trasplante de órganos sólidos. Se alegra enormemente del progreso de Alan.

–Qué bien, Alan. Eso es señal de que vas progresando. ¿Contento?

–Claro. Mucho. Sin embargo, hay dos cosas aquí que no me gustan. Una es que aquí... ¡no hay wifi! –dice sin rodeos Alan.

–¡Ah! ¿Es eso? ¡Yo pensé que era algo importante!

–¿Cómo? ¡Esto es muy importante, L.!

–Vale, está bien. Esa es una de las cosas. ¿Y la otra?

–El tema de la televisión

–¿Qué le pasa a la televisión?

–Primero, que es de pago. ¡Eso es una pasada! ¿Por qué hay que pagar si es un servicio público gratis? Y lo segundo, es que no se puede enchufar nada. ¡Eso está fatal!

–¿No se puede enchufar? ¿Qué quieres enchufar?

–Cualquier consola. Y aquí no se puede. En la UCI se podía y allí jugué.

–Eso no lo sabía. ¡Pues sí que me parece fatal!

–Sí. Aquí estamos muchos niños durante muchos días y meses, ¿verdad? Pues me parece mal el tema de la wifi y la tele.

Los dejo en la mitad de la conversación. Aprovecho para salir a comer algo. Cuando vuelvo, Alan me hace un resumen de su conversación con la enfermera:

–¡Voy a hacer una campaña de recogida de firmas para que pongan wifi y televisión gratis en Pediatría del hospital –dice contento. Y enseguida comienza a redactar el texto de la campaña de firmas. Quiere empezar la campaña cuanto antes. Además, se ha enterado de que han llamado a su amiga Aina para realizarle su trasplante de riñón. Y quiere conseguir la wifi y la televisión gratis para cuando ella venga a la planta.

Está muy contento. Sobre todo porque ha llegado el trasplante de Aina. De repente, se queda pensativo y se acuerda de S.:

–Amá, ¿y cómo está S.? ¿Ya ha salido? Como le trasplantaron unos días antes que a mí, seguro que me ha ganado a ponerse bien, ¿verdad? ¡Qué suerte! ¿Cómo está? ¿Está ya en casa? –bombardeaba a preguntas.

–Alan, S. ha fallecido.

–¿Cómo? ¿Por qué? ¿Qué ha pasado? –pregunta sorprendido.

–No le fue bien. Se complicó todo.

–¿Y se ha muerto? ¿Cómo? ¿Por qué? ¿Cómo puede ser?

Alan está impresionado. No entiende cómo ha podido pasar. No le cabe en la cabeza que haya fallecido. S. estaba en la misma situación que él. Los dos habían estado esperando el trasplante el mismo tiempo y en las mismas circunstancias. Los dos habían coincidido en la planta, en las consultas médicas y en el hospital de día. Los dos habían recibido un corazón casi a la vez. ¿Y por qué él ya no estaba aquí? Esa es probablemente la pregunta que nos hemos hecho todos muchas veces, sobre todo su madre.

Le explico todo lo sucedido lo mejor que puedo. No quiero que Alan piense que algo así le puede pasar también a él. La conversación es difícil para él. Enterarse de todo eso, cuando daba por hecho que S. ya estaría en casa recuperado, ha sido duro. No esperaba esto. Con toda la pena de su corazón, se queda pensando en S.

Ya por la noche, está muy cansado. Hoy ha sido un día cargado de todo tipo de emociones. Por un lado las buenas sensaciones, como haber caminado un par de centímetros y la llegada del riñón para su amiga. Y por otro las dolorosas, con la noticia de la muerte de S. Hoy ha sido un día intenso. Y eso se le nota. Está muy cansado. Se merece un gran descanso.

Momentos de bajón

Esta mañana Alan se ha levantado «de bajón». Creo que aún le ronda en la cabeza la conversación sobre la muerte de S. Esto es una montaña rusa de emociones. Aunque generalmente está animado, es normal que algún día decaiga. Estar tanto tiempo en el hospital y gestionar la incertidumbre de una recuperación así es difícil para cualquiera. Según dicen las enfermeras, «*su ánimo es bueno. Y es comprensible que algún día esté más triste y decaído*». Y uno de esos escasos días afloran pensamientos negativos: «*Esto es muy duro*»; «*si llego a saber todo esto de la recuperación, digo NO al trasplante*»; «*no me habían dicho que iba a estar así de mal*»; «*¿tú crees que volveré a caminar bien algún día?*»; «*no quiero seguir con esto*»; «*¿cuándo acabará esto?*»; «*quiero estar bien ¡Ya!*»

Cuando habla así se siente hundido, desesperado, dolorido. Como madre, quiero verle feliz, contento, disfrutando de todo lo que hace, con buenas sensaciones, con pasión y amor por la vida, con grandes sueños, con alegría, con buen humor, con ganas de comerse el mundo… Y sin embargo, estos momentos son todo lo contrario. Incluso ha llorado por un instante. Se me ha encogido el corazón. Cuando le pasa algo así, yo me rompo por dentro y hago lo que sea para rescatarlo de ese agujero en el que veo que se mete. Rápidamente ingenio una conversación para conseguir su estabilidad emocional:

—¿Qué pasa Alan? ¿Qué estás pensando para ponerte así?

—¡Que esto es una mierda! —dice hundido—. No quiero estar así, tan mal, en la cama, sin poder andar, sin poder salir, sin poder hacer nada, con dolor, con esfuerzo por hacer cualquier cosa —responde con desánimo.

—Normal que no quieras estar así.

—Claro. Yo quisiera estar poniéndome mejor.

—¿Y no crees que te estás poniendo mejor?

—Sí. Aunque muy poco a poco. Tan poco a poco… que apenas avanzo —responde irónicamente.

—¿Y te gustaría avanzar más rápido?

—¡Claro! ¿Tú qué crees? Voy súper lento en toda la recuperación. Y todavía me queda muchísimo para estar bien —contesta con inquietud.

—¿Y qué podrías hacer para ir algo más rápido?

—Nada. No puedo hacer nada —dice muy resignado—. Hago todo lo que puedo —dice fuertemente indignado.

—Y si sigues a este ritmo, ¿crees que algún día podrás volver a andar?

—Claro. En un millón de años —responde con impaciencia.

—¿Sí?

—Bueno, seguro que en unos días avanzo —dice siendo más sincero—. Sin embargo, yo quiero ir más deprisa —añade con rabia—. Esto es mucho más largo de lo que yo pensaba —comenta indignado.

—¿Pensaste que sería más rápido?

—¡Claro! Yo pensaba que después del trasplante estaría un par de semanas en la UCI y otras dos semanas en planta. Y que en más o menos un mes me levantaría sin problemas y me iría corriendo para casa.

—Ya habíamos comentado que estarías en el hospital entre tres y seis meses, ¿recuerdas?

—Sí. Claro. Sin embargo, como yo siempre me recupero pronto de todo, pensé que para mí serían solamente uno o dos meses.

—Sí. Eso hubiera sido genial.

—Sí. Eso quería yo —añade menos agobiado.

—Bueno. Ya llevamos cuatro meses y has avanzado mucho.

—Sí. Y me queda todavía mucho por delante. No consigo dar ni un paso yo solo. Además se me van los tobillos y las rodillas para todos los lados menos hacia delante —dice con tono irónico.

—¿Y si le decimos hoy a la fisioterapeuta que te enseñe ejercicios para fortalecer las piernas un poco?

—¡Sí! Hoy podemos practicar más ejercicios de tobillos y rodillas y más en serio, ¿vale? —responde con ilusión.

—Vale. Genial. Y yo... ¿te puedo ayudar de alguna manera?

—Estando aquí, a mi lado y ayudándome a que no pare, a que haga más, a que vaya adelantando todo lo que pueda. Y aunque me canse, tú me insistes y así avanzaré más rápido —dice sabiendo que siempre voy a estar a su lado.

—Hecho —le digo confirmando que estoy de acuerdo con su petición.

—Bien. Muy bien. Así podré ir súper rápido y pronto comenzaré a andar solo. Y enseguida estaré corriendo —afirma convencido y con entusiasmo—. Además, cuando me propongo algo, siempre lo consigo —dice con gran satisfacción y orgullo.

—Sí. Siempre.

—Bien. A ver cuándo viene la fisio y empezamos —termina añadiendo con una gran sonrisa en la boca que denota alegría, seguridad en sí mismo y deseos de superación.

Después de la conversación me doy cuenta de que Alan, como siempre, por arte de magia consigue darle la vuelta a la situación en unos minutos y retomar las ganas de ponerse en marcha para conseguir lo que desea. ¡Qué bueno!

XVII. Grandes apoyos

La labor de los voluntarios

Hoy Alan está más animado. Desde muy temprano se ha puesto a hacer sus ejercicios. De repente, llega L., la enfermera de Trasplantes. Viene acompañada de una joven, P. Ella recibió un trasplante hace tres años.

P. además es voluntaria y viene a visitar a otros trasplantados. Cuando habla se nota que sabe lo que supone pasar por todo esto: estar tiempo en el hospital, sentir desesperación, cansancio, falta de motivación en algunos momentos... y conoce bien los miedos que surgen en estas situaciones. También conoce la satisfacción de ir avanzando y la ilusión por cada pequeño objetivo conseguido. Lo ha vivido en primera persona. Y se permite el lujo de dar consejos y criticar a aquellos que prefieren quedarse en la cama y no persistir en «lo que se tiene que hacer» para la recuperación.

Alan la escucha con mucha atención. Se nota que el mensaje le está llegando. P. habla sinceramente de sus miedos: los mismos miedos que Alan tiene ahora. Recuerda que dudaba de «si iba a ser capaz de volver a andar», de si «iba a poder llevar una vida normal». Y demuestra que eso ha sido posible señalando sus piernas totalmente recuperadas.

—La rehabilitación me exigió un gran esfuerzo. Fue muy duro para mí. Y hubo muchos momentos de tensión —explica.

—Te entiendo —dice Alan.

–¿Y sabes lo peor? Que a veces me enfadaba con la persona que hacía más por mí: mi madre. Gracias a ella, a su perseverancia, a su fuerza de voluntad, a «ser pelma», y a quererme tanto, me fui recuperando mejor y más rápido. Estaba incansable y persistentemente a mi lado.

–Te entiendo –vuelve a decir Alan.

P. le explica que lo más dañino para una recuperación es *«empezar a pasar de lo que necesitas hacer y hacer solo lo que quieres hacer. Así, puedes echar atrás lo conseguido en los días anteriores. Porque no es lo mismo querer que necesitar. A veces no quieres hacer algo, y sin embargo necesitas hacerlo para ponerte bien. Hay que pensar en lo que necesitas para conseguirlo y no en lo que te apetece».* Y antes de irse le deja varias frases en el aire para que Alan piense: *«Todo depende de ti. De lo que hagas aquí y de lo que te esfuerces»; «los que tienes a tu alrededor, están aquí porque te quieren. Hazles caso porque solo quieren ayudarte»; «tu madre, aunque te enfades con ella (igual que hacía yo), es la persona que más te va a apoyar para que sigas adelante»; «de aquí se sale. Y además con más ganas de vivir y de hacer cosas»*

¡Qué gran visita ha tenido Alan! Se ha sentido identificado con todo lo que le ha dicho. Tener aquí hoy a P. ha sido todo un lujo. Ha sido realmente especial. ¡Todo un regalo! Ha conseguido animarlo y motivarlo mucho más de lo que estaba. ¡Genial! Y tanto Alan como yo se lo agradecemos profundamente a P. y a la enfermera que la ha traído.

Alan ha estado toda la mañana muy animado. Ya ha terminado de comer. Se lo ha comido todo. Quiere coger fuerzas para realizar los ejercicios esta tarde. Aún queda una hora para que venga la fisio. Así que va a pintar un poco su mandala.

De repente llaman a la puerta. Llega una nueva visita. Es XB., otro voluntario. Fue trasplantado cuando tenía dieciséis años. Casi a la edad de Alan. Y lo bueno es que XB. y yo estudiamos juntos en el colegio. Así que desea ver a Alan especialmente.

XB. también le habla de su experiencia. De todo lo que vivió. Estuvo más tiempo que Alan en la UCI. Y su caso fue muy radical. Alan escucha atento, con los ojos como platos, todo lo que le cuenta, incluidos los consejos. Le da ánimos para que no se pare, para que cada día se ponga un reto más. Alan está súper emocionado. XB. le cuenta además cómo todos estos años ha pasado por muchos hospitales. Sobre todo ayudando a otros a que los ratos sean más agradables, a que no se olviden de sí mismos y a que recuerden lo que importa en ese momento de la vida: la recuperación de la salud.

Con P. Alan ya había resuelto la duda de si volvería a caminar. Ahora, con XB, está solucionando otras cuestiones: el tema de su altura y el dilema de si podrá hacer todo lo que desee cuando esto pase. Porque Alan, con dieciocho años, todavía no ha dado «el estirón». Parece un niño de trece y tiene sus «dudas razonables» de si va a poder crecer. Por eso, solo con ver y oír a XB., que mide 1,95 cm y que además es un empresario de éxito, sus dudas se han disipado bastante.

Se ha quedado encantado con estas dos visitas. Y se acuerda de que muchas veces se ha ofrecido como voluntario para ir al hospital a tocar el violín a los niños y contarles cuentos que él mismo escribe. Sin embargo, nunca se lo han permitido. Primero porque en aquel momento era menor. Y después porque los médicos le sugirieron que, debido a su delicada salud, se mantuviera alejado del hospital. ¡Una pena! Alan lo deseaba. Además, sabe que eso es un verdadero aprendizaje y una gran contribución social.

¡Qué gran acción la de los voluntarios! Dan su tiempo desinteresadamente, hacen compañía, comparten, escuchan... En definitiva, están al lado del enfermo. Y durante estos meses, han pasado muchas personas haciendo voluntariado por esta planta y por la UCI. Desde Moteros Solidarios, jugadores de fútbol de los equipos locales, magos, la Legión 501 de *Star Wars*, hasta payasos de varias asociaciones y fundaciones, como Theodora, Aladina y la asociación Salut i Clowns. Realmente hacen una gran labor porque llegan al corazón de los niños y consiguen animarlos y motivarlos. ¡Gran labor! ¡Muy buena! Gracias a todos ellos. Gracias de corazón.

La tabla de ejercicios y los siete pasos para andar

P. y XB. le han puesto las pilas. Le han confirmado algo que Alan siempre ha sabido que «todo es posible». Incluso volver a caminar y crecer. Tiene ganas de ponerse en marcha. En cuanto XB. ha salido por la puerta, Alan ha cogido el ordenador. Va a diseñar una tabla de ejercicios que se compromete a cumplir cada día. También va a redactar su propio mantra para poder andar. Lo llama «Los siete pasos para andar». Nada más tener la idea, se pone a ello.

Partes	Ejercicios	Veces al día	Repeticiones Sábado	Repeticiones Domingo
Pulmones	Bola roja	3	5	6
	Botella	3	5	6
Piernas	Bicicleta	3	250 pedales	275 pedales
	Pelota pies	3	1 min/ pie	1' 20''/ pie
	Pelota rodilla	3	30	36
	Ponerse de pié	2	3	3
	Levantar el culo	3	5	6
	Rodillas hacia abajo	3	30	36
	Abrir y cerrar las piernas	3	10	11
Cuerpo	Libro	3	15/lado	16/lado
	Tocar la mano	3	16/lado	16/lado
	Incorporarse	3	6	6

¡¡¡Los siete pasos para andar!!!

1. **Disfrutar** de un potente **desayuno** todos los días en la silla.

2. **Estar a gusto** mínimo 4 horas en la **silla** todos los días.

3. Hacer **con ilusión** 750 **pedaladas** todos los días en la silla.

4. Levantar **satisfecho** 200 veces cada **pesa** todos los días.

5. Levantar **contento** la cadera 10 veces en la silla.

6. **Disfrutar** haciendo todos los ejercicios de las piernas.

7. **Relajarme** haciendo un **mandala** sentado en la silla todos los días y **coger fuerzas para seguir**.

Alan Parra Cantabrana

La caminata

Ya ha pasado una semana desde la visita de los voluntarios. Alan ha estado trabajando mucho estos días. Además, ha venido una nueva fisioterapeuta y con ella está adelantando mucho. Ha comenzado a ponerse música en las sesiones y así se motiva incluso más. Su favorita es la de Rocky, *The eye of the Tiger*.

Hoy vuelve a salir al parque Messi. No puede salir todos los días, así que cuando lo hace es especial. Podemos bajar a las tres de la tarde, cuando acaba su medicación de la vena. Media hora antes de salir, empezamos con los laboriosos preparativos: el oxígeno, el monitor, la mascarilla, la bata para que esté aislado y sin frío... Y llega el arduo proceso de sentarlo en la silla. Necesita realizar mucho esfuerzo. Poco a poco, con tranquilidad, lo conseguimos. Además, hoy no está disponible la silla de ruedas especial. Hay que acomodarlo en una «normal». Ponemos una almohada en el asiento y otra en el respaldo para que no se haga daño y esté más acolchado. ¡Ya estamos listos!

No puede tocar nada con las manos por sus bajas defensas, sin embargo él no se puede aguantar. En cuanto se sienta en la silla, agarra el metal de las ruedas y comienza a jugar. ¡Hacer caballitos, levantando las ruedas delanteras, le encanta! Sin embargo, no lo consigue: la silla pesa mucho para él en este momento y ni ha vibrado. Alan se da cuenta de que no tiene fuerza y eso le entristece un poco.

Cuando llegamos a la calle le vuelve la alegría. Paseamos, cada uno con sus pensamientos, mirando y apreciando todo lo que pasa en el parque: los niños jugando, las motos saliendo y entrando, las mamás vigilando, las nubes en el cielo, la brisa, el olor a humedad del ambiente... De repente vemos a M., la fisio. Se dirige hacia la entrada del edificio de maternal. La llamamos y se acerca:

—¡Hola! Estaba yendo ahora a vuestra planta. ¿Qué hacéis aquí?

—Pasear —responde rápidamente Alan—. ¿Y tú?

—¡Trabajar! —dice riendo.

—Muy bien. Eso es lo que hay que hacer —responde Alan bromeando.

—¿Pues sabes lo que estoy pensando? —responde de inmediato M.— que el que vas a trabajar eres tú. Y lo vas a hacer aquí y ahora. ¡Prepárate! ¡Además, vas a hacer algo que te va a gustar −afirma categóricamente con una sonrisa picarona.

−¡Siempre estoy preparado para hacer algo que me vaya a gustar! ¿Qué vamos a hacer? −pregunta Alan curioso.

−Hoy vamos a hacer la sesión de fisio aquí. ¿Qué te parece?

−¡¡Bien!! ¡Me encanta! −responde Alan.

La propuesta le ilusiona. Es una novedad y eso le gusta. M. se pone delante de él. Dobla sus rodillas y las pega a las de Alan. Le coge de las manos. Alan fija bien su pies al suelo. Agarra a M. por los hombros. Y con un pequeño impulso, M. consigue despegarlo un poco de la silla. Pasa sus brazos por debajo de los de Alan. Pone sus manos en la espalda. Alan pone sus brazos alrededor del cuello de M. y ella lo separa un poco más del respaldo. ¡Ya están preparados! Ahora, con un tremendo esfuerzo por parte de ambos, Alan consigue ponerse de pie. ¡Genial! ¡Menudo proceso para poder levantarse!

M. comienza a balancearlo hacia derecha e izquierda. Eso le gusta mucho a Alan y se pone a cantar: *«Bailar pegados es bailar, igual que baila el mar, con los delfines... Corazón con corazón...».* ¡Está feliz! Con el movimiento se ha erguido un poco más y casi se sujeta solo. Aguanta unos segundos. Lo justo para cantar otra canción que le viene a la cabeza: *«I´m walking on sunshine»* (Estoy caminando bajo el sol). Está encantado. Y le pregunta a M:

−¿Podemos caminar? −A la fisio le parece una gran iniciativa. Y Alan se entusiasma. Toma aire, hincha su pecho orgulloso y se prepara para su primer paso en el exterior. De repente mueve un poco su pie derecho:

−¡Mira, amá! ¡Estoy andando! ¡Y en la calle! −me dice muy contento después del paso.

−¡Sí, campeón! ¡Eres un *crack*! −digo emocionada.

Deja la silla a un lado y sigue andando. ¡Alan está dando sus primeros pasos! ¡Qué pasada! Lo hace lento, sin seguridad, con movimientos bruscos y descoordinados, sin apenas fuerza, con el cuerpo y la espalda tremendamente encorvados... y sujeto por otra persona. Sí. Y aun con eso... está contento. Muy contento. Con mucho esfuerzo consigue dar diez pasos. Son solamente unos diez centímetros. ¡Sin embargo son una pasada!. ¡Qué bien! ¡Qué alegría! Aquí, en este momento, Alan está iniciando una nueva etapa: ¡la etapa de comenzar a caminar!

Recogida de firmas

HOSPITAL VALL D´HEBRON, marzo de 2017

Los abajo firmantes solicitamos la instalación de Internet con wifi accesible para las habitaciones y la gratuidad de la televisión en segunda planta de Pediatría:

Los niños ingresados en las diez habitaciones de la segunda planta de Pediatría lo están por cuestiones importantes, como trasplantes u operaciones severas de cardiopatías. No están aquí por placer. La mayor parte del tiempo están postrados en la cama y sin apenas visitas, ya que muchos de ellos necesitan estar aislados. Además, son normalmente niños de larga estancia. Por eso, la mayor distracción que tienen en la habitación es la televisión y su conexión a algún dispositivo electrónico con necesidad de Internet. Es importante ofrecerles una estancia lo más agradable posible, ya que es sin duda una gran ayuda para su recuperación. Y ofrecerles televisión gratuita y acceso a Internet sería parte de ello.

Alan ha preparado ya la hoja de firmas. La supervisora de planta ha imprimido algunas copias. Deja varias en el mostrador de enfermería a la entrada de la planta. Algunas madres cogen alguna hoja para que firmen sus familiares. Todos en la planta están de acuerdo con el escrito: todos creen importante tener wifi y televisión gratis para los niños.

Alan está muy contento. Conseguir esto para la planta y para todos los niños le llena. Quiere ayudar a todos. Además, está comprometido: cree que es una buena iniciativa para una gran causa. Ahora tiene un propósito mayor que el de recuperarse. Esta causa le hace sentirse bien. Y eso se le nota.

Desea conseguir muchas firmas. Así que tiene una gran idea: «*Cuando salga a la calle, llevaré hojas para que firmen todos los que estén en el parque. ¡Ya verás qué pronto lo conseguimos!*». Así que preparamos todos los bártulos para salir y añadimos las hojas de firmas y el bolígrafo. Ya tenemos todo. ¡A la calle!

Ya en el parque, Alan echa un vistazo a las personas que hay en él. En cuanto se acerca a alguien, enseguida llama su atención. ¡Es normal! Impacta ver a un joven con mascarilla, oxígeno y monitores acercándose en una silla de ruedas solicitando firmas. Además, con la mascarilla cuesta oírle y por eso le prestan mucha atención. Cuando lo explica, todos comprenden qué está haciendo. Y todos, ¡TODOS!, quieren colaborar. Además, varias personas lo ayudan activamente cogiendo algunas hojas y recorriendo el parque solicitando firmas. Algunos incluso se sienten indignados cuando se enteran de que los niños pagan para ver la TV, y no entienden cómo en el siglo XXI no hay Internet gratis en un centro hospitalario. En tan solo unos minutos, completa varias hojas de firmas.

Al fondo de la plaza llega un taxi. Varias personas se bajan. ¡Qué bien! Ya llega la visita sorpresa para Alan. Él no espera a nadie. Por eso no sabe que vienen a verlo a él. Según

nos acercamos para conseguir sus firmas, Alan empieza a reconocer a las cinco personas.

–Hola Alan. ¿Cómo te va? –saluda la chica.

–¡Qué tal Alan! ¿Cómo estás? –pregunta uno de los cuatro chicos.

Alan se ha quedado sin habla. No se lo puede creer. ¡Son
ellos! ¡Todos ellos! ¡No lo puede creer! Se queda sorprendido.
Paralizado. Y cuando recupera el habla, responde:

–Estoy bien. Muy bien. Aquí, recogiendo firmas.

–¿Firmas para qué? –preguntan ellos interesados.

–Para que pongan wifi y televisión gratis en el hospital
para los niños. ¿Firmáis?

–¡Claro! Para eso firmamos todos. ¡Trae aquí!

Está impresionado. ¡Están aquí! ¡Firmando sus papeles!
Increíble. ¡Uno de sus grupos de música favoritos! Son La
Oreja de Van Gogh. ¡Y los tiene delante!

–¿Qué hacéis aquí? ¿A qué habéis venido?

–A verte a ti.

–¿¿¿A mí???

–Sí. A ti. A ver cómo estabas.

–Pues gracias. Estoy muy bien –dice tremendamente
sorprendido.

Después de un rato conversando se le quita la timidez
(que escasas veces tiene):

–Y cuando salgas, ¿qué vas a hacer? –le preguntan.

–Ir a un concierto vuestro –dice Alan riendo.

–Eso está hecho.

–Aunque por ahora no puedo estar en lugares cerrados
con gente.

–Bueno, seguro que podemos hacer algo para que nos
puedas ver.

–¡Gracias!

–¿Y qué quieres hacer, o ser, dentro de unos años?

–¡Cantante! –dice riendo.

—¿Sí?

—Bueno, aunque cantar me gusta mucho, en realidad me gustaría ser locutor de radio.

—¡Qué bueno! ¡¡Seguro que se te da muy bien!!

Conversan durante un rato. Antes de irse le regalan una raqueta firmada por ellos. Quieren que le recuerde que pronto se va a poner bien y podrá practicar todos los deportes que desee. ¡Está encantado! ¡Qué gran visita! ¡Ha sido una sorpresa genial!

Cuando vuelve a la habitación, comenta emocionado todo con las enfermeras: las firmas, la visita… Además, ellas también tienen buenas noticias para él: han llevado las hojas de firmas por el hospital y han completado varias hojas. *«Si seguimos así, pronto podremos entregarlas en Atención al Paciente»*, dice la supervisora de planta. *«Sí. Seguro que pronto las tendremos»*, responde Alan convencido.

Tras descansar un poco después de tantas emociones, se pone con su tabla de ejercicios físicos. Quiere seguir avanzando en su recuperación. Ha quedado con La Oreja que en pocos meses irá a verlos a un concierto. Y para ello tiene que ponerse las pilas más aún. ¡Y está en ello! Cree que rápidamente va a ponerse fuerte y podrá caminar solo. Siente que esa vida genial con la que sueña, en la que podrá hacer de todo, está cerca. Porque de eso se trata: de tener una vida genial, encontrarse bien y hacer todo lo que se desea. ¿No queremos todos eso? ¡Claro! ¡Es el sueño de cualquier persona! ¡Y ahora, más que nunca, el de Alan!

XVIII. La rehabilitación

El tacataca

Después de los pasos en la calle, Alan ha estado muy animado. Sigue realizando sus ejercicios físicos con entusiasmo y siempre acaba agotado. Aunque avanza muy poco, su deseo de salir del hospital cuanto antes le motiva a continuar.

Acaban de traerle un andador: un «tacataca». Está emocionado. Siente que le va a permitir avanzar más deprisa. Tiene urgencia por comenzar a andar solo. Y quiere que lleguen las tres de la tarde para poder utilizarlo con la fisioterapeuta.

Se sienta en la silla y comienza a practicar sus ejercicios: quiere estar fuerte para la tarde. Enseguida llega el equipo de Neumología. ¡Gran noticia! ¡El aporte de oxígeno que necesita está bajando! ¡Bien! Eso es buena señal; los ejercicios de respiración están dando sus frutos. Está contento. Después entra el equipo de Cardiología. Piensan que ahora puede acelerar su mejoría, así que le piden que aguante sentado en el sillón un poco más. Y consigue estar en él dos horas esta mañana. ¡Qué bien! ¡Todo está siendo positivo hoy!

Entre ejercicios y visitas médicas, la mañana ha pasado rápidamente. Ya es la hora de la fisioterapia. Cuando M. entra en la habitación, Alan se alegra mucho. De inmediato le informa de su mejoría. Y como está muy animado, M. decide aprovechar y exigirle un mayor esfuerzo en los ejercicios.

–¡Qué bien! ¡Vas mejorando mucho! Y ahora... ¿qué te parece si cogemos el tacataca?

–¡Sí, claro! Lo llevo mirando toda la mañana con ganas –dice Alan nervioso.

–Venga. Levántate de la cama y vente al sillón –dice M.

Esa operación aún le cuesta bastante. Coge sus piernas con las manos y las mueve hacia el borde de la cama. Para mover la cadera aún necesita ayuda. Él no puede girarla ni levantarla aún. Lo ayudamos a pasar al sillón:

–¡Preparado! –dice Alan cuando ya está sentado en el borde del sillón.

–Bien. Primero te enseño cómo levantarte y luego te muestro cómo sujetarte.

–Estupendo. Lo voy a aprender todo y lo repetiré después súper bien.

M. le explica que van a realizar el proceso en cinco partes: levantarse de la silla, mantenerse de pie –agarrando el andador y sin moverse–, levantar y adelantar un poco el andador, dar unos pequeños pasos y por último, sentarse de nuevo en la silla. «*Cinco pasos. ¡Lo tengo!*», dice Alan con ganas de empezar.

La fisio comienza por enseñarle a levantarse de la silla. Practican juntos unas cuantas veces. Alan lo está haciendo muy bien.

–Ahora tienes que repetirlo todo tú solo despacito.

–Voy. Ya verás qué bien me sale.

Alan agarra los reposabrazos de la silla con mucho ímpetu. Sin embargo, enseguida comprueba que no es tan fácil como parece. No consigue levantarse del asiento. Necesita que lo ayudemos.

–Bueno, es la primera vez. En unos días, con práctica, te levantarás del asiento tú solo –dice la fisio.

–Vale. Lo conseguiré muy pronto. Ya verás. Vamos a la segunda parte. Quiero mantenerme yo solo –dice Alan un poco triste por no poder levantarse y contento a la vez, pensando que el siguiente movimiento puede resultar más fácil.

Ahora tiene que sujetarse solo delante del andador. Alan pensaba que sus piernas iban a poder sujetar el peso de su cuerpo. Y no es así; apenas se mantiene de pie. Necesita que lo sujetemos. ¡Otra decepción!

¡A ver qué tal se le da el tercer paso, mover el andador! Se esfuerza con muchas ganas. Sin embargo, no consigue levantarlo ni moverlo un solo milímetro. Alan esperaba que sus manos y sus brazos pudieran moverlo sin problema. Y se da cuenta de que tampoco esto lo puede conseguir. En un primer momento se desespera. No está resultando como imaginaba. Gracias a nuestra insistencia y apoyo, se anima y se empeña un par de veces más. No lo consigue. Y además termina agotado y abatido. Rápidamente, M. lo tranquiliza:

—Esto es normal. No te preocupes. En unos días lo vas a poder hacer tú solo.

—Bueno, si es cuestión de unos días, dejo que me ayudes un poco hoy. Aunque solo un poco, ¿vale? —dice Alan esperando que realmente sea así.

—Claro que sí, campeón.

Ya llega la cuarta parte del proceso: mover los pies y dar unos pasos. Con esta parte Alan se siente más seguro. Aunque agarrado por la fisio, ha dado algún paso estos días. Ahora está con el andador y cree que resultará más fácil. Se concentra, toma una respiración profunda y se pone a ello. De repente, empieza a mover sus pies. ¡Lo está haciendo! ¡Esto le alegra mucho! No quiere parar de moverse, así que M. adelanta el andador unos centímetros. Y Alan lo sigue dando un par de pasos más. ¡Qué bien! ¡Es un gran avance! Está eufórico, radiante de felicidad, contento y orgulloso de lo que está haciendo. Se siente muy satisfecho y emocionado. A pesar de que lo sujetamos por las axilas para que se mantenga de pie, siente que está andando por él mismo y que pronto volverá a caminar.

¡Ha caminado ya veinte centímetros! Tenemos que acercarle el sillón para que pueda descansar. ¡Qué maravilla! ¡Ha sido una gran distancia! Y a pesar de estar agotado, está tan satisfecho y orgulloso por lo que ha conseguido que quiere continuar. Camina muy despacio. Le cuesta un gran esfuerzo. Después de un par de nuevos pasos, su espalda se curva aún más, sus débiles piernas apenas lo siguen —continúa sin poder enderezarlas—, sus rodillas se flexionan cada una hacia un lado y sus brazos y sus manos están tan débiles que terminan doloridas y fatigadas de agarrar el andador. Sin embargo, el triunfo de haber conseguido caminar casi un metro le sabe a gloria. Y en este caso, con tanto esfuerzo sabe mucho mejor aún, si cabe.

Quiere andar un poco más. No desea parar. Sé que ahora está con dolores, sobre todo en la espalda al andar. Y a pesar de eso, no se detiene. Me siento muy orgullosa de él. Mi corazón late con fuerza, lo noto. De repente me acuerdo de su corazón. ¿Cómo estará? El esfuerzo está siendo tremendo. Miro rápido al monitor de las constantes. Uf, todo está bien. Me relajo y vuelvo a disfrutar del emocionante momento. ¡Me siento tan feliz! Tanto, que mis lágrimas aparecen.

Después de un rato ya no puede más. Se siente obligado a parar. Confiesa que el objetivo secreto que le había mantenido andando había sido llegar al aseo de la habitación para utilizarlo. Lamentablemente, se ha quedado a sus puertas. Era un objetivo demasiado ambicioso.

—Hubiese estado bien llegar al baño. Y de paso ya, sentarme en él por primera vez desde el trasplante. ¡Qué ganas! —dice.

—Bueno, has hecho mucho: dos metros para el primer día con andador es mucho. Si quieres vamos a por una silla de ruedas y te acercamos al servicio —dice M.

–No, tranquila. Quiero conseguirlo andando yo solo.

–Bueno, la próxima vez seguro que lo consigues, Alan. Además, ya sabes: si te lo propones puedes –responde M.

–Si crees que puedes, puedes. Y si crees que no puedes, no puedes –responde Alan, utilizando la frase de Henry Ford que tantas veces me ha oído repetir.

Qué bien, parece que el miedo a no andar se está disipando. Ahora ya cree que volver a caminar es posible. Además, los dos voluntarios trasplantados y el andador se lo están confirmando. ¡Bien!

Hoy ha sido un gran día. Muy emocionante. Y me vienen a la cabeza otros momentos emocionantes. Sobre todo aquellos en los que hacía algo «por primera vez» desde su trasplante, hace ya tres meses y medio: el día en que por primera vez pudo agarrar los cubiertos y comer solo; la tarde en la que consiguió terminar de pintar un mandala, ¡con lo que le costaba coger el lápiz y apretar para pintar!; el día en que movió sus piernas y las elevó medio centímetro del colchón; la mañana en la que por primera vez pudo cambiar él solo de posición en la cama; el día en que dobló las rodillas en la cama sin mi ayuda; cuando de repente se lanzó a cantar una canción, a pesar de llevar la máscara del respirador y tener una voz nasal que apenas le permitía pronunciar; el día en que por primera vez se puso de pie. (Lo celebró como si ya hubiese sido el pistoletazo de salida en la carrera hacia casa); el primer día que salió a la calle en silla de ruedas; la tarde en la que dio un par de pasos en el parque con la fisio...

Antes de dormir, Alan recuerda lo ocurrido: «¡*Hoy he andado! Esto muestra que poco a poco voy mejor. ¡Y pronto podré ir al baño! ¡Muy pronto! ¡Qué bien!*».

Está deseando ir caminando hasta el servicio y sentarse allí. Está cansado de hacer sus necesidades tumbado. Además, los movimientos para colocarse en la cuña de plástico son tremendamente dolorosos. «*Sí. Ir al baño sería un gran avance. Y sobre todo, un gran placer*», dice riendo mientras imagina ese día. Noto que esto va avanzando. ¡Qué ilusión estar cada día más cerca del final! Eso me recuerda una frase que nos gusta a los dos de la película *El exótico hotel Marigold*: «*Al final todo va a acabar bien. Y si no acaba bien, es que no es el final*». Y pronto va a ser verdad aquí. ¡Qué bien!

Llegar al baño

Hoy hace ya cuatro meses que Alan está en el hospital. Se ha levantado contento. Lleva varias semanas practicando con el tacataca. Todavía sigue necesitando ayuda para avanzar con él. Y aún hay que ayudarlo a levantarse de la cama y llegar al sillón. Sin embargo, ha mejorado mucho desde el primer día que lo cogió. Ayer caminó dos metros sin necesidad de parar. Fue todo un logro. No lo hizo solo. Yo agarraba el tacataca y lo iba levantando para avanzar con cada pequeño paso, de unos cinco centímetros. Aunque parece poco, es mucho. Ha estado trabajando duro estos días para conseguirlo. Hoy se ha levantado con la ilusión de alcanzar otro gran reto: conseguir ir al lavabo.

La puerta del aseo está a unos dos metros del sillón en el que comienza su recorrido. Y hay otro metro más hasta la taza. Tres metros pueden parecer poca distancia. Sin embargo, para Alan es todo un mundo en este momento. Se pone con ganas a ello. Lo ayudo a levantarse. Ya de pie, coge una respiración profunda, mira hacia su objetivo y se pone en marcha. Lo ayudo con el andador, levantándolo y moviéndolo para avanzar. Él se encarga de sujetarse de pie y mover suavemente los pies. Vamos lentamente, aunque de forma decidida. Descansamos después de los cuatro primeros pasos. Lo necesita. Sin embargo, no quiere sentarse y descansa de pie.

Después de tomar aliento, vuelve otra vez a ello. Está ya pegado a la puerta. ¡Este es un gran momento! ¡Ha llegado lejos! Necesita descansar otra vez. No quiere que le acerque el sillón. Está ahí, de pie, esperando a que le vuelvan las fuerzas. Mira hacia atrás. Y ve el espacio recorrido. Está orgulloso de lo que está haciendo. Y aunque está agotado, no va a desistir. Está seguro de que lo va a conseguir. Y va a ser hoy, sí o sí.

Cuando recupera su energía, quiere proseguir su trayecto. Ahora toca el giro de la puerta. Parece fácil. Sin embargo, no lo es tanto con el andador. Los pasos necesitan ser más pequeños. Tiene que sujetarse algo más y el movimiento es complicado. Con cuidado, lo consigue. ¡Bien! ¡Otro reto superado! Aunque está a tan solo un metro de la taza, tiene que volver a parar. Y a pesar de eso, está con la sonrisa puesta. Ya está saboreando su victoria. Sabe que la distancia que le queda va a ser pan comido. Y sabe que, a pesar del cansancio, lo va a conseguir. Toma una respiración profunda y vuelve a movilizar dramáticamente todo su cuerpo para dar unos pasos más. A estas alturas hay más ganas que fuerzas. *«Ahora voy a ir todo seguido hasta la taza. Y me voy a sentar en ella»*, dice optimista. *«Primero llego y me paro. Después giro. Y me vuelvo a parar. Y finalmente... a sentarme»*, dice visualizando los siguientes movimientos. *«¡Venga, que voy!»*, se anima a sí mismo.

Se pone otra vez en marcha. Ahora sus pasos van incluso más lentos y menos firmes. Además, los tobillos le empiezan a fallar. Y las rodillas le tiemblan. Está haciendo mucho esfuerzo. Sin embargo no va a desistir. Ya solo le quedan unos centímetros para llegar. Cada paso es un avance. Cada centímetro es un logro. Está en el último paso para llegar con el andador hasta la taza. El último esfuerzo... ¡Y lo consigue! *«¡He llegado¡ ¡Bien! ¡Lo he conseguido!»*, dice ilusionado. *«Ahora ayúdame por favor a girarme para sentarme».*

Este otro giro es todo un reto. Hacen falta todos los músculos para ello. Primero le retiro el tacataca. Para esto no le sirve. Necesita sujetarse a mí mientras lo hago. Se tambalea sin fuerzas. Muy despacio, con suavidad, vamos dando la vuelta. ¡Bien! ¡Ya está en posición! Levantamos la tapa y ahora toca sentarse. Parece fácil. Al menos yo pensaba que iba a ser lo más sencillo de este proceso. Me equivocaba. Está realizando un gran esfuerzo para doblarse y bajar hasta la altura necesaria. Necesita utilizar los abdominales para no caer de golpe. Echa la mano a la barra lateral de la derecha de la taza. Sin embargo, como no tiene la suficiente fuerza en los brazos, no puede sujetarse. Le ayudo agarrándolo de las axilas. ¡Y bajamos poco a poco!

—¡¡¡Bien!!! ¡Lo he conseguido! ¡Estoy sentado en la taza del váter!

—¡¡Sí!! ¡Eres un crack!

—¡Sí! ¡Lo sé! ¡Qué bueno! ¡¡¡Es genial!!!

Después de celebrarlo y gritar su victoria, se calma. Entonces, con una sonrisa en la boca y toda parsimonia, dice:

—Y ahora, amá, ¿puedes salir de aquí, por favor? Por primera vez en cuatro meses voy a hacer mis necesidades solo. Sin público. Y sin estar en posición horizontal. Este placer lo quiero para mí solo.

Mientras espero fuera, atenta por si me llama, oigo de vez en cuando sus celebraciones: «*¡¡¡Bien!!! ¡¡¡Qué guay!!! ¡¡¡¡Lo he conseguido!!!!*». Y es que este logro es como para celebrarlo con una placentera sentada. ¡Disfruta, Alan!

La música: su motor

Nos dan el resultado del TAC. Malas noticias: todavía le quedan hongos en el pulmón derecho y líquido en el izquierdo. Por eso toda esta última semana ha estado con mucho dolor en la espalda. Han de continuar con el tratamiento al menos seis semanas más. Lo malo es que es muy invasivo. Sin embargo, no hay otra opción.

Todo esto le impide avanzar tan rápido como quisiéramos. Y además se agota con cualquier esfuerzo físico. Su cuerpo sigue sin ponerse fuerte. Aún está literalmente en los huesos. Pesa solo treinta y tres kilos. Tampoco tiene masa muscular. Al sentarse se hace daño porque apenas tiene glúteos. Los brazos también están muy delgados. Tiene las pantorrillas llenas de moratones. La espalda con grandes sombras rojas, llenas de estrías a ambos lados de la columna. Además siguen molestándole las úlceras que tiene en un par de vértebras. Da pena verlo tan débil, tan delgado, tan menguado. Lo bueno es que tiene buena cara. La tiene un poco hinchada y redondita debido a la gran dosis de corticoides.

Comienza los ejercicios de la mañana. Después de realizarlos tiene que descansar unas horas. Y a pesar de que le duelen los pies, quiere volver a caminar. Quiere llegar hasta la puerta. A unos cinco metros de distancia. Quiere ir y volver sin parar. Está muy motivado. Yo le repito las instrucciones de siempre, «pies y rodillas al frente», para evitar que se le vayan hacia los lados y no pueda dar el paso, «cadera hacia adentro», porque tiende a irse para atrás y eso no le permite avanzar, y «cabeza alta», porque su postura inicial es la de ir agachado, cheposo.

El dolor le frena relativamente en algunos momentos. Sin embargo, son instantes que supera con cierta facilidad cuando se grita a sí mismo «Vamos, Alan. ¡Tú puedes!». Después de alcanzar la puerta, siente que no puede continuar. No consigue realizar ningún movimiento más. Tengo que acercarle el sillón para que se siente a descansar. Está abatido y con gran dolor de pies. ¡El esfuerzo ha sido tremendo!

Se me ha caído el alma a los pies cuando le he visto esforzarse tanto. Ha puesto todas sus ganas, toda su motivación, y aún así, no lo ha conseguido. El esfuerzo ha sido tan tremendo que apenas podía avanzar sin tener que sufrir.

Yo tenía el mismo optimismo que Alan. Estaba convencida de que en un par de días ya estaría caminando con el andador y que en otro par de días lo haría agarrado de mi brazo. Y que después, en otro par de días, conseguiría andar él solito, erguido y con soltura. No pensé que volver a caminar fuera a ser tan duro. Creía que, lejos de ser un ejercicio doloroso, sería algo sencillo, rápido e incluso ameno. Nada más lejos de la realidad. Está siendo agotador, costoso, largo y tedioso. Dar unos simples pasos conlleva complicados movimientos que necesita re-aprender y ejercitar. Y los progresos, aunque se van viendo, requieren tanto de esfuerzo, dedicación y superación del dolor, como de fuerza de voluntad, convicción y gran deseo de recuperación.

Después de descansar un par de horas más, Alan está otra vez animado para afrontar su reto: *«Amá, ya sé cómo lo puedo hacer. Voy a buscar canciones motivadoras, como tú dices, para ponérmelas mientras hago ejercicio»*, comenta entusiasmado. *«Y voy a empezar por la de Rocky»*, dice mientras se pone a ello.

Cuando llega la fisio, Alan ya tiene la música preparada. En cuanto comienza a sonar *Rocky*, la fisio le pone una toalla alrededor del cuello, imitando al boxeador. En ese momento se transforma. Se viene arriba. Se mete en el papel de su propia película y comienza a realizar cada uno de los ejercicios con la fuerza del propio Rocky Balboa.

De forma fluida, con entusiasmo, trabaja todos los ejercicios. Se está sintiendo muy bien haciéndolos con la música. Se siente poderoso, con energía. Y se nota que está intensificando el esfuerzo, la tenacidad y las ganas. ¡Qué bueno! ¡Qué gran idea ha tenido! Esto es un gran «chute» para él. ¿Por qué no se nos había ocurrido antes? Bueno. Ahora ha sido el momento. ¡Es genial! Además, está haciendo uso de un gran poder mental y emocional: lleva cuatro meses en el hospital y el balance emocional es que sigue optimista, con ganas de vivir a tope, con ilusiones, con grandes sueños. Y aunque hay días oscuros, por supuesto, la mayoría los vive con alegría, con ganas de reír y disfrutar. E incluso está gestionando con relativo éxito ciertas incertidumbres, como saber cuándo llegará el día de dejar el hospital, cuándo estará recuperado completamente y cuándo podrá tener lo que él llama «una vida normal».

Admiro a mi hijo por todo lo que está haciendo. Lo admiro por la fuerza que tiene cuando se fija una meta. Y lo admiro por no desistir hasta conseguirla. Bien cuando se propone hacer doscientos movimientos con los pies, tres kilómetros en la bicicleta o una caminata hasta el baño. Y lo admiro porque, aunque todo esto le deja agotado y algo mareado, no se detiene. Y lo admiro porque estas circunstancias están siendo un extraordinario reto, que él está atravesando con mucho ánimo y positividad.

XIX. La biopsia

Alan tiene miedo

Alan lleva ya dos semanas practicando los ejercicios con su música. Empezó con muchas ganas. Pensaba que el avance iba a ser espectacular. Sin embargo, no lo está siendo tanto. Avanza lentamente. Y eso se hace pesado.

En varios días tiene el cateterismo y la biopsia. Necesitan comprobar el estado de su corazón. Alan manifiesta abiertamente que tiene miedo. Ha tenido alguna reacción puntual con un tipo de anestesia y cree que le puede volver a pasar. El miedo no le permite entender que, de la multitud de veces que ha necesitado anestesia, solo en una ocasión tuvo una reacción adversa.

Como ya es mayor de edad, sabe que es él quien firma el consentimiento. Y también sabe que si no lo firma no le realizarán la prueba. Cada vez que hablamos de eso se pone tenso:

—No quiero firmar el consentimiento. No quiero que me hagan nada.

—Alan, el cateterismo va a servir para saber cómo está tu corazón. Y la biopsia para comprobar si hay o no posibilidades de rechazo. Sin esa información no pueden darte el alta en el hospital.

—Sí. Lo sé. Sé que hay que hacerlo. Y al mismo tiempo, no quiero hacerlo. Y si no lo hago, ¿qué pasa?

—Que nos quedaremos más tiempo en el hospital.

—¿Cuanto tiempo?

—Hasta que te hagan el cateterismo y la biopsia.

—Ya. Lo que pasa es que yo no quiero. Aunque sé que tengo que hacerlo.

—Sí, Alan. No quieres hacerlo y es necesario hacerlo. ¿Entonces?

—Sí. Ya sé a lo que te refieres; lo he aprendido de tu *coaching*. Ya lo sé.

Se queda pensativo unos segundos. Los justos para una larga respiración, como las que practica para ir aumentando la escasa capacidad de sus pulmones.

—Vale. Lo firmaré. Y lo hago solo porque sé que en cualquier momento puedo revocar mi consentimiento.

—Sí. Tienes todo el derecho a hacerlo. Sin embargo, si lo vas a firmar es porque crees que esto es necesario. Y si crees que es necesario hoy, entonces seguirá siéndolo mañana, cuando te lo vayan a hacer. Con lo cual, revocar tu decisión no tiene sentido.

—Ya.

Coge la hoja de consentimiento. Aparta su cuaderno de mandalas de la mesa. ¡Y firma! Sin embargo, yo tengo miedo a que, en el último momento, justo antes de entrar a Hemodinámica, diga que no quiere hacerse la prueba y revoque su consentimiento. Por eso, después de todo lo que hemos conversado esta semana, tanto la cardióloga como yo con él, solo me queda esperar y confiar en que va a seguir adelante con la decisión, pues sabe que es lo mejor para él para alcanzar su objetivo de irse a casa.

¡Gracias a la abuela!

La verdad es que esta biopsia llega en un momento en el que Alan está muy cansado. El avance está siendo tan lento que se hace pesado. Además, todos los días han sido muy parecidos, como en la película *Atrapado en el tiempo (Groundhound Day),* el día de la marmota. El aporte de oxígeno es similar, los pulmones siguen con hongos y algo de líquido, sigue sin andar por él mismo y aún necesita utilizar el andador o algo en lo que apoyarse... Lo bueno es que la alimentación parenteral se ha reducido un poco, a dieciséis horas.

Por eso ha salido algunos días al parque. Un domingo le dejaron salir cuatro horas del hospital. Y lo único que quería era ir a casa. Deseaba estar en su hogar. Ansiaba volver a su cama, aunque fuera solo para recostarse y escuchar música. También le apetecía jugar con la consola con su hermano. Y pretendía tener la oportunidad de ver a algunos vecinos. Necesitaba sentir que estaba más cerca de volver a casa. Fue un día genial para él. Estaba pletórico.

Según los médicos, que todo vaya tan lento es normal. Dicen que lo está haciendo muy bien y que la mejora es considerable. Lo que pasa es que él no lo está percibiendo así. Se le está haciendo muy largo. Y lo malo es que no consigue ver dónde está el final de todo este proceso.

Por eso, en los dos últimos días se le nota más agobiado, emocional y mentalmente, a veces incluso desesperado. Su alegría y su optimismo han descendido. Está gruñón, intransigente con la comida y cansado de los ejercicios. Además, está bastante irascible conmigo. Incluso mi optimismo le raya. Dice que no le apetece estar contento ni optimista. Solo desea estar tranquilo. Quiere que lo dejen en paz y no le apetece ver a nadie. Está bastante saturado. Su cardióloga está muy preocupada por él. Sin embargo, yo creo que es algo puntual, que él es capaz de remontar todo esto, como lo ha hecho hasta ahora. Además, es normal y permisible un momento así de flaqueza.

Solo hay algunas cosas que estos últimos días lo han animado. Uno es, como siempre, el momento de la rehabilitación. Otro, la música de la radio. La tiene puesta las veinticuatro horas del día. Incluso al dormir. Y por último, le anima ver un programa de televisión que sigue desde que comenzó: *La Voz kids*. Le gusta oír cantar a los niños, ver cómo se preparan y escuchar las críticas de los cantantes profesionales que los ayudan a que mejoren. La verdad es que el día que lo emiten en televisión, toda la planta de Pediatría, en todas las habitaciones, todos los niños, se conectan para verlo. Lástima que lo programen tan tarde y que el cansancio no les permita verlo hasta el final.

Yo también, muy a mi pesar, empiezo a estar cansada física y mentalmente. Emocionalmente estoy optimista, siento que el final se acerca. Sin embargo, tantos meses aquí sin descansar me están agotando. Todo me empieza a pesar. Por ejemplo, el control de la medicación. Pensé que iba a ir cogiendo soltura a lo largo de los días con este tema y no es así. Me piden que vaya observando la medicación y empiece a familiarizarme con ella. Sin embargo, para mí es una locura. Para cuando he aprendido una cosa, esta cambia para ajustarse a sus necesidades. Entre jarabes y pastillas toma unas treinta dosis al día. La enfermera de trasplantes me ha hecho una tabla clarificadora. Incluso con dibujitos de las pastillas y sus cajas, con toda la información y con explicaciones de cómo tomarlas. Sin embargo, los dos folios en los que están impresas, no son fáciles de estudiar. Están llenos de nombres largos y raros, de palabras que no significan nada para mí. Todo esto, como diríamos en *coaching*, me saca tan fuera de mi «zona de confort» que me siento próxima a la «zona de pánico». Y a pesar de eso, es importante que aprenda todo para cuando Alan vaya a casa.

Me repongo con cada sobresalto. Y apoyo a Alan para que todo vaya bien. Esa es mi prioridad. Y para ello utilizo mis estrategias para darle la vuelta a cada situación. Sin embargo, el agotamiento me está pasando factura. Además, ya tengo ganas de que recuperemos nuestra vida ahí afuera. Y tengo ganas de caminar una distancia más larga que la de los pasillos de la planta, de comer unas verduras en mi casa, de coger mi cama, que llevo unos cuantos meses «sin catar»… Así, no dormir bien, levantarme tantas veces por la noche, tantos sustos con las malas noticias, tantos sobresaltos cuando pitan las bombas de medicación, tanta tensión, tanta gestión emocional, tanto control mental… durante tanto tiempo… se nota. Siento que necesito descansar alguna noche al menos cuatro horas seguidas, que un par de días me vendría bien comer algo más equilibrado y sano, y que incluso sería bueno no pensar en nada al menos por unas horas. O sea, estaría bien tener tiempo para «afilar la sierra», como diría Stephen Covey y coger fuerzas. No obstante, aquí no tengo momentos para hacerlo. Este es un proceso que requiere atención las 24 horas.

Pretendo mantener la compostura perfecta. Ser la persona perfecta. Incluso la madre perfecta en una situación imperfecta. Y esto es muy difícil. Mantener la mesura en todo momento es complicado. Más aún cuando se ve sufrir a un ser querido en situación muy delicada en el hospital. Más aún cuando se trata de un hijo. Como cualquier madre, cuando «tengo que» hacer algo por mis hijos, lo hago. A veces, aún no sabiendo cómo, lo hago. Una madre se retuerce, se estira, se dobla, se transforma… lo que haga falta por un hijo. Si «hay que» hacer, se hace. Eso está pasando conmigo ahora. Que hago lo que haga falta por él. Y esto, después de tantos días, pesa mucho. Y lo noto.

Y para estos momentos, es una suerte contar con una madre. Yo cuento aquí con la mía: la abuela de Alan. Está con nosotros todos los días que puede. A pesar de vivir a más de 500 km de aquí, ha ido y venido todas las veces que la hemos necesitado. Se ha puesto en marcha cada vez que recibía nuestra llamada. Y ahora que puede estar en planta junto a su nieto, más que nunca. Eso me ayuda. Eso es un gran alivio. Me da aire para respirar un poco. Estar los tres juntos en la habitación es más llevadero. Además, anima mucho a Alan. Con «la Amoña», como la llama Alan en euskera, juega constantemente, habla de todo, ríe y comparte buenos momentos. Ella también es madre. Y abuela. Y las madres y las abuelas hacen lo que sea por sus hijos y nietos. Además, necesitan saber de primera mano qué es lo que pasa. No les valen los mensajes de móvil a los que no están muy habituadas. Quieren verlo todo con sus propios ojos. Y quieren ayudar en todo lo que puedan. ¡Qué gran papel el de las abuelas! ¡Y qué poco reconocido está! Yo les daba a todas un gran premio. Un gran reconocimiento. Un gran trofeo. Primero porque han sido grandes madres y un pilar familiar indiscutible. Y ahora, a pesar de los años, porque lo siguen siendo como abuelas y lo demuestran en todo tipo de circunstancias. Y en una situación hospitalaria como esta en la que se requiere más esfuerzo, lo hacen con todo su corazón. Gracias a todas. ¡Gracias, abuelas! ¡Y gracias, Amoña!

Anestesia

Hoy es el cateterismo con la biopsia. Ayer esperé despierta a que vinieran los anestesistas. Aguardé hasta las cuatro de la mañana y no vino nadie. Me indigné. Quería comentar que le dieran algo a Alan para que estuviera un poco más tranquilo para la prueba. No quiero que con los nervios se eche para atrás, justo a las puertas de Hemodinámica. Este es mi temor. Está harto de pruebas y de estar en el hospital. No quiere que le hagan nada más. Esto crea mucha tensión. Y la crea en todos. Sobre todo en mí.

Por suerte, Alan hoy se ha despertado de muy buen humor. En realidad, como la mayoría de los días. Estoy contenta de que sea así. No quisiera que fuera de ninguna otra manera. Sin embargo, estoy nerviosa e indignada. No he conseguido hablar con nadie de Anestesia.

Cuando viene la anestesista la asalto en el pasillo.

–Buenos días, soy la doctora A. de Anestesia –me dice con una sonrisa.

–Buenos días. Ayer estuve esperando hasta las 4:00 h. Y no vino nadie de Anestesia –le suelto en un tono de indignación.

–Vinimos dos personas de Anestesia ayer por la tarde y hablamos con él. Y siempre venimos solo una vez –responde con seriedad.

–Ya, sin embargo no habló conmigo. Tal vez tenía que haber vuelto –digo perpleja.

–Él ya tiene dieciocho años. Es a él a quien tenemos que informar –me dice aclarando sus firmes motivos.

–Ya. Lo que pasa es que, debido a los nervios, Alan puede negarse a la prueba en el último momento. Y no quiero que eso pase –le digo queriendo que entienda mis razones.

–Sí, lo sé. Y aún así, yo no le voy a dar un sedante para que no tenga capacidad de decisión –me dice ante mi petición.

–¡No es eso lo que quiero! ¡Claro que no! Solo quiero que esté relajado. Y por supuesto, consciente y lúcido. Solo quiero que no se ponga nervioso –vuelvo a repetir sintiéndome incomprendida.

Hemos seguido la conversación durante unos minutos más. Yo me he sentido indignada porque no habían hablado antes conmigo. Y creo que la doctora también se ha sentido indignada por otros motivos: primero porque ya vino a hablar, y segundo porque Alan ya tiene dieciocho años y él es quien decide. Y siento que además se ha sentido cuestionada en su trabajo. ¡Nada más lejos de mi intención! Sé que soy yo la que no me he acostumbrado a que de la noche a la mañana le den la información a él y no a mí. No me he hecho a la idea de que ya es mayor de edad. Por una cosa u otra, las dos hemos acabado muy tensas.

Alan ya está en la camilla. La anestesista y yo hacemos «de tripas corazón» y hablamos con él como si nada hubiese pasado. Ella es muy profesional. Se nota. Y sabe que nada tiene que interferir en su trabajo. Y es genial que no se deje influir por una madre alterada, como yo hace unos minutos. Conoce a Alan desde hace años y sabe cómo tratarlo. Recorre los pasillos hablando con él. Me estoy dando cuenta de que me he pasado un poco. No le he hablado mal, aunque mis palabras podían sonar a fuerte requerimiento. Y estaba fuera de lugar. Lo bueno es que ahora (o quizá desde antes) ella sabe mi preocupación por el tema de los nervios y la posibilidad de que Alan diga «no» a la prueba. Y por eso, para que no cambie de opinión, va hablando todo el camino con él con mucha calma. Y funciona: Alan está bastante más tranquilo.

Reflexiones

Caminando a su lado, reconozco que no me ha gustado nada cómo ha ido la conversación de hace unos minutos. Y admito que he pagado con la doctora toda mi frustración. Lo sucedido me dice que necesito relajarme un poco y respirar. Vaya, ¡la que podía haber montado por una tontería! Se nota que ya estoy cansada de todo esto. Y el incidente es una llamada de atención. Es una señal de que tal vez me está empezando a pasar factura tanta presión. No quiero que esto pase. No me gustaría que mis nervios se apoderaran de mí. Desearía sentir que soy yo la que controlo la situación y no que la situación me controla a mí. Y voy a ponerme a ello.

Esta reflexión me recuerda la historia de «La guerra de los dos lobos», de la que hablo en mi primer libro y me ayuda a tomar de nuevo el control.

> *Un abuelo le comenta a su nieto:*
> *—Dentro de mí se está viviendo una gran batalla. En mi interior hay dos lobos que se enfrentan.*
> *»Uno de ellos es violento, agresivo, malvado.*
> *»El otro es bondadoso, lleno de amor y alegría.*
> *El nieto, curioso, le pregunta:*
> *—Abuelo, ¿y cuál de los dos lobos crees que va a ganar?*
> *Y el anciano responde:*
> *—El lobo al que yo alimente.*

Así que decido alimentar al lobo bondadoso, lleno de amor y alegría. Para ello, voy a volver a fijarme en las cosas buenas que han pasado hasta ahora. Empezando por el día de hoy. Comienzo a hacer una lista de cosas. ¡Uf! ¡Es interminable! ¡Qué bien! Repasar todo esto me está animando. ¡Tantas cosas buenas! ¡Y también tantas personas buenas! ¡Tantas muestras de cariño y de apoyo! No solo fuera del hospital sino también, y sobre todo, dentro. Incluida la anestesista, que pensaba sobretodo en ayudar, profesional y personalmente, a un paciente, a Alan. A pesar de su exaltada madre.

Enseguida se me pasa la mala sensación. Y estoy de nuevo contenta. Y pienso: todo esto va bien, Alan está cada vez mejor, cada día está más fuerte, el corazón y él se gustan. Y ahora estoy segura de que la biopsia va a decir que no hay indicaciones de rechazo. ¡Qué bien! Me encanta este ejercicio de repasar la lista de cosas buenas que han pasado desde el trasplante. Es un buen ejercicio para recuperar la energía positiva. Suelo hacerlo muchas veces. Sin embargo, la tensión de los últimos días me ha absorbido tanto que se me había olvidado por completo. Me alegro de haberlo recuperado. Me siento contenta y feliz. Ahora solo falta que Alan sea fuerte para entrar bien a la biopsia, a pesar de su miedo.

¿Se echará atrás?

Entramos en Hemodinámica. Alan está tranquilo. Al fondo se ve el espacio donde le hacen el cateterismo y la biopsia. Parece un quirófano. En cuanto lo ve, comenta susurrando:

—Aunque no quiero hacerlo, ¡sé que es para ver cómo está mi corazón! ¡Así que lo voy a hacer!

—Muy bien. Me alegro de que lo veas así —le digo orgullosa de él.

—Pues sí. Y que conste que no me apetece nada —añade.

—Bien; queda constancia de que no te apetece —le digo con una sonrisa.

Traen de nuevo la hoja del consentimiento. Alan tiene que volver a firmar. Y sin cambiar de opinión, firma orgulloso. No esperaba esto. Estoy muy contenta con la madurez que está mostrando.

—Vamos a entrar ya. Puedes esperar fuera —me dice la enfermera—. Calcula una media hora, aunque ya sabes que nunca se sabe exacto —puntualiza.

Salgo fuera, pensando en que todo irá bien. Estoy convencida de que la biopsia mostrará que no hay signos de rechazo. ¡Estoy segura! Justo al salir me encuentro con la cardióloga. Viene a ver cómo va todo.

—¿Qué? ¿Cómo ha ido con Alan? ¿Ha entrado bien? —me pregunta con curiosidad.

–Sí. Sin ningún problema –le digo contenta.

–Me alegro. De eso se trataba –añade.

–Yo sí que he tenido un problema. Y me gustaría pedirte que trasmitieras mis disculpas a la anestesista –le digo un poco tocada.

–¿Por qué? ¿Qué ha pasado? –pregunta sorprendida ante tal petición.

Le comento brevemente lo que ha pasado y le insisto en que pida perdón a la doctora de mi parte. Entiende lo ocurrido y me asegura le transmitirá mi mensaje. Además, a mí me gustaría tener la oportunidad de decírselo yo, en persona.

Después de media hora larga, salen de la sala de cateterismo el cardiólogo y el doctor de Hemodinámica que realiza el cateterismo y la biopsia: «*Todo ha ido muy, muy bien. Tranquila. Saldrá en unos veinte minutos*». ¡Qué bien! ¡Estas son buenas noticias! ¡Estupendo! ¡Todo perfecto! Estoy súper contenta. Ahora queda esperar a que salga Alan. Lo hace exactamente a los veinte minutos. Está aún sedado. Paran la camilla para que le dé unos besos. Después, continúan por los pasillos hasta el otro edificio. Lo llevan a reanimación pediátrica. Voy con ellos hasta la puerta. Vuelven a parar antes de entrar para que le dé unos besos más. Me dicen que vuelva en unas seis horas. Ese es el protocolo. Cuando esté preparado para volver a su habitación me avisarán al móvil.

Todo ha ido bien. Estoy contenta. Quiero salir al sol. Hace un gran día. El cielo está súper azul. Y hay unas nubes preciosas. Además, me encuentro a mi amigo Salvador García. ¿Qué más quiero? Llevamos una hora conversando sobre la vida, la conciencia de las cosas, los valores de las enfermeras... cuando suena el teléfono.

–¿Madre de Alan? –pregunta una voz suave de mujer–. Llamo de Hemodinámica.

–¿Qué? ¿Qué ha pasado?

—Alan está bien, tranquila. Vamos a subirlo a la habitación —responde con urgencia y de forma cortante la persona al otro lado de la línea.

No sé qué pensar. Si lo suben a la habitación es que todo ha ido bien. Si no, lo llevarían a la UCI. Y sin embargo, por otro lado, algo les ha hecho saltarse el protocolo. Voy corriendo a Reanimación. Esto no es normal.

El enfado

Llego a la habitación. Allí está Alan despierto. Con la enfermera y la auxiliar.

—Hola Alan. ¿Qué tal estás?

—Bueno, bien —dice dubitativo, hablando despacio y bajito—. Es que me he enfadado.

—¿Cómo que te has enfadado?

—Es que me han puesto otra vía. Y además no me daban de beber.

—Ya. Será porque necesitarían una vía adicional. Y en cuanto a beber, sabes que no puedes hacerlo hasta que pasa un rato.

—Pues yo me he enfadado mucho. Aunque ya me he arrepentido. Lo siento. Lo siento mucho —dice notablemente compungido.

Vaya. ¡Otro que se ha dejado llevar por el «lobo malo»! Hablamos solo un poco. No me quiere contar mucho de lo sucedido en Reanimación. Está avergonzado. Vaya. Esperaba tensión antes de entrar al cateterismo y no la hubo. Y la ha habido al salir. No me esperaba esto.

De repente, aparece por la puerta la cardióloga. Muy seria me dice que salga de la habitación. Alan se despierta y se encoge un poco. Realiza un gesto de vergüenza. Salgo fuera. La doctora me cuenta que está muy dolida. Más bien indignada. Alan se ha enfadado mucho en Reanimación y ha sido muy borde. Es la segunda vez que reacciona así después de una anestesia. Hablamos sobre el incidente. Ella está personalmente afectada por ese comportamiento. A mí también me duele mucho oír lo que ha pasado. Alan no se ha portado bien. Además, el incidente se junta con lo sucedido unas horas antes con la anestesista. Todo unido ha causado mucho dolor a muchas personas. Hay que ver qué daño hacemos con las palabras. Son como cuchillos que rasgan el corazón.

Todos nos quedamos dolidos y afectados con lo que ha sucedido. Y seguro que esto va a pasar factura. Lo mismo que cuando se está bien todo funciona de maravilla, cuando algo crispa el ambiente, las cosas no funcionan igual de bien. Al menos en las relaciones. Todos son muy profesionales y no van a dejar que lo ocurrido afecte su forma de trabajar ni a las decisiones que toman. Y sin embargo, sí va a afectar a las relaciones personales. Y eso me fastidia profundamente. Después de estar aquí tantos meses, tantos días sin ningún problema, ahora, en un día, todo puede cambiar. Hay que ver lo mucho que cuesta ganarse la amistad, la confianza, la proximidad de alguien y lo poco que cuesta destruirla.

Esto es lo que me faltaba para hundirme. No puede ser. No me gusta nada cómo termina el día. La biopsia ha ido bien. Sin embargo, en cuestión de relaciones, o al menos en varias de ellas, esto ha ido muy mal. Esto me afecta mucho. Alan cree que ha sido un incidente aislado. Que se va a olvidar. Dice que lo ha hecho sin pensar. Que le ha salido «la rabia». Y dice que le da mucha vergüenza el tema y que ahora no quiere hablar más de ello. La palabra «vergüenza» significa «dolor profundo en el corazón». Y eso es lo que siente ahora. Se le nota profundamente arrepentido. Y dice que cuando se sienta con fuerzas pedirá perdón. Estoy deseando que lo haga. Yo ya lo he pedido. De su parte y de la mía. A todos. Directa e indirectamente. Nadie se merece recibir ese trato.

Sobre todo por parte de alguien al que están ayudando, cuidando, mimando, como es el caso de Alan.

Después de hablar, Alan y yo hemos decidido que los dos necesitamos relajarnos un poco. O más bien, bastante. Los dos nos damos cuenta de ello. Por su parte, quiere volver a las relajaciones y sobre todo, a las visualizaciones que antes le hacía cada noche. Quiere recuperarlas y encontrarse mejor de ánimo. ¡Buena idea! Siempre viene bien cualquier tipo de relajación. Además, las visualizaciones le gustan: le dejan tranquilo y optimista, y le ayudan a recuperarse. Yo, por mi parte, sé lo qué tengo que hacer. Lo llevaba haciendo todos estos meses. Y los últimos días, igual que Alan, había olvidado lo importante que es mantener la calma.

Esta última conversación con la doctora ha sido un golpe muy duro. Yo también siento vergüenza por todo lo que ha pasado. Siento un «dolor profundo en el corazón». Ojalá que, al pedir perdón, pronto podamos arreglarlo y cese ese dolor. Tanto en mi corazón y en el de Alan como en el de todos los afectados por nuestros actos. ¡Eso espero!

XX. Las enfermeras

Vocación

Estos últimos días han sido intensos. Sobre todo después del suceso en Reanimación y el disgusto de la doctora. Ahora estamos esperando el informe de la biopsia. Todo apunta a que el resultado va a ser bueno. Con esa previsión, y a pesar de no estar bien del todo, la cardióloga está pensando en darle el alta. Así, todos los especialistas están preparando lo que Alan va a necesitar para dejar el hospital. No sabemos aún cuándo será: en unos días, en una semana o pasará más tiempo. Todos los indicios llevan a pensar que es cuestión de días. Quieren que salga de aquí en cuanto sea posible. Piensan que estar en casa acelerará su recuperación.

Para ello precisan organizar muchas cosas. Alan necesita llevar a casa oxígeno, un monitor de constantes, el aparato para las nebulizaciones y alguna cosa más. Por otro lado, yo necesito aprender de todo: la organización de las medicinas, el funcionamiento de cada aparato que nos acompaña a casa y las exigencias en el hogar que impone el estar inmuno-deprimido (con las defensas bajas), y su alimentación... Un sinfín de novedades que a veces me superan. Además, cuando salga, Alan necesitará seguir con los ejercicios de rehabilitación. Y aunque algunos días vendrá al hospital al seguimiento y a las sesiones, seré yo quien lo ayude cada día en casa.

Desde enfermería me prestan todo el apoyo necesario. Con gran paciencia y amabilidad, me explican cada detalle una y otra vez. No desesperan cuando no consigo familiarizarme con alguno de los monitores. Da gusto ver con qué dedicación y cariño están ofreciendo todo su conocimiento profesional y apoyo personal.

Además de toda la atención y comprensión que me están dedicando ahora, llevo tiempo dándome cuenta de todo lo que me han enseñado a lo largo de los meses que llevamos en el hospital. Y no me refiero a la parte técnica. Estoy pensando en la parte emocional, de comportamiento y valores. Cada persona aquí es un gran ejemplo de ello. Ver a las enfermeras y enfermeros es como observar una obra de arte de valores. Y yo quiero aprender de ellos. ¡Definitivamente! Normalmente soy yo la profesora, la entrenadora en el aula o en la sala de conferencias. Aquí yo soy la aprendiz. Y ellos mis maestras y maestros. ¡Y es mucho lo que me están enseñando!

Por un lado, he hablado repetidas veces con agradecimiento de quienes han cuidado, tanto en planta como en la UCI, a Alan, y también a nosotros, sus padres. Y estoy segura de que en cada hospital hay muchas, miles de personas, que dedican todo su amor a cuidar a otros. Han elegido esta profesión por vocación. Eso lo comprobé cuando les preguntaba por qué eran enfermeras o enfermeros. Y una de esas personas me impactó especialmente. Ha estado cuidando a Alan, y al haber cambiado de habitación un par de veces, coincidimos con ella varios meses. Esta enfermera es todo amor, dulzura, paciencia y cariño. Me impresionó la conversación que tuvimos un día sobre su vocación. Sus motivos eran muy parecidos a los de los demás; sin embargo, ella los expresaba con una gran emoción y mucho amor:

—J., ¿por qué has querido ser enfermera?

—Por vocación. Lo sentía así. Me gusta ayudar de forma directa. Y ser enfermera me permite hacerlo.

—¿Y disfrutas?

—Sí. Y también te puedo decir que he sufrido muchas veces; no es sencillo separar el trabajo de lo personal. Me encariño fácilmente con un niño al que he cuidado con todo mi amor. No estoy en una fábrica. Las enfermeras cuidamos a personas. Y en este caso, yo cuido a niños. Además pienso en sus familias y me digo: «me podía haber tocado a mí». Me pongo en la piel del otro y entiendo su situación, y hago todo lo que puedo por ayudar y tratarlos como me hubiese gustado que me trataran a mí. Además, me gusta que las familias estén bien. Yo les quiero dar todo el cariño que puedo. Tanto a los niños como a su familia. Aunque a veces no es posible porque andamos con mucho estrés.

—¿Y te afecta lo que pasa en una habitación con un paciente, con un niño?

—¡Claro! Si algo malo le pasa a algún niño me duele. Lo paso muy mal cuando ocurre algo malo. Soy muy llorona. Y a veces me llevo el dolor a casa.

—¿Te ha pasado eso mucho?

—Mucho, mucho —dice tragando saliva—. Aquí es muy fácil coger cariño a las personas y quererlas. Y cuando las dos partes dan, es lo más bonito del mundo. Es precioso. Esto es lo que tiene esta profesión. Permite dar mucho amor y cariño.

—Se nota que disfrutas haciendo tu trabajo.

—Sí. Muchísimo. Me da una gran satisfacción.

—¿Y las madres y los padres?

—¡Ay, mi niña! ¡Las madres y los padres! No estáis aquí por gusto. Sabemos que no es fácil tener aquí a un niño. Os entendemos. Y además hay muchos que, como tú, tienen largos o frecuentes ingresos. Tenemos que ser comprensivas. Hay quien pierde los nervios. Tenemos que aguantar. ¿Qué quieres? Estar aquí es duro. Y nuestra intención es también ayudar en lo que podamos. Y estamos aquí para escucharos:;a veces hacemos de terapeutas y nos contáis vuestras preocupaciones, vuestros miedos… Hacemos todo lo que podemos para que estéis lo mejor posible.

–Muchas gracias por todo eso que haces, J.

–Y te voy a decir una cosa más. También nos alegramos con vosotros cuando un niño se pone bueno y deja el hospital. Y cuando los niños vuelven algún día a visitarnos y les vemos bien, es lo más grande.

–Gracias, J. Muchas, muchas gracias por todo.

Esta conversación la podía haber tenido con cualquier persona que trabaja en algún hospital, en cualquier parte del mundo. Puede llamarse de mil formas: Rosa, Paqui, Elías, Cristina, Joana, Conchita, José Miguel, Juan Ma, Bea, Cristina, Marta Silvia, Celia, Mercé, Toni, Michaela, Emi, Jessica, Laia, Laura, Conchita, Andrea, Adriana, Miriam, Sandra, Miriam, Merçé, Neus, Guisela, Amparo, Manoli, Pilar, Alba, Trini, Gisela, Carmen, Mª Ángeles, Lidia, Carolina, Mireia, Raquel, Fátima, Maite, Jesús, Sergio, Laila, Higinio, Laura, Ana, Rosa, Vanessa, Moisés, Anabel, María, Noemí, Víctor, Patri, Raquel, Susana, Ana, Javier Nuria, Inma, Pilar, Olga, Luci, Xavi, Ester, Toñi, Aurora, Satur, Mari Jose, Teresa, Lis, Goreti, Marga, Eli, Maruja, Pili… Porque así se llamaban quienes estos meses han estado con nosotros en este hospital. O podrían tener otros mil nombres.

Desde aquí mi sincero agradecimiento y mi merecido homenaje. A todos y cada uno de ellos. Porque todos se lo han ganado con su cariño. Y todos se lo merecen por su labor. Cada enfermera o enfermero es un ejemplo de bondad, cariño, servicio y amor por los demás. Y todos ellos, en conjunto, son una muestra de grandes valores positivos. Ojalá hubiera más personas y profesionales en el mundo, en todos los sectores, que, como ellos, trabajásemos y viviéramos de esta manera en cada momento del día. Y me incluyo a mí, quien, como he dicho, he sido testigo de muchas lecciones por su parte.

Los valores

En estos casi cinco meses he conocido más de cerca a algunas de estas personas. Cada una destaca por algún valor, cualidad, fortaleza... Una enfermera del turno de mañana irradia bondad, cariño, delicadeza, suavidad... Ella es todo amor. Y lo contagia. Emana amor incondicional. Y lo hace desde tan dentro, que se nota fuera con gran fuerza. Cuando estoy a su lado, noto cómo mi cuerpo se llena de bienestar, calma, tranquilidad, serenidad... En definitiva, se llena de amor. Lo contagia con tanta facilidad, que solo con recordarla y visualizarla, esa sensación vuelve a mí. Y simplemente pensando en ella noto cómo comienzo a utilizar frases más pausadas, más lentas y más tranquilas. Otra enfermera es todo energía y buen humor. Contagia cariño, positivismo y alegría. Otra es dulzura. Otras, por ejemplo las del turno de noche, son un servicio callado e invisible, aunque también dulce y amoroso. Y en todas destaca su disponibilidad. Muchos valores. Aquí, supongo que igual que en cualquier hospital del mundo, todos estos grandes valores están presentes y se ponen con amor al servicio del paciente y de sus familias. ¡Qué gran valor!

Si tuviera que destacar los cinco valores fundamentales que cultivan las enfermeras y los enfermeros, los auxiliares, y todos los que trabajan en el hospital, diría que son compasión, paciencia, valentía, servicio y amabilidad.

Antes de esta experiencia no hubiese incluido los valores de compasión y paciencia. No me gusta su habitual acepción. Sin embargo, en la conversación al sol con mi amigo Salvador García, experto en valores, he llegado a verlos de forma diferente.

Compasión antes me sonaba a pena, a estar al lado del que sufre por lástima. De hecho, la RAE la define como «sentimiento de pena, de ternura y de identificación ante los males de alguien». Es «sufrir juntos» o «sufrimiento compartido», y se la relaciona con sinónimos como piedad, lástima, misericordia, caridad, clemencia o condolencia. Sin embargo, mi amigo me ofreció otro significado: compasión significa vivir y actuar «con pasión» y aceptar «con pasión» a los otros, con sus bondades y sus defectos. Y es aceptarse de manera apasionada a uno mismo, con sus fortalezas y sus debilidades. ¡Qué bonita es la compasión así entendida! Aceptar «con pasión» a los otros y a uno mismo, no por pena sino por amor; esto practican en su profesión las enfermeras.

Tampoco me gustaba la palabra «paciencia». La RAE la define como la «capacidad de padecer o soportar algo sin alterarse». Del latín *«patientia»*, significa «cualquiera que sufre». De ahí la palabra «paciente». Sin embargo, otra vez, Salvador redefine su significado. Paciencia es «paz+ciencia»: la ciencia de estar —o esperar— en paz. Es la virtud y la ciencia de la paz. Cada enfermera o enfermero tiene sus propios problemas fuera del hospital o incluso en él. Y sin embargo, cuando están con los niños y sus familias, y —o al menos esto es lo que yo he vivido— están plenamente con ellos, en paz.

Tienen, además, valentía y espíritu de servicio. Para mí, la valentía era un «hecho o hazaña heroica ejecutada con valor». En mi vida, por mi anterior profesión como reportera gráfica, estuve en lugares que asustarían a cualquiera: tuve que salir corriendo de sitios peligrosos o de situaciones conflictivas, e incluso en ocasiones temí por mi vida. A eso lo llamaba yo valentía. Sin embargo, hay otra parte del valor que está menos relacionada con la acción y más con la emoción. Ahí, el valor es la fortaleza para estar al lado de alguien a pesar del dolor que produce verle sufrir. Es mantenerse entero y seguir ahí. Valentía es estar al servicio, pase lo que pase. Para lo que haga falta. Y aquí muchas personas son muy valientes, están al servicio del paciente.

También muestran gran amabilidad. Es decir, «ama-habilidad»: la habilidad de amar. Lo descubrí de la forma más difícil. Había una enfermera que me ponía nerviosa. Esto no me gustaba y quería darle la vuelta para estar positiva respecto a ella. Además, iba a estar mucho tiempo cuidando a Alan. Así que, analizando la situación, entendí que me estaba fijando en lo que no me gustaba de ella: hacía las cosas con más lentitud de lo que, según mi estimación, debían realizarse. La había valorado basándome en mis prejuicios, ya que pensaba que en un hospital se necesita personal dinámico, resolutivo, proactivo. Eso me producía tensión y cierto rechazo hacia ella. Como quería darle la vuelta, puse el foco en ella como persona. Y descubrí con sorpresa que estaba llena de bondad, amabilidad, dulzura y cariño; estaba llena de amor incondicional. Y la forma de mostrarlo era con suavidad, calma y tranquilidad.

¡Qué gran descubrimiento! Mi actitud hacia ella cambió. ¡Uf! ¿Cómo la pude juzgar anteriormente de tal manera? ¿Cómo pude no ver todo esto? Ahora admiraba su forma de ser. Y la tomaba como ejemplo, como maestra. ¡Tenía tanto que aprender de ella! Tenía una bellísima persona delante, bondadosa y amable, y casi pierdo la oportunidad de aprender y disfrutar con ella por mis prejuicios y expectativas de lo que «debería ser» una profesional aquí.

Por eso, manifiesto aquí mi profundo agradecimiento. Este es mi pequeño homenaje a todas las personas que trabajan en un hospital. Y especialmente a las enfermeras y enfermeros, y a las y los auxiliares: unas personas valientes, que sirven a los demás con amabilidad, con pasión y con la ciencia de la paz. Y como decía Salvador, «si se practicaran más la bondad y la amabilidad, los hospitales serían unos lugares agradables donde trabajar. Y menos duros donde pasar la enfermedad». Es decir, los hospitales serían realmente hospitalarios.

XXI. Adiós al hospital

Preparación

Llevamos una semana preparándonos para dejar el hospital. Aún no sabemos cuándo será. Sin embargo, todos sienten que será pronto. Por eso, ya he aprendido cómo funcionan todos los «artilugios» que llevamos a casa. Y tengo «controlada» la medicación. Sé las indicaciones que hay que seguir en temas de alimentación, los espacios en los que Alan puede o no estar, la higiene... Solo quedan las últimas pruebas que marcarán exactamente los últimos parámetros con los que nos iremos a casa: niveles de inmunosupresores, número de horas que tomará la parenteral por vena, cantidad de oxígeno necesario, la medicación para los pulmones, las nebulizaciones y la dosis de todas las píldoras y jarabes...

Me advierten que muchos niños recaen o cogen alguna infección. Sus defensas, para evitar el rechazo, están bajas. Y eso hace que aparezcan infecciones. Si esto ocurre, tendrá que ingresar. Mínimo una semana. Y muchas veces hasta uno o dos meses. Yo cruzo los dedos para que eso no ocurra.

Ya he conseguido una silla de ruedas. Sin embargo, en casa andará él solo. Aunque le va a costar avanzar por el pasillo, quiere mejorar su forma de caminar. Seguirá bien las instrucciones que hemos repetido estos días a la hora de colocar el pie: «primero talón, luego meñique, y al final todos los dedos hasta el gordo». Y quiere también empezar a subir y bajar escaleras.

Alan ya está expectante. Siente que está al final del trayecto. Es posible que hoy nos den el alta. Sin embargo, él aún no lo sabe: no queremos que, si finalmente no sale, se entristezca de nuevo. Porque ahora está alegre y más dicharachero, e incluso echa piropos a las enfermeras. Se nota su mejoría. Tanto en su ánimo como en su físico. Además, puede respirar mejor y eso le permite hablar e incluso cantar en voz alta, y no solo susurrar. Aunque lo hace con voz nasal por la máscara de oxígeno. Ya tiene ganas de quitársela. Sin embargo, ese será un reto para más adelante.

Ahora está haciendo planes para los próximos días y meses. En unos días ha quedado con La Oreja de Van Gogh. Ofrecen un concierto cerca y les ha prometido ir. Como todavía no puede estar en espacios cerrados con otras personas, le dedicarán un par de canciones antes del concierto. Unas canciones solo para él. ¡Está emocionado!

Yo, por otro lado, tengo mis emociones enfrentadas. Estoy feliz de que por fin esté llegando el día de dejar el hospital, de olvidar los malos momentos, los sustos, los disgustos y los miedos. Contenta de dejar atrás los constantes pitidos de los monitores, las duchas frías en la zona de los padres, o el sillón azul de escay. Sin embargo, aún queda pendiente pedir perdón a las enfermeras y a los doctores de la sala de reanimación.

Ahora también salen mis miedos. ¿Sabré hacerlo bien? Toda la responsabilidad recae sobre mí. Al pensarlo se me cae todo encima. Voy a ser la responsable de preparar la medicación, ponerle y quitarle la conexión a la vena para la alimentación parenteral, curarle las úlceras de la espalda... Es mucha presión. Solo espero que no me desborde. Para eso, pondré todo de mi parte. Pondré mucho amor, todo el amor que sea capaz de darle a mi hijo. Y además necesito los principales valores de las enfermeras: valentía, ama-habilidad, bondad, pasión y la ciencia de la paz. Con todo esto, estoy convencida de que lo haré bien. ¡Seguro! Porque, a partir de ahora, todo va a ir bien. ¡Todo va a ser genial! ¡Sí. Genial!

¡Llegó el día! ¡Adiós hospital!

Llevamos toda la mañana pendientes de los médicos y de sus decisiones. La espera se nos está haciendo larga. Los especialistas están reunidos analizando los resultados y las pruebas. Tienen que consensuar su decisión. Aunque la última palabra la tiene su cardióloga.

Por fin llega la cardióloga a la habitación. Viene contenta. Con una sonrisa. Eso indica por dónde van a ir las noticias. Sin embargo, hay que esperar a escucharlas:

—Alan, ¿cómo estás?

—Muy bien. Me encuentro genial —dice queriendo indicar a la doctora que cree que ya esta preparado para ir a casa.

—¡Me gusta ese entusiasmo!

—Es que es verdad. Me encuentro genial.

—Sí. Ya lo sé. He visto los resultados y te veo a ti.

—Entonces ¿qué? ¿Me puedo ir a casa? ¿Puedo?

—¡Sí!

—¿Sí? ¿De verdad? ¿En serio? ¿Cuándo?

—¡Ahora!

—¿Qué? ¿Ahora? ¡Bien! ¡Ahora! ¡Gracias, doctora A.! ¡¡¡Gracias!!!

Alan está tremendamente contento. ¡Por fin ha llegado el día! Está muy emocionado. Y aunque va a dejar el hospital llevando la silla de ruedas, la mascarilla, el oxígeno, mucha medicación, inmunodeprimido, sin fuerza y sin apenas poder andar, con un palmo y medio de curvatura en una espalda llena de estrías, y con más cicatrices que con las que entró, una en el pecho (que ya esperaba) y otras dos extras en el cuello y en el costado, está feliz porque este es un gran momento. ¡Está que se sale de alegría! Me pide que prepare todo corriendo: los aparatos de ejercicios (las pesas, las gomas, los pedales, las pelotas), su ordenador, su ropa, sus medicinas, sus.... ¡Uf! ¡Muchas cosas para llevar! Esto es un traslado en toda regla. Hemos hecho nuestra pequeña casa aquí, en la habitación, durante estos casi cinco meses.

Vamos a dejar atrás 137 días tensos, 75 de ellos en la UCI. También vamos a dejar atrás mucho amor. Las enfermeras, los médicos, la gestora de casos, las supervisoras de UCI y de planta, los celadores, los que reparten las comidas, e incluso el personal de limpieza. Todos en la planta saben la noticia. Y se acercan a felicitarlo. Todos se alegran y quieren acompañarlo en este momento. Porque ¡dejar el hospital es un gran momento!

Salimos por la puerta. Hay muchas personas esperando para despedirlo. Cuando Alan las ve, me pide que pare la silla de ruedas: «*Amá. Para. Voy a andar. Quiero salir andando yo solo*». En ese momento se levanta y comienza a andar por el pasillo. Es un momento muy emocionante. Todos sabemos que para él esto es un gran esfuerzo. Para hacerlo, se sujeta con los brazos sobre sus muslos. Ya no lleva el andador. Y no tiene fuerzas para estar erguido. Va caminando así un par de pasos. Después, gracias a la emoción, coge fuerza y confianza, deja de apoyar los brazos y se endereza un poco. ¡Genial! ¡Qué orgulloso está! Aunque le está costando mucho, sigue caminando. Encorvado y con gran esfuerzo en los pies, continúa dando un par de pasos más. Después le pido que vuelva a sentarse. Está agotado. En ese momento todos aplauden. Es muy emocionante.

Seguimos con la silla por el pasillo. Cuando llega al mostrador de enfermería me pide que pare otra vez. Vuelve a ponerse de pie y comienza a caminar. Todos están asombrados. Incluso alguna enfermera visiblemente emocionada. Alan sigue andando un par de pasos más. Después vuelve a sentarse. Se le nota muy cansado. Y al mismo tiempo muy orgulloso de su proeza. ¡Está pletórico! En este instante se acuerda de su padre. Le hubiese gustado que lo viera en este momento. Y que también estuviera orgulloso de él.

Llegamos a la parte de abajo. Hay unos diez metros desde el ascensor hasta el coche. Este es el tramo final. Nada más salir del ascensor vuelve a pedir que pare: «*Me había propuesto salir andando del hospital. Y aunque aún no pueda andar bien, voy a salir andando. Y lo voy a hacer sin ayuda. ¡Yo solo!*».

Vuelve a levantarse. Y poquito a poquito, paso a paso, esfuerzo tras esfuerzo, con las manos puestas de nuevo en sus muslos para poder soportar su peso, va andando hacia la puerta. Es impresionante verlo con tanta determinación. Con tanto esfuerzo. Con tanta perseverancia. ¡Es genial! Va orgulloso y feliz porque sabe que es el último tramo antes de dejar el hospital. Le cuesta llegar hasta la parte de fuera. Se va acercando despacio. Con ilusión. Yo estoy radiante, emocionada de ver cómo está empeñado en salir del hospital a pie, él solo. ¡Es un gran momento!

Y por fin llega al final de la puerta. La enfermera y el celador que nos ayudan con todo y todas las enfermeras que estaban en la salida, aplauden. Están entusiasmados. Normal. ¡No es para menos!

Todo ha llegado a su fin. ¡Es genial! E igual que en un «*open space*»: lo que ha ocurrido es lo que tenía que ocurrir y el tiempo que hemos utilizado es el que teníamos que utilizar. Todo ha sido lo correcto. Ni más ni menos. El proceso ha sido como ha sido, y está bien.

Aquí termina la primera parte después del trasplante. Ahora toca la siguiente fase. Esa es en casa. Y Alan está más que convencido de que esa fase va a ir bien. Muy, muy bien. Dice que va a andar en breve y que se pondrá fuerte muy rápido. Cree que hará una vida normal enseguida. Y siente que pronto su vida va a ser genial y podrá hacer todo lo que no ha podido hacer hasta ahora.

Alan quiere volar. Y aunque apenas puede andar, voy a hacer todo lo que esté en mi mano para que vuele. Y muy, muy alto. Tan alto que la vida le parezca maravillosa y se le haga pequeñito todo lo que ha vivido aquí. Tan alto que toque sus sueños de poder vivir y hacer todo lo que desea. Tan alto que pueda ayudar a todos los que aún queden abajo. Tan alto que al mirar hacia delante, disfrute, ría y sonría a la vida. Porque la vida siempre sonríe a quienes sonríen a la vida.

Foto de Iván Cámara publicada en el diario El Mundo
el 31/3/2016.

Discurso de Alan[1]

Hola,

Soy Alan Parra Cantabrana. Tengo dieciocho años. Hace once meses tuve un trasplante. De corazón. Y hace solo seis meses, salí del hospital. Y lo hice en silla de ruedas. Y hoy estoy aquí, casi recuperado al 100%. ¡¡¡Ya veis!!!

Nací con una cardiopatía congénita. Eso significa que tenía algo fuera de lo normal en el corazón. Tenía solo medio corazón.

Desde mi primera semana de vida hasta este trasplante me realizaron muchas operaciones. Todas a vida o muerte.

Cuando era pequeño no me enteraba de lo que pasaba e iba a las operaciones sin saber qué me esperaba. Y ya más mayor, nunca tuve dudas de que todo, en cada operación, iba a salir bien. Estaba seguro de que yo podía con todo eso. Ahí tenía el «espíritu I can».

Durante mi recuperación del trasplante, hubo momentos muy, muy duros: cuando no me dejaban beber agua durante días, porque tenía los pulmones encharcados. Y tenía mucha sed. Eso fue muy duro; cuando no tenía fuerzas para nada y me sentía débil. No podía moverme, ni levantarme...; cuando no vi la luz del sol durante meses, metido en la UCI entre cuatro paredes...; cuando no llegaba el momento de dejar el hospital... no parecía que iba a llegar el día en

---

1   Conferencia de Alan en el Congreso Internacional *Design For Change, Be The Change*, Madrid, 15 de noviembre de 2017.

que volviera a casa; y sobre todo, cuando quería volver a andar y, no podía.

Tuve que aprender otra vez a andar. ¡Ya veis, a mis dieciocho años! Y muchos días pensé que este momento no iba a llegar nunca. Pensé que iba a quedarme sin andar para siempre: mis pies estaban débiles…, mis tobillos no me sujetaban…; mis piernas no tenían músculo…; y además mi espalda estaba tan curvada… que no tenía equilibrio.

Durante varios meses realicé muchos ejercicios, hasta que por fin comencé a dar unos pequeños pasos. ¡¡¡Los primeros pasos fueron una pasada!!! ¡Súper emocionante ver que podía andar! Y ahora hasta corro. Bueno, ¡aquí estoy!

Y estoy aquí porque quiero daros a todos un mensaje:

«Todos podemos conseguir lo que queremos»

Y es más fácil si lo hacemos con cuatro cosas que yo denomino: la «Capa de los Valores»:

¿Por qué la «Capa de los Valores»? Porque los valores son aquellas cosas que son verdaderamente importantes para cada uno de nosotros.

Y ¿qué es la «Capa de los Valores»?
- La C de Confianza
- La A de Apoyo
- La P de Positividad
- La A de Amabilidad

Confianza, es lo que necesitamos tener en nosotros mismos y en los demás para avanzar. Creer en nosotros mismos es fundamental. Y también la confianza en los que nos rodean.

Apoyo. Con el respaldo de otras personas, sobre todo de las personas que nos quieren, todo es más fácil. Y quien más nos quiere es la familia. Sobre todo nuestras madres y nuestros padres. Ellos siempre están a nuestro lado. Por eso, hoy aquí quiero dar las gracias públicamente a mi madre: por apoyarme, por no dejar que decaiga, por mantener mi positividad cuando flaqueaba, y por creer en mí.

¡Gracias, amá! Un beso.

Y también quiero dar las gracias aquí a todas las madres del mundo. Por favor, un aplauso para todas ellas. Y este aplauso se lo ganan todos los días. Porque, igual que mi madre, trabajan con amor, con pasión, con amabilidad y con todo lo que son para que sus hijos sean felices y puedan ser grandes personas en este mundo, ayudando a que el mundo sea lo mejor que pueda ser.

Y también los padres que, junto a ellas, cada día muestran más sus sentimientos y nos dejan ver cuánto nos quieren y nos apoyan.

Continúo con la «Capa de los Valores»:

Positividad: imprescindible para ver la vida con ilusión y salir adelante.

Amabilidad: esta parte la explicará luego mi madre.

Me dicen… que soy un buen ejemplo del espíritu «I can», (yo puedo). No lo sé. Yo sólo sé que, durante estos dieciocho años, he creído en mi. He creído en quienes me quieren. Creo en las cosas bellas de este mundo. Y (creo) en que siempre todo va a salir bien.

Creo además, que todas las personas pueden utilizar esta Capa de los Valores para poder ser y hacer todo lo que desean.

Y por último, mi mensaje a los más mayores y al mundo:

Los niños solo necesitamos de vosotros dos cosas: Que confiéis en nosotros y que nos apoyéis.

Para el resto… nos ponemos la capa y… ya lo hacemos nosotros.

Muchas gracias a todos ustedes por escucharme.

Agradecimientos

Gracias a todos los que me habéis apoyado para escribir este libro. Entre ellos, a la primera que me lo comentó, mi madre, quien insistía repitiendo: «*con lo bien que cuentas las cosas, deberías escribir esta vivencia en un libro*» y también a Miguel Luengo y Pedro Rubio, quienes, como *coaches*, vieron la gran ayuda que este texto supondría para muchas personas.

Y gracias a todos mis compañeros periodistas y amigos, que me han comentado las pequeñas y grandes correcciones ortográficas y sugerido cambios que han mejorado notablemente el placer de leer el relato que tienes ahora en tus manos: Lourdes Tebé, Juan Carlos Lizarazu, Paola Larrainzar, Miguel Ángel Jimeno, Beatriz Serrat, Elisa Regadera, Lucía Fonseca, Silvia Halcón, Elena Bandrés, Juncal Galar, Saioa Villar, Jabi Jiménez, Salvador García, María Victoria Romero...

Gracias a toda la familia, abuelas, hermanos, tíos, primos, cuñados, que habéis estado siempre apoyando.

Gracias a quienes nos habéis facilitado la organización familiar durante estos meses en Barcelona y en Pamplona y a quienes nos habléis ayudado: Toni González, Diego Fernández, Daniela Chavez, Anna Gascón, Germán Cuenca, Lidia Continente, Lidia Racila, Gurutze Viquiristi, Carmen Bahima, ...y a tantos y tantos amigos que nos habéis acompañado, Inés, Aina, Jessy y Sergio, Patxi, Paola, Lourdes, Txomin, Jesús y Kanako, Anna, Isabel, Susana, Marina, Blanqui, Narcisa, Ione, Alex, Miguel, Aires, Elisa, Ana, José Antonio Marista, Carmen... Y todos los amigos de Alan que habéis estado siempre animándole, en especial a los Atrilianos, Lucas, Noan…

Gracias especiales a Xabier Bengoetxea, Yolanda Salvador, María Morillo y Lis Vidal por todo el gran apoyo moral que han dado continuamente a Alan en todos estos meses. Y a Ester Mena García y a la Fundación «Pequeño Deseo» por hacer realidad la ilusión de un gran cumpleaños y por su gran labor en los hospitales.

Gracias a la editorial Kolima y a mi editora, Marta Prieto Asirón y a María José Lladó, amiga y psicopedagoga, por insistir en que este texto, por su contenido y su aportación social, pedía a gritos ser publicado por una editorial con valores.

KORO CANTABRANA
RUIZ DE LARRINAGA

Koro es una mujer optimista, aventurera, creativa, curiosa, apasionada, que disfruta de la vida. Es además madre del impresionante Alan y el extraordinario Eric. Como profesional ha ejercido de periodista, fotógrafa, *coach*, conferenciante y formadora desde hace más de veinticinco años.

KOLIMA
BOOKS